人文大讲堂

亚里士多德伦理学

余纪元 著

中国人民大学出版社
· 北京 ·

前　言

　　"认识你自己"常被看做哲学的主旨，而"自己"的最关键部分是品质或品格。在相当的程度上，你的品质决定了你是什么样的人。品质有好有坏。好的品质是由种种德性（美德）构成的，而坏的品质则充满种种恶。品质是高尚还是卑劣，有德还是缺德，是我们评判一个人时所用的分量最重的词语。可是，到底什么是品质？什么是美德或德性？一个人的品质或德性是通过什么方式或途径才培育形成的？培育品质又是为了什么？如果你对这些问题感兴趣，或者觉得困惑，那么，亚里士多德的《尼各马可伦理学》应该是你要读的书。它至今仍是关于品质与德性的最经典、最系统的伦理学著作。在亚里士多德看来，只有修炼成德性，才会有好的品质或品格；只有有了好的品质，人生才能是好的。好的人生，是兴旺的人生；而兴旺的人生，才是真正的幸福人生。这一思路依然是探索人生的极其重要且极有成果的一条哲学路径。

　　20世纪下半叶西方伦理学的重大发展是德性伦理学复兴。以功利主义与义务论为代表的近代伦理学主要想确定什么样的行为是道德的，因此它们的中心任务是建立评判行为的道德原则或规范。可是，伦理学提出了许多不同的原则，而且不同原则之间经常彼此冲突。结果是持不同原则的人对现代社会中的道德伦理问题常常有着不同甚至决然相反的评价，引起了种种激烈争论却又找不到解决的办法。与此相对照，德性伦理学的兴趣不是去确定什么样的行为是道德的，而是力图明白人的一生究竟应怎么过或者什么样的生活才值得一过。因此它的中心任务不是建立人的行为的规则或规范，而是探索人的品质与德性及其培育的问题。现代德性伦理学已经发展成不同形式，但不可否认的是，亚里士多德伦理学一直是占主导地位的模式，被广泛看成迄今为止德性理论的最好的代表。德性伦理学的现代复兴甚至被称为"新亚里士多德主义"。这里的"新"是指德性伦理学所讨论的诸多问题或者是直接基于亚里士多德的伦理著作，或者是从亚里士多德的思路来考察。结果，《尼各马可伦理学》大概是 20 世纪下半叶被最密集地研究和讨论的伦理学著作。它既是历史经典，又是现代德性理论讨论的中心。

亚里士多德对伦理学的理解、对整个哲学事业的理解和我们今天对哲学的理解有很大的差别。在今天，伦理学已成为纯概念、纯理论的探究；即便是"应用伦理学"也只是对规则在具体领域中的应用进行学理分析。伦理学学说与伦理学家个人的生活方式相脱离。很少有哲学家在自己的生活方式之中去践履自己的哲学。伦理学教育也只是传授伦理学说，而不关注学生的人格成长。换言之，教育其实是只"教"不"育"。而亚里士多德把伦理学探究的目的描述如下：

> 我们现在的研究与其他研究不同，不是以思辨为目的的；我们考察不是为了解德性是什么，而是要变成好人。不然的话，这种研究就毫无用处。（《尼各马可伦理学》，1103b27-9）

伦理学被亚里士多德归类为实践科学。实践科学的主要目的不在于求知，而在于践履其所倡导的生活方式，并且能够改善人的品格。当然，伦理学试图理解人类生活的最高善，并提供解释。但伦理学不是一种纯粹的智力活动，不是一种纯理论研究，而是有一种实践取向，有一种实用性。一种好的伦理学也就不仅是一种只提出严格论证的学理系统，它还能影响人生选择，进行心灵培育，让人们的生活更有意义，让人们变成更好的人。

亚里士多德的话道出了古人做伦理学不同于今人的一个普遍特征，一个在我们今天已失去的特征。在古代哲学中，做哲学是和自己的生活方式紧密关联在一起的。在古代希腊，做哲学无利可图，无位可谋，无奖可得。做哲学真的就是出于对智慧的热爱，在于哲学家认为自己发现了真理，因而要将自己发现的真理表达出来，并用自己发现的真理去劝导别人、践履一种在他看来正确的生活方式。所以，那些做学问的人就是真诚的，与亚里士多德"让人变成好人"的宗旨相同，苏格拉底做哲学是为了"照料灵魂"（take care of your soul），是因为"未经考察的生活是不值得一过的"。而柏拉图的《理想国》也是要讨论"我们应当如何生活"（352d）。不仅古希腊哲学强调哲学的实践性，中国古代哲学也是如此。孔夫子的"仁"不是讲一般理论，而是针对学生的具体背景与特点，作出针对性的问答，真的是又"教"又"育"。他还尖锐地指出："古之学者为己，今之学者为人。"（《论语·宪问》）老子也说："为学日益，为道日损。"（《老子·第四十八章》）对于自己的学说，老子的自我估价是："上士闻道，动而行之；中士闻道，若存若亡；下士闻道，大笑之。不笑不足以为道！"（《老子·第四十一章》）道家的好学生不是整天讨论"道"是一种什么样的形而上学实在，而是去践履老庄所倡导的生活方式。

那么，根据亚里士多德的观点，伦理学怎么才能让听众变成更好的人呢？

伦理学并不是对每一个人都有这样的功用。当亚里士多德说伦理学能让人成为一个好人，或者能让人成为一个更好的人的时候，他对伦理学的听众是有资格方面的要求的。并不是所有的人都适合听伦理学，或者说并不是所有的人都能通过倾听伦理学而使自己变成一个好人，或者成为一个更好的人。亚里士多德伦理学的听众必须是在优良习惯中成长的，从小要有相当的品格基础。"希望自己能学习高尚与公正的人，即学习政治学的人，必须是已在成长中养成良好习性。"（《尼各马可伦理学》，1095b4-5）在良好教养背景中成长的，已养成优良习惯的人具有正确的生活经验，会有最基本的伦理信念和价值。这样的学生已经知道欺骗不好、走后门不光彩、偷盗不可以、背信弃义可耻，等等。在良好习惯中长大的人也具有相当的伦理品味，能对坏的、低下的事感到厌恶，对好事觉得愉悦。"他们的灵魂如同可孕育种子的土壤。"（《尼各马可伦理学》，1179b26）大家不是从伦理学家的课堂上才开始变得道德的。在进入大学时，大家都已经有了相对成熟的品格与教养。最初的但也是最有影响的伦理老师是父母，是幼儿园的老师。一个道德教养好的人进入伦理学的课堂中时，只需要听伦理学老师告诉他为什么他的价值是对的。他进入伦理学的课堂，是为了更好地理解为什么欺骗、打人、走后门是坏事，为了知道什么是值得欲求的或不值得欲求的，为了知道什么是真正值得快乐的以及什么是真正应该引以为痛苦的。简言之，学伦理学是要明白自己的品质是如何形成的，它们为什么是好的，等等。伦理学是要解释和说明这些道理，告诉人们为什么他们坚持的道德信念和道德信仰，以及他们的道德习惯是好的。

亚里士多德对伦理学学生的这个要求，看似简单，实则标准很高。它排除了很多类人。第一类是年纪太小的人。亚里士多德说，没有足够的人生经验，尚不知道什么可以做、什么不可以做的人不适合学伦理学。第二类是性情幼稚的人。他们虽然年龄成熟了，但性格并不成熟，即我们通常说的"不懂事"。第三类人是接受败坏道德教育的人。亚里士多德认为这三类人有一个共同特点，就是他们不是遵照理性生活，而是遵照激情生活。其中，最后一类人最糟糕，这类人不会愿意去听哲学，而且即使听了也听不懂。唯有通过暴力和惩罚才可以改变他们。

> 论证与教诲肯定不是对每个人都有效用……那些凭情感生活的人不会听那要说服他们改变的道理，即使肯听，也不会理解。如果他处于那样一种状态，我们怎么可能说服他，让他改变呢？一般地说，情感是不听从理性的，而只服从于强力。（《尼各马可伦理学》，1179b26-30）

被情感欲望引导的人对哲学道理没有反应，也不会买账。他们只听得懂强力或恐惧。他们的坏习惯使他们没有羞耻感。哲学对改进这种人无所作为。对于他们来说，不管亚里士多德的伦理学理论有多么深刻，他们也不会被引向做高尚的事或不去做可耻的事。

这部讲演录的目的是要解释《尼各马可伦理学》这一经典的主要概念、论证、学说及当代影响。愿意阅读这本讲演录的朋友，你们和听课的同学们一样，能够在这肉欲横流、充满感官诱惑的浮躁环境中静下心来学习亚里士多德的伦理学，这足以表明你们的慧根与灵性。我相信亚里士多德一定会认为你们已经有很好的修养，是他的合格学生。我也希望我们通过研读他的伦理学说，一起变成更好的人。

※　　　　　※　　　　　※　　　　　※

2009 年夏，我在中国人民大学讲授亚里士多德伦理学。在中国人民大学出版社李艳辉博士的支持下，潘兆云同学根据讲课录音整理了本书中六讲的初稿。此后我一直忙于别的事，把这一工作放下了。毕竟，整理出版讲演稿仍需花费极大的时间与精力。讲演录的形式给了著作者更多的自由发挥的空间，但不意味着学问本身可以随意。2010 年暑期，我有幸受邀回母校山东大学访学，便决定重讲一遍亚里士多德伦理学，以完成这部书稿。在济南期间，母校的老师同学朋友把我看做远行回家的游子，给予我无比盛情的款待和无微不至的照顾，令我铭记于心。山东兄弟们劝酒步步为营，环环相扣，颇具章法，常常令人招架乏力，脱身乏术。不过，我必须感谢朋友们手下留情，只放倒我一次，让我在绝大多数时间里仍能清醒地与亚里士多德在一起。苏格拉底曾说，光喝水不喝酒是长不出智慧的。这部书稿的写作耗掉了师长朋友们许多瓶好酒。但愿它包含至少一点点智慧，不然我真的是愧对齐鲁父老了。

整理完这部稿子是在 2010 年 8 月下旬，正值我国研究古希腊哲学的一代宗师汪子嵩先生九十华诞。国内研究西方哲学的诸多师友在陈村富老师的组织下在北京欢聚一堂，为汪公祝寿。我在域外未能躬逢盛会，甚憾。汪子嵩先生是亚里士多德研究领域的专家。我在读《尼各马可伦理学》时，头脑中总会浮现出汪公的形象。按照亚里士多德的看法，人生的价值与目标是幸福，而幸福是指人活得好，做得好，过得兴旺发达。幸福的要素包括灵魂的美德（理智美德与伦理美德），包括外在的善，如仪表堂堂、身体健康、生活富足、地位尊荣、朋友环拥、子女出息，等等。此外，还有很重要的一个要素就是福寿绵绵。汪公的生活具有所有这些成分，甚至更多。他的生活堪称是体现亚里士多德幸福标准的典范。

幸福的原意是为良善的神灵所保佑（eudaimonia）。对于我自己，汪公就是这样的神灵。汪公对我的培育远远超过通常意义上的老师对学生的教育。在西方求学的岁月中，我一直与汪公频繁通信，汇报自己学习的感想、困惑、心得。汪公的来信总是以劲秀有致的行书小楷工工整整地写在方格子中。除了解答我的疑难，他也详细讲述对《希腊哲学史》第二卷、第三卷的构思，阐发对柏拉图、亚里士多德的诸多见解，询问国外的研究动态，表达对中国古希腊哲学研究的信心与期望。我一直珍藏着这些弥足珍贵的信件。它们给予我的教益、激励、鞭策是难于言表的。20世纪90年代，国内正讨论"being"的翻译。这场讨论与汪公主持的《希腊哲学史》工程关系密切。汪公寄来了他和王太庆等先生关于being的一些文章。我有感而发，便把对亚里士多德的"on（being）"的概念的理解草拟成一文，作为一封长信寄给了汪公，意在博老人家一笑。不料，汪公用了三天时间，把我的潦草文字誊写到格子纸上，然后以我的名义送给《哲学研究》！真的不知世上还有几位花如此心血栽培晚辈的师长！

幸福，在亚里士多德看来，不仅仅是令人称颂的，更是让人钦羡效仿的，一心想要拥有的生活。汪公的生活正是我一直力图模仿的，如特殊物模仿柏拉图的"相"一样。我一直希望和要求自己修炼出汪公般的智慧、祥和、宽厚与大气，能像汪公那样对希腊哲学孜孜不倦，对同行学友虚怀若谷，对晚辈学生悉心提携，对世事境遇宠辱不惊，对名利淡泊超然，等等。颜回在谈到孔夫子时说："仰之弥高，钻之弥坚，瞻之在前，忽焉在后。夫子循循然善诱人，博我以文，约我以礼，欲罢不能。既竭吾才，如有所立卓尔。虽欲从之，末由也已。"（《论语·子罕》）我当然不敢以颜回自比，但他所说的正是我想对汪公说的话。

请允许我把这部稿子作为一份薄薄的寿礼献给汪子嵩老师。

目　录

第一讲 伦理学的著作，性质与方法

　　这一讲是导论性的。在进入《尼各马可伦理学》的具体内容前，我们有必要先介绍这本书的构成，它的结构，它与亚里士多德其他伦理学著作的关系，它在亚里士多德整个哲学体系中的地位，以及该著作与亚里士多德以前的希腊伦理学的关系。亚里士多德是第一位把伦理学作为哲学中一个独立领域进行研究的西方哲学家。"伦理学"这一名称即是他发明的。那么，亚里士多德自己如何看待伦理学研究？也就是说，在他看来，伦理学研究什么，伦理学知识属于什么性质，伦理学研究的目的是什么，他研究伦理学用的是什么方法，他为什么要用那样的方法，他的伦理学是讲给谁听的，等等。

　　亚里士多德对这些问题的论述不仅有助于我们理解他的伦理学，而且对我们理解伦理学这门学科本身的性质应该会很有价值。毕竟，大家对什么是伦理学，什么是道德，以及伦理道德之间究竟有什么关系等基本问题，一直众说纷纭、莫衷一是。本讲分七部分：一、《尼各马可伦理学》与亚里士多德的著作；二、《尼各马可伦理学》与亚里士多德的哲学整体；三、亚里士多德伦理学与苏格拉底、柏拉图；四、伦理学的对象与德性伦理学的复兴；五、伦理知识的性质；六、伦理学的方法。

一、《尼各马可伦理学》与亚里士多德的著作

《尼各马可伦理学》共分十卷。希腊人用纸莎草写作，每写完一部分之后就要卷起来。在希腊文中一卷为一个 biblos，译成英文就成了 book（英文中的 bibliography（书目）一词即由此而来）。《尼各马可伦理学》分十卷，就是说它本来是由十个纸莎草卷构成。英文中常称为 Book1，Book2，其实就是指第一卷和第二卷。每一卷篇幅都不多，分成数目不等的部分，相当于今日所谓的"章"。

《尼各马可伦理学》不是一本前后一贯的完整著作。它在全书结构上欠缺整体规划，在卷次之间连贯不足。我们只需看一眼各卷的大致内容即可明了这一点。

第一卷　幸福的一般性问题
第二卷　伦理德性
第三卷　第 1～5 章：意愿性的行为与责任
第三卷　第 6 章到第四卷末　特殊德性
第五卷　公正
第六卷　理智德性
第七卷　第 1～10 章：意志薄弱
　　　　第 11～14 章：快乐
第八卷至第九卷　友谊
第十卷　第 1～5 章：快乐
　　　　第 6～8 章：思辨
　　　　第 9 章：道德教育以及从伦理学到政治学的过渡

同一本书竟然有两处讨论快乐，而且两处讲的内容互不相同。如果一部著作是前后统一、结构完整的，那就很难想象其中会出现这种情况。从内容上也可看出，许多卷次之间缺乏连贯承继关系。不仅如此，在每一卷中，各

章节间亦常常前后不一，并且在同一卷中包含互不相干的若干主题，如上述目录中的第三、第七及第十卷次。即使是对某一具体学说的论述，解释者们通常也需要争辩亚里士多德的论证到底应被如何建构和理解。他的某些观点没有给出任何理由；有许多段落太过模糊突兀而使人无法进行缜密的阐释；有些句子根本就不完整。总而言之，《尼各马可伦理学》实在算不上是论证精确、逻辑统一、定义清晰的著作。

亚里士多德是西方最伟大的逻辑学家，为什么他自己的著作却显得如此杂乱无章？实际上，结构上的不一致是亚里士多德著作的共同现象。主要原因在于，他的流传于世的作品并不是他自己准备出版的著作，它们大多是研究手稿、讲课稿或学生所做的听课笔记。我们做老师的都知道，讲稿是不能随便示人的，除非经过仔细整理。所以如果我们抱怨亚里士多德著作的状况，应记住我们是在读他没有准备让我们看的东西。

《尼各马可伦理学》是一部讲课稿，至少大部分内容是这样的。这样说是有内在证据的。在该书第二卷第 7 章中，当亚里士多德要列举各种特殊德性的时候，他说："让我们看看图版上的这些（特殊德性）。"（1107a32）这表明他是在一间教室内讲授伦理学的，而且在这间教室中还有一块黑板。

由于其著述多为讲稿与笔记，我们在理解亚里士多德学派的名称时要多加一分小心。公元前 335 年，他在雅典建立了吕克昂学园。他的学派叫做"Peripatetikoi"，字面意义是"走来走去的人"（people who walk around）。宗白华先生将此名译为"逍遥派"。很多年前在人民大学，苗力田先生给我们教希腊文课时，曾经对这一译法赞美不已。不过这个翻译有些过于潇洒，其直译当是"漫步学派"或"散步学派"。亚里士多德学派得此名的原因，据说是因为他常常与他的弟子们在吕克昂学园的花园中，边散步边讨论哲学问题。但我对此说颇有疑问。道理很简单，如果他是以散步的方式走来走去地讨论哲学问题的话，很难设想他居然会有那么多的讲稿或者笔记。以《尼各马可伦理学》中的"黑板"来看，主要的哲学讨论恐怕还是在教室内进行的。当然这丝毫不是否认亚里士多德及其门人是经常散步的。

进一步，我们今天读到的亚里士多德作品不仅只是他的研究手稿、讲课稿或学生听课笔记，而且还是不完整的，或者是经过他人编辑整理的。根据古代传记作家第欧根尼·拉尔修的《名哲言行录》记载，亚里士多德一共有550卷书，也就是说，相当于55本《尼各马可伦理学》这样规模的著述。可我们今日所见的只是其中的2/5，很多作品佚失了。

亚里士多德的书是怎样佚失的呢？根据古代作家斯特拉波（Strabo）与普卢塔克（Plutarchos）的故事，公元前323年亚历山大大帝去世，雅典兴起反马其顿浪潮。与马其顿关系密切的亚里士多德不得不在公元前322年匆匆离开雅典。而他的书稿则留在了在吕克昂学园中。此后，漫步学派很快式微。在亚里士多德的继承人狄奥弗拉斯图（Theophrastos）死后（约公元前285年），学园搬到了小亚细亚的一个岛屿上。亚里士多德的书稿被埋在了一个酒窖里，而且一埋就是200多年。后来当这些稿子被发现的时候，有很大一部分发潮、发霉坏掉了，还有很大一部分被虫子吃掉了。于是他的作品就剩下了现有的这些。不过，根据第欧根尼·拉尔修记载的亚里士多德的书目情况来判断，佚失的那些作品似乎不是太重要，并以政治和历史方面的题材居多。比如亚里士多德有158卷有关希腊各城邦政制的著述，都没有留传。19世纪末，研究人员在埃及发掘出一批文稿。经考证，其中有一卷是亚里士多德的这些政制作品之一，就是我们今天看到的《雅典政制》。

第一位系统整理亚里士多德书稿的人是公元前1世纪的漫步学派首领安德罗尼柯（Andronicos）。在编辑亚里士多德著作集时，他不只是如今天的思想家全集主编者那样，简单地把成形的书稿按年度或主题排列成不同卷次。在亚里士多德的众多手稿中，有些是相对成形，一卷一卷纸莎草捆好的，但也有很多是分散的。因此安德罗尼柯所做的一项主要工作就是把有关同一主题的各种纸莎草卷放在一起，编成一部现代意义上的书。如亚里士多德的《形而上学》，并不是亚里士多德自己将其中各卷捆在一起的，而是由安德罗尼柯编成的，甚至连题目也是安德罗尼柯命名的。他将之列在亚里士多德关于物理学的著作之后，故谓metaphysics（physics是"物理学"，meta是"在……之后"的意思）。

《尼各马可伦理学》这本书却相对比较成形。题目中"尼各马可"的精确所指不详。亚里士多德的父亲叫尼各马可，是马其顿王国的宫廷医生。同时，亚里士多德的儿子也叫尼各马可。那么，亚里士多德的这本书到底是和他的父亲有关还是和他的儿子有关呢？很多人倾向于认为这本书和他的儿子有关，但证据不大确凿。就算这本书和他的儿子相关，到底是什么样的关系呢？亚里士多德是用它来献给他的儿子的呢，还是这本书是由他的儿子编辑而成的呢？答案究竟是什么，就不太清楚了。我们甚至不清楚亚里士多德是否知道《尼各马可伦理学》这一书名。他自己在提到其伦理著作时，总是用 taēthika。不过，正如我们已经看到的，即令本书不是安德罗尼柯拼凑而成，它在整体结构、卷次间关联及卷次中不同章节间关联上仍缺乏统一与连贯。

现存的亚里士多德文集中有四部伦理学著作：《尼各马可伦理学》、《优苔谟伦理学》、《大伦理学》和《论善与恶》。在这四本著作中，《论善与恶》一般被认为是伪作。《大伦理学》被很多人认为不是亚里士多德亲手写成的，而是他的学生的笔记。不过该书的内容仍然归属于亚里士多德，对于研究亚里士多德的伦理学思想来说，也是需要参考的，而且其中的确有几个段落还相当重要。此外，现存残篇中的《劝勉篇》（Protrepticus）的内容也主要是伦理学的。

不过，亚里士多德的最重要的伦理学著作无疑是《尼各马可伦理学》和《优苔谟伦理学》。在 20 世纪之前，《优苔谟伦理学》也被认为不是亚里士多德本人的作品。它从涉及的主题与主要框架来看，都与《尼各马可伦理学》相似，甚至其中的第四、五、六卷和《尼各马可伦理学》的第五、六、七卷完全一致。于是很多人认为《优苔谟伦理学》是其学生优苔谟（Eudemus）的笔记。但是后来德国学者 W. 耶格尔（Jaeger）运用发生法对亚里士多德的作品进行解读，认为亚里士多德的思想有一个发展过程。根据这种解读，《优苔谟伦理学》是亚里士多德的早期作品，而《尼各马可伦理学》则是他后来成熟时期的作品，是用来取代《优苔谟伦理学》的。在亚里士多德写作《尼各马可伦理学》的过程中，或许他认为《优苔谟伦理学》中的第四、五、六卷思想比较成熟，就直接将其移植到《尼各马可伦理学》之中了。

现在我们在研究亚里士多德伦理学的时候，当然也要研读《优苔谟伦理学》，但是大家还是把主要精力放在《尼各马可伦理学》之中。在西方伦理学发展过程中,《尼各马可伦理学》一向被认为是亚里士多德伦理思想的代表著作,甚至被简称为《伦理学》。不过,英国学者 A. 肯尼(Kenny)对这两部伦理学之间的关系持有不同的看法。他于 1978 年出版了《亚里士多德伦理学》一书,坚持认为,《优苔谟伦理学》中的思想要远比《尼各马可伦理学》中的思想成熟。《优苔谟伦理学》应是亚里士多德成熟时期的作品,而《尼各马可伦理学》是他早期的作品。不过肯尼的这种观点并不为大多数学者采纳,响应者甚寥。

现代翻译《尼各马可伦理学》所依据的希腊文本多是以拜占庭时代的希腊手稿抄本编辑而成,而拜占庭时代的希腊手稿抄本都间接来自公元前 1 世纪安德罗尼柯所编辑的亚里士多德著作集。现在最权威的希腊文本是 I. Bywater 编的"牛津古典文本"(Oxford Classical Text,简称 OCT)系列中的 *Aristotelis Ethica Nicomachea*(Oxford,1890)。《尼各马可伦理学》英译众多。我推荐由 W. 罗斯(Ross)原译,由 J. L. 阿克里尔(Ackrill)及 J. O. 乌尔蒙森(Urmson)修订的 *Nicomachean Ethics*(Oxford,1980),由 T. H. 尔文(Irwin)译注的 *Aristotle:Nicomachean Ethics*(Hackett,1999 年第 2 版)。中译本我推荐由廖申白译的《尼各马可伦理学》(商务印书馆,2004)。本书中的引文译文是我自己译的。

因为是手稿或笔记,亚里士多德的著作读起来便不如现代正式出版的著作通顺和连贯。读者必须明白自己只是在读一组讲稿,或一本未经作者自己整理的笔记。章节的划分与主题内容的划分并不总是一致。文本经常偏离主题,使读者难以追踪理论的展开的轨迹。正因为如此,我们这部讲演录亦无法跟随原著的次序逐卷展开,而是在尽可能照顾到原书结构的前提下,归整其主要论题,力求清楚而系统地呈现我所理解的亚里士多德伦理学的主要学说及主旨。

二、《尼各马可伦理学》与亚里士多德的哲学整体

古希腊文 epistēmē 既可以译作"知识",又可以译作"科学"。对各类知

识或科学进行分类，是由亚里士多德开始的。他把知识分成三大类，即理论科学、实践科学与创制科学。

这三类科学划分的主要依据之一是它们各自的目的。理论科学追求的是理解（"理论"一词在古希腊文中是 theoria，原意是"观照"、"思辨"），旨在把握实在世界的各个方面及各种现象。理论科学包括数学、物理学（也叫自然哲学）及神学（即形而上学）。物理学又包括众多专门科学，例如今日所理解的物理学、生物学、心理学、天文学等。亚里士多德在《形而上学》开头说："人出于本性而求知。"人对很多事情存在困惑，而又不想长久地处于这种困惑状态之中，想要从这种困惑状态中解脱出来，祛除自己内心的无知状态，达到一种理性的清明。即使这种解脱并没有什么功利的结果，但是如果不从这种状态中解脱出来就会让人很痛苦。这种工作只有理论科学才能做到。纯思辨能够使人获得最高的快乐。形而上学就可以让人获得这种最高的快乐。而这种快乐是出于人求知的本性。

实践哲学着眼于行为，包括伦理学（关注个体）、家政学（关注家庭）、政治学（关注城邦）。创制科学是为了作品或产品，包括"模仿性"的及"使用性"的艺术。前者包括诗学（"创制"在古希腊文中为 poieō，英文中的"poetry"即由此而来）、音乐、绘画，而后者包括造船术、医学、农学等。

亚里士多德在他所划分的大多数科学领域中都留下了奠基性的著作。公元前 1 世纪，安德罗尼柯正是按照理论科学、实践科学及创制科学的分类编辑了第一部《亚里士多德全集》。每类学科下亚里士多德的主要书目包括：

理论科学：

《物理学》，《论天》，《论灵魂》，《论感觉及其对象》，《论记忆》，《论睡眠》，《论呼吸》，《动物志》，《动物的器官》，《动物的运动》，《动物的进程》，《动物的生成》，《论颜色》，《论声音》，《问题集》，《形而上学》。

实践科学：

《尼各马可伦理学》，《大伦理学》，《优苔谟伦理学》，《论善与恶》，《政治学》，《家政学》。

创制科学：

《修辞学》,《诗学》。

除了这些现存的各学科的主要著作外,亚里士多德还有六部重要的有关方法与推理的著作。这种研究为一切科学所使用而又不归属于它们中的某一部门。后人把这些著作归在一起,总称为《工具论》,包括《范畴篇》、《解释篇》、《前分析篇》、《后分析篇》、《正位篇》、《驳诡辩》。其中《前分析篇》系统论述了三段论理论,《正位篇》是对古代辩证法的系统研究,《后分析篇》是亚里士多德的科学哲学,而《解释篇》则是他的语言哲学,《范畴篇》更是重要的形而上学著作。可见,《工具论》不仅仅是属于逻辑学的。

除此而外,在柏拉图学园学习与工作时期,亚里士多德也仿效柏拉图写了不少对话。据罗马哲人西塞罗(Cicero)的报告,与现存作品的晦涩单调形成对比,这些对话的文笔很优美流畅。但安德罗尼柯在编辑《亚里士多德全集》时,认为这些对话只是写给大众的普及性材料,不足以反映亚里士多德的真实思想,便没有收入。结果是现在只有若干对话残篇留存。

19 世纪中期,德国学者 I. 贝克尔(Bekker)系统编辑了亚里士多德的希腊文本。他把每页分成 a 与 b 两栏,每栏 35 行左右。此后学者们不管使用什么语言版本,在引用时都使用贝克尔标准页码,如《尼各马可伦理学》1094a15,指的是标准页码 1094 页 a 栏 15 行。各种翻译本也必须把贝克尔标准页码附在页边上。

虽然可以在最一般的层次上把亚里士多德的思想分作伦理科学、实践科学及创制科学三大块,可是我们并不知道其著作的年代与顺序,也不知道他授课的年代顺序。亚里士多德什么年代写了什么作品,一直不太清楚。从履历上看,他于公元前 384 年出生在马其顿的斯塔吉拉(现位于希腊北部),在公元前 367 年就进入了雅典柏拉图学园。他进入学园之后就一直留在其中,待了 20 年,直到公元前 347 年柏拉图去世才离开学园,离开了雅典。此后他到了小亚细亚海岸。后来,他被马其顿王国的腓力二世请去做他的儿子亚历山大的老师。公元前 335 年,亚里士多德返回雅典,建立了吕克昂学园,此后一直在雅典待到公元前 323 年。他的著作生涯显然从柏拉图学园时代就开始了,可在那个时代他除了对话究竟还写了什么,则很难搞清楚,或许永远也搞不清楚。

比较公认的是他在逗留小亚细亚海岸时期，花了大量时间研究生物与动物，写了大量生物学、动物学的著作。亚里士多德这方面的兴趣多少是受到父亲的影响。其父尼各马可是马其顿宫廷御医。由于这样的背景，亚里士多德在作品中经常举医学的例子。这也是亚里士多德学派与柏拉图学派在学术观点上不同的地方：柏拉图学派注重对数学的研究（据说柏拉图学园的门口就竖着"不懂数学者不得入内"的牌子），而亚里士多德学派则更注重生物学知识。

亚里士多德的解释者们对如何把握亚里士多德思想全貌一直是有争议的。大致来说，主要有三种立场，即"统一论"、"发展论"及"分析论"。

"统一论"强调亚里士多德思想各方面的统一性，力图把他解释成一个系统性思想家，虽然持这一观点的学者们对于这个系统是什么样的，以及如何调和亚里士多德论著中的不一致乃至矛盾之处有种种不同看法。这一解释的最著名的代表当数中世纪哲学家托马斯·阿奎那（Thomas Aquinas）。"统一论"在当代仍不乏大批追随者，尤其是在西方的天主教大学与各种神学院中。

"发展论"认为亚里士多德的思想是有不同阶段的，其著作中的不一致及矛盾乃是不同发展阶段的产物。这一解释的最大代表当数 W. 耶格尔。他在20 世纪早期认为亚里士多德是从一名柏拉图主义者发展成一名经验主义者。这一解释亦有大批追随者，虽然学者们对于亚里士多德的发展历程及图景有大量不同甚至决然相对的理论。如英国学者 G. E. L. 欧文（Owen）虽然也持发展论，但主张亚里士多德是从一名经验主义者发展成一名柏拉图主义者。

"分析论"是受 20 世纪分析哲学发展的影响而产生的，它认为没有必要构建亚里士多德的体系。亚里士多德的哲学活动的核心是陈述一个个疑难问题，并尝试对这些问题提出一种解答，或者从不同角度探索它们。研究亚里士多德，重要的不是其学说内容，而是他讨论问题的角度及论证逻辑。

这些不同的解释框架不仅应用于亚里士多德的思想整体，也体现在对许多特殊领域的研究中，如形而上学（第一哲学）、心理哲学、政治学等。相比较而言，在伦理学领域中，这些解释方式之间的冲突不是非常激烈。学者们一般以"发生法"解释《优苔谟伦理学》与《尼各马可伦理学》之间的关系。绝大多数学者认为，《优苔谟伦理学》是亚里士多德早期的作品，而《尼各马可伦理学》则是他后来成熟时期的作品。唯一的例外是上面提到过的英国学者 A. 肯尼。他坚持认为《优苔谟伦理学》是亚里士多德成熟时期的作品，而《尼各马可伦理学》是他早期的作品。对于《尼各马可伦理学》本身，学者们对亚里士多德的幸福概念是否统一一直争论不休，但很少有人用发生法来理解。

我自己对亚里士多德的解释力图采用上述每一种解释的长处，而不是固执地死守某一种特殊解释模式。我的看法是，亚里士多德的思想是有系统性的。但这一系统性不是指他有几条普遍原则可以用来解释一切，而是指他往往有意识地确立各个学科之间的联系。他在一个领域中所发展的方法与观点往往在其他领域获得应用，对一个领域的探讨往往预设了在其他地方已经确立的学说。简言之，他力图使他对知识的探索相互联系，相互启发。亚里士多德的思想也是有发展的。但这一发展不是说他的整个思想有决然不同的阶段，而是指他对某些根本问题的探讨在不同著述中出现，可在一些著述中显然比在另一些地方要深入、详尽或者更合理。简言之，发展是指对某一哲学问题探索的深化。最后，亚里士多德的思想无疑是"分析性的"，他在每一领域往往通过对前贤的讨论列出所要探讨的根本问题，并力图解释它们。他在讨论问题的同时往往有意识地解释他为什么要以这样的方式讨论。

由于亚里士多德思想的各部分在方法和概念构架方面彼此相关，具有内在的联系，我们读《尼各马可伦理学》时一定要记得这本书只是他庞大的思想体系中的一部分，始终要注意将这本书和他的其他著作联系起来。我们在讲述各具体学说时会引入这些联系的具体内容。在这里先指出这本书与其他重要著作的一些最重要的联系。

第一，亚里士多德的伦理学有着一个形而上学的基础。《形而上学》中有两种理论对理解《尼各马可伦理学》具有特别重要的意义。一是潜能和现实的理论。人具有某种功能，德性就是让人的功能能够得到完善发挥的东西。而人的功能能够得到完善的发挥本身也是人之幸福的所在。这个功能其实就是潜能，是需要被实现的。只有当人之为人的功能最终得到实现时，人才能活得繁荣，活得兴旺，活得成功。而这正是人的幸福所在。另一种形而上学理论是亚里士多德的神学，亦即思辨理论。《形而上学》第十二卷中作为"不动的动者"的神是以思辨为特征的。《尼各马可伦理学》第十卷以思辨为最高幸福；人只能暂时地获得这种幸福，而神则完全处于这种幸福中。亚里士多德对形而上学的研究并不是与人的生活无关的东西，它也是人能达到幸福生活的至关重要的部分。

第二，《论灵魂》对于理解《尼各马可伦理学》也有很大的帮助。亚里士多德自己明确要求学习伦理学的学生"必须研究灵魂"（《尼各马可伦理学》，1102a24）。这是因为，德性是灵魂的德性。正如医治眼睛的人必须知道整个身体一样，研究德性的人也必须了解灵魂。不同德性是不同灵魂部分的优秀状态。幸福则是理性灵魂体现德性的活动。

第三，《尼各马可伦理学》与《政治学》同属实践科学，二者关系十分密切。亚里士多德认为人是政治的动物，并经常将政治学和伦理学相等同。在《尼各马可伦理学》的开篇，其对最高善的探究被说成是政治科学的主题。在书中的许多地方，他一再把自己的研究说成是政治学。在《尼各马可伦理学》最后一章（第十卷第9章）的开头，亚里士多德强调了他的计划仍是未完成的。他说："以前的思想家们没有涉及立法的问题。我们最好自己研究它，考察有关政制的一般性问题，从而尽我们所能完成对关于人类事务的哲学研究。"（1181b12—15）根据这一段话，《政治学》（*Politics*）的著作是其伦理哲学的续篇，并且《尼各马可伦理学》与《政治学》共同构成了"关于人类事务的哲学"（ē peri ta anthrōpina philosophia）。《伦理学》和《政治学》所探讨的哲学是同一种哲学的不同部分，二者只有结合在一起才完整。

因此，亚里士多德的政治学包含两层含义，一种是广义的，一种是狭义的。广义的政治学，即关于人类事务的哲学，包括《伦理学》与《政治学》，讨论人的德性的培养和人的幸福的问题。《政治学》一书涵盖的许多话题与对德性的讨论有着密切关联。而狭义的政治学则指《政治学》中专注于立法与政制的内容。需要指出，现存的《政治学》也不是一部前后一贯的著作。它至少有部分在写作上要早于《尼各马可伦理学》，接近于《优苔谟伦理学》。不过，这并不影响我们理解亚里士多德关于政治学与伦理学相关联的思想。

鉴于亚里士多德对政治学本性的理解，我们很难在伦理学与政治学之间划定清晰的界限，因而不能孤立于他的政治学以外去学习他的伦理学。伦理学的目的是使人变得善，变得有德性。而人要变得有德性，便离不开习俗与法律。而立法与政制（politeia）不可分。"政制可以说是城邦的生活。"（《政治学》，1295b1）最好的政治安排是这样一种制度，"在其中，每个人，不管他是谁，都能够做得好，活得幸福"（《政治学》，1324a24-25）。判断一个政治体制的好坏的标准就在于该政治体制是否有助于促进公民德性的发展，是否有助于培养其公民的良好的品质。如果答案是"是"的话，就说明该政治体制是好的，否则就是坏的。总之，在亚里士多德看来，关注德性不只是伦理学家们要处理的问题，而且也是政治家和立法者面临的问题。

三、亚里士多德伦理学与苏格拉底、柏拉图

阅读《尼各马可伦理学》不仅要考虑到它与亚里士多德其他著作的关系，而且应注意到它的学术背景与语境。这就是说，它的讨论对象是谁，是什么样的学术背景使得它研究这样的问题。毕竟，哲人不是在真空中制造新论，而总是在回应前人与同时代的同行，在批判、纠正、修正他们的理论的基础上确立自己的学说。对于亚里士多德伦理学，最重要的学术语境是苏格拉底与柏拉图的影响。我们在阅读《尼各马可伦理学》的时候，有两个方面特别需要我们作为背景思考的，一是亚里士多德本人会如何看待苏格拉底的生活，二是可以将他的伦理思想和柏拉图的伦理思想进行对比。

在哲学史上，苏格拉底被誉为伦理学的创始人。第欧根尼·拉尔修在《名哲言行录》中明确称苏格拉底为"伦理学的发明者"。在前苏格拉底时期，道德反思只是自然哲学的附属品。苏格拉底不满自然哲学的研究方式，把哲学从关于自然的知识上转移开，使伦理学问题成为哲学活动的中心领域。他

相信道德知识是我们为了活得更好而必需的。罗马哲人西塞罗说，苏格拉底第一个将哲学从天上召唤下来，使它扎根于城邦与家庭，审视生命与善恶。亚里士多德自己也在《形而上学》（987b1-3）中说，苏格拉底对自然世界整体视而不见，让他自己仅仅沉浸在伦理学问题之中。

公元前 399 年，雅典人以"不敬城邦所敬之神"及"败坏青年"的罪名审判并处死了苏格拉底。这一历史事件对于公元前 4 世纪的雅典学界影响巨大。苏格拉底的追随者们甚至发明了一种叫做 Sokratikoi logoi（"苏格拉底对话"或"苏格拉底谈话录"）的文学体裁，并以此体裁撰写了大量作品。这类作品不是要提供苏格拉底的历史形象，而是作者通过模仿苏格拉底的问答法来传达自己的观点。它们是当时学人们纪念苏格拉底的方式。柏拉图正是这样的追随者之一，他的对话录是"苏格拉底对话"这种体裁的最完美的体现。

亚里士多德刚进入雅典柏拉图学园的时候，也写苏格拉底式的对话。现在还有不少对话残篇留存。对苏格拉底喝毒药去世这件事情，亚里士多德当然很熟悉，对于其意义当然也有自己的思考。但是，令人奇怪的是，我们读遍《尼各马可伦理学》及其他著作，却从来没有发现亚里士多德提到苏格拉底的审判与死亡。鉴于该事件对希腊哲学的重要影响，尤其是该事件对于柏拉图哲学的直接影响，亚里士多德的沉默自然是令人奇怪的。

公元前 323 年，亚历山大大帝去世，雅典人掀起反马其顿的运动。亚里士多德是亚历山大的老师，自然也免不了受到这场运动的牵连，于是便离开了雅典。根据历史传说，他在离开雅典时曾说，他离开的原因是因为"不想让雅典对哲学犯第二次罪"。我力图找出这句话的原始出处，但是它似乎不见载于古代传记材料中，包括以搜罗古希腊学人佚事为宗旨的第欧根尼·拉尔修的《名哲言行录》。我能查到的最早的对这句话的记录是在公元 6 世纪前后的新柏拉图主义的注释中，所以很难确定这句话是亚里士多德自己说的。

出于对亚里士多德的沉默的困惑，我曾经写过一篇论文，题为《亚里士多德会认为苏格拉底是幸福的吗？》（见我与 J. 格拉西（Gracia）合编的《幸福与理性：从希腊到早期中世纪》，Rochester，2003）。我的观点是，在这一奇怪的沉默的背后，是亚里士多德对苏格拉底的学术理论及行为实践的正反两面都有的复杂看法。亚里士多德虽然从未明确提及苏格拉底的审判，但《尼各马可伦理学》可以被视为对于苏格拉底的思想与生活的有益的反思。

要确定苏格拉底的思想，人们不可避免地要面对困难的"苏格拉底问题"。苏格拉底的哲学思想主要在柏拉图的对话录中得以保留。柏拉图把苏格拉底作为其对话录中几乎所有主要学说的发言者。我们该如何确定柏拉图对话录中的苏格拉底究竟是代表了历史上的苏格拉底还是只是柏拉图的代言人？我在《理想国讲演录》（中国人民大学出版社，2009）第一讲中曾对"苏格拉底问题"作过详尽解释，此处不再重复。我自己的立场是，《申辩篇》中的苏格拉底接近历史真实。《申辩篇》当然是柏拉图所撰，但历史事件中的苏格拉底审判却是公开发生的。这一点限制了柏拉图对它的自由发挥。构建历史上的苏格拉底的思想可以以《申辩篇》为主，然后再综合其他对话录中与《申辩篇》观点相一致的材料。

大致说来，苏格拉底对古希腊伦理学的最大贡献是确立了"幸福—德性"这一框架，是古希腊以德性为中心的幸福主义伦理学的始创者。首先，虽然"幸福"是个传统信念，但苏格拉底仍以"幸福"作为其问答法的目标。他声称他做哲学的目的是让雅典人幸福，或让他们过一种正确的生活（《申辩篇》，36e，39d）。苏格拉底使幸福成为古希腊伦理学的共同出发点。第二，怎样才能幸福？苏格拉底认为，真正的途径是培育德性。德性本身不是个新观念，但苏格拉底的新颖之处在于把德性与灵魂联系起来，并将德性置于幸福生活的核心地位。虽然苏格拉底经常声称一无所知，但却提出了无数问题，并有着一系列对它们的看法，包括幸福与德性、德性与灵魂、德性与知识、德性与其他生活中的善，等等。正是这些主题成为随后的古希腊伦理学的中心议题。

亚里士多德是在苏格拉底设置的框架内发展自己的理论的。他研究苏格拉底提出的那些问题，但用非常不同的方法去处理它们。略举数例。第一，苏格拉底的伦理学是理智主义的。他只用理性来规定灵魂，"德性即知识"。而亚里士多德则认为人是社会动物，并强调了社会习俗和惯例在品质建构中的重要性。他的主要学说之一是，道德德性的获得不仅仅是件理性审察的事，而且需要通过反复的德性行为实践。该理论可被看做对苏格拉底的理智主义德性观的批判。亚里士多德甚至直接反对苏格拉底的观点："苏格拉底认为德性就是理性（他说所有德性都是知识的形式）。而我们则认为，德性涉及理性。"（1144b28-29，以下凡未注书名的引文皆来自《尼各马可伦理学》）

第二，苏格拉底批判传统的社会道德价值，声称他是唤醒迷茫中的雅典民众的"牛虻"。他的问答法在揭示雅典社会道德内在冲突的努力中，力图展示雅典民众的无知、肤浅与狂妄。可我们知道，雅典人创造了人类历史上最灿烂的文明，在建筑、雕塑、戏剧、哲学、修辞、历史、政治等领域取得了那么多优秀的和难以逾越的成就。苏格拉底的指控对他们来说，必定是很不舒服的事。这也是他们容不下苏格拉底的原因之一。对于苏格拉底对传统社会价值的怀疑态度，亚里士多德肯定持有严重的保留意见。他有一个深刻的信念，即道德德性奠基于 ethos（社会习俗）。他声称环境对一个人的早期培育是"非常重要，甚至是最重要的"（1103b25）。他也对普通人的各种道德观念怀有极大敬意。

第三，苏格拉底终日寻求谈话诘问的对象，不论对象是谁。他的问答活动吸引了众多年轻的追随者。那时没有电视与互联网，观看苏格拉底考问有名望的人，令他们面红耳赤、灰头灰脸，成了青年人的一大娱乐。他们从中取乐并模仿苏格拉底去质问长辈们的教导。不难想象他的行为会给青年人带来什么样的冲击。各种偶像訇然倒地。你还能期望青年人有多少对长者和传统价值的尊敬吗？更糟糕的是，虽然苏格拉底的盘问导致青年人成为习俗和传统的挑战者，他却声称自己是无知的，不能给青年人提供任何积极的引导。亚里士多德显然对苏格拉底为雅典青年人的道德教育带来的影响感到担心。按照他的理解，一个有实践智慧的人应当是社会所推崇的行为楷模和榜样。但苏格拉底没有在社区内受到称赞与仰慕，反而被控以不敬神和败坏年轻人的罪名并被判决死刑。我们马上会讲到，亚里士多德自己在教育中要求他的学生要有好的品格。此要求的原因之一应该来自他对苏格拉底的看法。

第四，据历史记载，苏格拉底长相很丑，又很穷。他自己强调德性是幸福的充分必要因素。亚里士多德则认为，德性固然是幸福的中心因素，但幸福也包括外在条件，如不能长得太丑，也不能太穷。我相信亚里士多德在写下这些句子时一定想着苏格拉底。

在以后的讲演中我们会更多、更具体地看到亚里士多德与苏格拉底的关系。在这里我强调的是在阅读《尼各马可伦理学》时，不要忽视其中隐含着的对苏格拉底的学说与生活的反思。虽然苏格拉底是以德性为中心的幸福主义伦理学的始创者，亚里士多德却成了哲学史上德性伦理学的代表人物，也是当今德性伦理学复兴的典范。这一现象值得我们思考。

对亚里士多德伦理学具有重大影响的另一位哲人是他的老师柏拉图。亚里士多德出生于公元前384年，他在公元前367年，也就是他17岁时就来到雅典进入了柏拉图学园。至于他什么时候毕业就无从考证了，因为那个时候没有毕业这种说法。他进入学园之后就一直留在其中，待了20年，直到公元前347年柏拉图去世才离开。至于亚里士多德和柏拉图的关系，是个复杂的问题。历史事实是，在柏拉图去世的时候，他将自己的学园交给了他的侄子斯潘西波来主持，而不是亚里士多德。而亚里士多德也离开了学园。这其中是否有私人因素，现在已很难考证。学者有各种解释，任人唯亲亦是其中一说。当然也有人认为，柏拉图之所以没把学园交给亚里士多德，是因为他只持有雅典"绿卡"而不是雅典公民，因而不能继承学园的遗产。但这种说法似乎并不可靠，因为在不长的时间之后，亚里士多德就又回到了雅典，创办了吕克昂学园。

在学术方面，亚里士多德非常清楚地表明了他对柏拉图的态度：

> 或许我们最好考察普遍的善，搞清楚当人们讲它时到底意味着什么。毫无疑问，我们对这类研究并不自在，因为引入形相（即通常所译的"理念"）的是我们的朋友。尽管如此，如果这样做有助于保持真理的话，我们比较好的做法或许还是毁坏那亲近于我们的；实际上也只有这样才是对的。作为爱智慧者，我们尤其必须这样做。因为尽管我们既爱真理又爱朋友，虔敬要求我们首先要尊重真理。（1096a12—17）

这段话后来被罗马人提炼凝结成"吾爱吾师，吾犹爱真理"这一名句。它大大地促进了柏拉图与亚里士多德的对立这种传统观念。在文艺复兴时期拉斐尔那幅著名的《雅典学园》中，柏拉图的手指向天空，象征其理想主义，而亚里士多德的手则指向地面，象征其经验主义。柏拉图的理想主义与亚里士多德的经验主义被认为构成了西方哲学与科学中最具影响力的两大思潮，类似于中国文化中的儒家与道家。

但必须注意到，虽然亚里士多德对柏拉图有诸多批评，他所研究的诸多问题，尤其是哲学方面的问题，是由柏拉图发轫的。我们不能由于他们之间学说的不同而忽略他们之间问题的连续性。《尼各马可伦理学》第一卷第6章批评柏拉图，是因为柏拉图要寻求的普遍的善涵盖宇宙中的一切事物，而亚里士多德认为没有这样的善。他只要研究人类的善。人有自己的特征，不能与其他事物混同。但即使是这种对人类普遍善的研究，亚里士多德也受到了柏拉图的影响。如果我们读完《尼各马可伦理学》，再去对比一下《理想国》，我相信大家会看到他们两人间伦理思想的传承，特别是在某些关键问题上，他们的思路基本是相同的，虽然论点不同。关于亚里士多德和柏拉图的伦理思想之间的这种关系，我们在以后的课程中还会具体讲。

在我看来，亚里士多德和柏拉图的伦理学研究其实都在思考苏格拉底的生活究竟是否幸福，并由此引申去研究各种伦理问题。柏拉图有的时候说苏格拉底的生活是最幸福、最公正的，但是有的时候他又对此很怀疑。他在《理想国》中就对苏格拉底在《申辩篇》中所表述的生活产生了深深的怀疑。《理想国》在描述如何具体培养城邦的哲人王的时候，着重强调了德性的培养。但是苏格拉底却不注重他的对话伙伴的德性的培养。他在《申辩篇》中说，凡是愿意和他对话的人，他都欢迎。由此，最终雅典人起诉他的一条罪名就是腐化青年。另外，柏拉图在《理想国》中也十分重视城邦中的传统价值的作用，比如他就主张在教育孩子的时候，诗歌和戏剧作品是不适宜的。而这些东西也是不为苏格拉底所重视的。那么，苏格拉底被雅典人判处死刑，雅典人究竟做对了，还是做错了？雅典人不过是维护了自己的传统价值而已。柏拉图力图弄清楚苏格拉底在伦理上到底是对的还是错的，以及他的生活到底是否是幸福的。亚里士多德同样也想理解苏格拉底在什么意义上是对的，在什么意义上是有问题的。亚里士多德很重视风俗习惯在伦理学以及公民德性的养成中的意义和价值，很强调想成为他的伦理学听众的人要有良好的家庭出身，要有良好的道德品性。这就和苏格拉底形成了鲜明的对照。所以，柏拉图和亚里士多德一方面很想为苏格拉底的生活做辩护，但是同时也想弄清楚他到底错在什么地方。其实，苏格拉底这样的人在我们今天就很容易被接受吗？

四、伦理学的对象与德性伦理学的复兴

我们今天把伦理学这门学科分成不同种类。在最一般的层次上，伦理学被划分为元伦理学（meta-ethics）和规范伦理学（normative ethics）两种。元伦理学主要是对各种伦理概念进行语词的逻辑分析。规范伦理学在近代西方主要分为两派，一派是 J. 边沁（Bentham）、J. S. 密尔（Mill）创立的功利主义伦理学（utilitarianism），另一派是康德创立的义务论（deontology）。总体来说，以功利主义和义务论为代表的近代规范伦理学的特征有二：第一，它们研究道德行为，决定什么样的行为在道德上是善的、对的，什么样的行为是恶的、错的。第二，它们认为一种行为是否道德是由道德原则或规范决定的。所以，伦理学的主要工作就应该是建立道德规范和道德原则，为人们的行为提供可以遵循的准则。如果一行为遵循这些原则，那它就是道德的；反之，如果一行为违背这些原则，那它就是不道德的。今天提到"伦理"或"道德"，主要指的是对与错，好与坏，职责与义务，应当与不应当，等等。

不过亚里士多德的伦理学概念却与此不同。在历史上，他第一次界定了伦理学，对伦理学这个概念进行说明。在《尼各马可伦理学》第二卷第 1 章（1103a16-18），他说，伦理（道德）德性"通过习俗（ethos）养成，因此它的名字'伦理的'也是从'习俗的'这个词演变而来"。习惯或习俗的希腊文形式是 ethos，由此所形成的品格或品德是 ēthos。"伦理学"（ethics）这个词即由此而来。习俗在拉丁文中是 mores，故罗马哲人把希腊文的 ethics 在拉丁文中译成了 morality。"伦理学"与"道德哲学"本来只是希腊文与拉丁文之

间的不同。无论是 ethics 还是 morality，伦理学这门学科的本初意义是要研究从社会习俗中养成的品格或品德。

因此，当亚里士多德在研究伦理学的时候，他不是要去建立人的行为的规则或规范，而是聚焦于人的品格，即人的德性及其培育的问题。人的品德为什么如此重要？原因在于，优秀品德是幸福的主要成分。我们在以后会详细讨论幸福这个概念。简单地说，幸福并不是主体的主观感受，而是客观的兴旺发达的状态。说一个人幸福是指一个人做人做得很成功，很发达。研究幸福问题涉及的是人应该如何生活得好的问题。

这样，《尼各马可伦理学》便呈现出与近代规范伦理学所不同的两个特征：第一，它关注的不是"人的行为如何是道德的"，而是"人应当怎样活着"。第二，与此相对应，它的主要工作不是确立道德行为原则，而是讨论德性或美德这一能使人生幸福成功的中心因素。

由于亚里士多德伦理学与近代西方伦理学的巨大差异，近代伦理学家一度对其十分冷淡。1921 年，牛津道德哲学家 H. A. 普里查德（Prichard）在一篇题为《道德哲学是基于一个错误之上的吗？》的著名论文中写道："为什么《尼各马可伦理学》如此令人失望？……其原因在于亚里士多德没有做我们道德哲学家要他做的事。他应该说服我们确实应当去做那我们一直直观地认为是应当去做的事。不然的话，他应当告诉我们什么是其他我们确实应当做的事情（如果有的话），并且证明他是对的。"显然，普里查德有一个先入为主的伦理学概念，即伦理学是要告诉我们应当做什么。当他发现亚里士多德的伦理学不符合这一概念时，便马上做出了负面评价。

他的牛津同事 W. D. 罗斯的情形更令人注目。罗斯是英文版《亚里士多德全集》的主编并撰写了多卷亚里士多德著作注释，是 20 世纪最好的亚里士多德著作的注释家和翻译家。他不仅主持翻译了 12 卷的《亚里士多德全集》，而且还对亚里士多德的诸多重要著作做了注释，比如《〈形而上学〉注》、《〈物理学〉注》、《〈前后分析篇〉注》等。他把一辈子的学术生命中的大部分精力都献给了亚里士多德研究事业。可罗斯同时又是伦理学家，自己也发展了一整套伦理学体系。很有意思的是，在伦理学上，他却没有受到亚里士多德多少启发。他的"当下职责"（prima facie duties）在理论本质上是康德主义的。康德说，真正具有道德意义的行为是出于绝对律令的行为。而罗斯认为实际上没有绝对律令，我们所有的行为规则和命令都是根据当下的时机和场景决定的。他举例说，如果一个人答应了他的朋友去机场接机，但是却在出门的时候遭遇了邻居家的大火，那么他这个时候究竟该怎么做呢？是去机场接朋友，还是帮助邻居扑火呢？如此看来，康德的绝对律令在现实生活中基本上是不现实的，因为在实际生活中人们往往处于各种矛盾的复杂的关系之中，会同时面临多种选择。罗斯因而主张，我们应取消康德的绝对律令。人们在现实中究竟做何种道德行为是由他所身处其中的特殊场景决定的。责任和义务都不是绝对的。罗斯的这种理论被认为是对康德伦理学的一大修正，并且在应用伦理学中有很广泛的影响。罗斯的情况很有意思，值得研究，因为他对亚里士多德的研究与他自身的哲学研究竟然不大相联。如果他能将亚里士多德伦理学中的德性伦理学解读出来，并与康德伦理学进行对照理解，那么他在哲学史上的地位就要更为伟大。

西方伦理学家对亚里士多德伦理学的态度在英国学者 E. 安思康（E. Anscombe）于 1958 年发表的《近代道德哲学》一文中得以逆转。而安思康此文正是当代德性伦理学复兴的宣言。她声称："近代最著名的伦理学家，从巴特勒（Butler）到密尔，都在伦理学这一主题思考中有严重缺陷，因此，要从他们那里获取对伦理学问题的识见是不可能的。"这是因为，根据近代道德哲学，无论是康德的义务论，还是英国的以功利主义为代表的效用主义，都认为道德基于普遍的理性法则，而理性在于遵从这一法则。这种以法律为模型的伦理学根源于基督教伦理学。法概念的伦理学是以上帝是立法者为前提的。"义务"、"责任"、"应该"、道德上的"对与错"这些概念之所以有意义，乃是由于基督教。然而经过启蒙运动与宗教改革，基督教在近代社会中已不再占主导地位，对神作为立法者的信仰已经减弱，于是这些概念也就失去了根据。如同当废除刑事法庭和刑法之后，人们对"刑事"这一概念便不知所云了。伦理学家曾作过多次努力，希望保持一种没有神圣立法者的法概念伦理学。于是他们便寻求新的立法源泉。在这些努力中，康德的"自我立法"影响最大。可安思康说，"自我立法"是一个荒唐的概念。一个人为自己决定做什么或许是值得敬佩的，但却不能是立法。

英语世界的道德哲学更有一个共同的问题，即它们都无法坚持在这个世界中总有一些事情，如杀害无辜，是不应该做的。功利主义以行为的后果来确定一个行为的对与错。如果其后果能够增加最大多数人的最大幸福，那么其在道德上就是正当的。按照这一道理，如果杀害无辜能取得更大更好的后果，就可以得到道德上的许可。我们这个教室里现在大约有 70 人。假设有一个人 W，让大家都很讨厌。把他从窗户扔出去，会让其余 69 人很高兴。按功利主义原则，把 W 从窗户扔出去是道德的行为，因为这一行为给大多数人带来幸福。但大家想想，我们凭什么把 W 扔出去？安思康于是断定，这种道德哲学肯定有问题。总有一些事情不管结果是什么，都应是禁止做的，都是不能做的。

与此相对照，安思康相信伦理学应基于"德性"概念。"德性"概念比"职责"、"义务"等概念更为根本。品德应成为伦理学的主要关涉对象，而德性则是兴旺人生的一个关键部分。而这恰好是柏拉图和亚里士多德的工作路径。我们需要补充一个心理学来阐明"行为"、"意向"、"快乐"、"欲求"等概念，并进而发展一种论述，说明人性与人的行为，说明美德是什么样的一种特性，说明什么是人生的兴旺（幸福）等。

安思康的文章拉开了 20 世纪后半叶西方德性伦理学复兴的帷幕。沿着同样的道路，英国伦理学家 B. 威廉姆斯（Williams）在《伦理学与哲学的界限》一书中坚持把"伦理学"（ethics）与"道德"（morality）相区别。虽然这两个概念的原意相同，都与"风俗"相联，只是希腊文与拉丁文间的不同而已，可 B. 威廉姆斯断定，古代伦理学接近"伦理学"的原意，而近代道德理论以建立原则为核心任务，已经不再与"风俗"、"品性"等相联。近代伦理学提供了评价道德行为的各种规则，但是在这些规则之间会存在冲突，即使在近代伦理学范围内，也无法确定到底应该遵从何种道德规则。于是，依照这些伦理学，就会在人们的具体生活中制造各种各样的伦理争辩，但在这些伦理争辩之中却没有任何一个是很容易顺利解决的。就拿堕胎来说，支持堕胎的人们会说，妇女具有支配自己身体的权利。而反堕胎的人们会说，生命是人生的基本权利，胎儿也有自己的生命权利；任何人没有权利去剥夺别人的生命。由于无法判定"人是自由的"与"生命是神圣的"这两条规则谁更重要，对堕胎问题的争论就一直持续下来，无法解决。

另一位美国哲学家 A. 麦金泰尔（MacIntyre）在《追随德性》一书中指出，现今的道德语言充满争议，处于"严重无序的状态"。其原因在于，不同道德理论的前提有各自的历史根源。它们互不相容，不可公度，无法通过什么理性的途径去取得道德上的一致。而这一切是由于启蒙运动造成的。启蒙运动随着近代科学理论的发展，排斥了亚里士多德的目的论，转而以理性为标准批判道德。而独立的理性本身则产生了种种不同的道德原则。麦金泰尔坚信，如果要恢复对道德的可理解性和理性，我们有必要以某种方式重新阐述亚里士多德传统。他的《追随德性》正是想提供这样一种阐述。

经过众多学者的努力，德性伦理学已经成功地打破了康德义务论与功利主义二分天下的局面，而成为与这两大传统伦理学派系相抗衡的第三种流派。为近代伦理学所忽略的一系列重大问题，如动机、道德品性、个性、道德教育、情感、幸福、友谊等，重新成为伦理学思考的主题。"如何做一个好人"成为伦理学的中心问题。德性伦理学的发展使伦理学成为 20 世纪后半期最令人激动的哲学领域。

现代德性伦理学已经发展成不同形式。也有很多德性伦理学家不承认德性一定要以幸福为更高的目的。他们更喜欢说，德性只是社会上一般人比较欣赏或羡慕的品质，在它之上不需要一个更好的目的。这种倾向的伦理学被称为非幸福主义的德性伦理学。非幸福主义的德性伦理学家们通常在休谟和尼采那里发掘资源。但不可否认的是，亚里士多德伦理学一直是占主导地位的模式，被广泛看成迄今为止德性理论的最好的代表。亚里士多德德性伦理学的现代复兴被称为"新亚里士多德主义"。"新亚里士多德主义"由于学者们对亚里士多德论点的理解角度不同，又具有许多不同的形态。这使得《尼各马可伦理学》成为 20 世纪下半叶被最密集地研究和讨论的伦理学经典。

五、伦理知识的性质

伦理学是一种什么样的知识？按照亚里士多德的科学模式，科学知识应当是演绎性的证明系统。一门科学，从一小组由直觉把握的公理通过演绎推进到许多定理。任何证明科学必须是关于一个种的，而不能跨越不同的种。这一科学模式是以当时的几何学为范本构建的。亚里士多德在《后分析篇》中阐明了这种模式。在《前分析篇》中，他发展了精致的推演系统，即三段论。

不过，尽管亚里士多德建立了这一模式，他自己的各门学科却都不是证明系统。他区分了理论科学、实践科学和创制科学。理论科学是最有希望成为证明科学的，因为它们寻求的是普遍必然的知识。可是即使是他的自然科学的著作，也很少出现演绎，倒是经常缺少连贯性和一致性。

为什么在亚里士多德的科学理论与他的科学实践之间存在着这样的反差？学者们提出了各种解释。一种论点以为，《前分析篇》中的三段论不是关于如何建立科学知识的，而是关于如何教授知识的。另一种解释以为，三段论只是把科学知识结论叙述成体系的方式。还有的说法以为，亚里士多德的《工具论》作于前期，他后来改变了想法。至于改变到什么程度，学者们又有不同意见。

隶属于实践科学的伦理学更与证明科学模型相去甚远。按照亚里士多德的说法，实践科学能得到的知识只能是一种大致上如此的知识，既不普遍，也不必然。那么，为什么伦理学的知识只能是一种大致如此的知识呢？

亚里士多德解释说，伦理学知识之所以是不确定的，首先就是因为它的对象，即人，始终处在变化之中，无法确定。关于人的知识也就始终不是必然和确定的。亚里士多德深知人生无常的道理。其次，有关伦理知识的前提都是基于约定的基础，而不是基于自然的基础。何为对、何为错，在不同传统、不同社会中都有不同的理解。

由于这样的原因，亚里士多德认为，如果一个人想在伦理学中寻找可普遍应用的知识是一种误导，那么要求伦理知识和数学知识一样精确也是错误的。

> 当谈论这类题材并且从如此不确定的前提出发来谈论它们时，我们必须满足于大致地、纲要性地表明真理；在讨论的事情与前提是在多数情况下为真时，我们就必须满足于得出在多数情况下为真的结论。我们对每一个论断也应当这样领会。因为一个受过教育的人的特点，就是在每种事物中只寻求那种题材的本性所容有的确切性。只要求一个数学家提出一个大致的说法，与要求一位修辞学家做出严格的证明同样地不合理。(1094b19—28)

伦理知识只是基本为真，而不具有数学那样的普遍性与必然性。由于这一原因，亚里士多德相信伦理学无法提供一条或数条基本原则为人们提供普遍的行为指导。他反复声称他的幸福理论只是粗略的大纲。下面的来自《尼各马可伦理学》(1104a3—10) 的引文值得细读：

> 我们必须首先同意，对整个问题的叙述只能是纲要性的，而不是精确的。我们一开始就说过，我们所要求的叙述必须与研究题材相对应。而实践与"什么对我们是好的"这类问题就如同健康问题一样，并不是什么确定不变的东西。而且，如果总的叙述是这样的性质，对具体行为的论述就更缺乏精确性了。因为具体行为并不为任何技艺与法则所统摄。行为主体只能因时因地制宜，就如同人们在医疗与航海上所做的一样。

对于一般性的伦理问题的论述缺乏确定性，而对于特定的伦理问题的论述就更缺乏确定性了。人的处境和行为呈现出无穷的多样性，是很不确定的。行为的准则经常允许例外，且不能够被机械地应用到所有特殊处境中。作为主体自身必须根据特定的场合和境况决定自己做什么样的行为才是合适的。

非常明显，亚里士多德这里的论点与以建立道德行为原则的近代西方道德哲学形成强烈对比。近代伦理学强调建立普遍的道德规则，认为它们可机械地运用到每个人具体的生活之中，解决人生的各种道德问题。但是在亚里士多德德性伦理学看来，复杂的人生远远不是只靠几条道德原则便能搞清楚的。很多的人生问题都需要主体根据其处身其中的具体境况进行抉择和处理。

伦理学具有指导作用，但它不是自然科学，不能提供绝对正确的知识，也不能这样去要求它。伦理学的性质并非要追求一种绝对的、普遍的、必然性的道德真理，而是要去探求人们秉持的道德信念是否有道理。亚里士多德自己很清楚，这些道德信念从来就不是绝对有效的，而只是在大多数情况下是有效的。因而，在伦理学中就没有必要去追求绝对准确的东西，而且在人类行为和人类事务中，伦理价值和道德信念是很难绝对准确的。

六、伦理学的方法

我们研究哲学、研究伦理学，那么，我们在做研究的时候遵循一种什么样的程序呢？我们对于自己的研究方法有清楚的想法和观念吗？如何确定自己的研究结果是好的呢？

在这一方面，亚里士多德无疑又是最好的老师。他在研究每一个领域的时候，都对自己的研究有很强的自我反思意识。他很清楚自己要做什么，要如何做，以及要达到一种什么样的目的和结果。当然，每个人做伦理学都有自己的方法。方法不同，其能做出来的哲学也不同，对哲学结果的评价也不同。哲学与其他领域不一样，其成果评判的主观性很强。同一种哲学，有些人推崇备至，另一些人很可能嗤之以鼻。但不管如何，我想每个人都应当清楚自己为什么做这些研究，以及怎样做才算是好的学问。学习某个哲学家的哲学，很重要的一方面就是去学习他做哲学的方法以及他是如何思考他面临的问题的。只有这样，我们才能提高自己的哲学能力。

亚里士多德著作中包含大量的方法论的叙述。他往往在每一章的开篇或结尾的时候写一些方法论上的总结。为大家所熟知的方法包括归纳与演绎。归纳是从特殊到普遍的理智进程，或者按亚里士多德自己的说法，是从"对我们所明显的东西进展到事物自身的明显"。演绎是从普遍到特殊。他在《尼各马可伦理学》（1095a30）中说，有的论证是从原则出发推演结论，有的论证则是以建立原则为目标。那么，进行哲学论证的时候，是应该先有原则进而进行推论呢，还是论证的目标就是为了建立原则呢？

柏拉图在他的《理想国》中提出了著名的线段比喻，其中在讨论数理形相（理念）和善的形相（理念）的关系时就涉及这个问题。在那里，柏拉图之所以得出善的形相（理念），是从数理形相（理念）开始向上抽象从而形成的。而当他得到善的形相这个最高原则后又反过来以其为原则向下推演出他的哲学体系。在亚里士多德看来，不管是首先建立原则，继而从其出发建立结论，还是从现象出发推导出原则，两者都是做哲学研究的方式。但这两种研究方式是不同的。亚里士多德用另一种方式来表示它们。他把后一种说成是从研究为我们所知的事物（What is known to us）出发，把前一种说成是从自然可知的东西（What is known by nature）出发。在其伦理学里，亚里士多德使用了演绎推理，但他更为强调的是归纳推理（1095a30-b2，1139b24-31）。他也声称"有些基本原理通过归纳得出，有些通过感觉，有些则通过习惯，还有些是通过其他方式得出的"（1098b3-4）。

不过，亚里士多德在伦理学里最清晰陈述出来的一个方法论是一般被称为"拯救现象"的方法，虽然他本人使用的是 tithenai（设定）而非 sozein（拯救）。至于"拯救现象"这种说法，是后来的新柏拉图主义的注释家用来注解柏拉图的，但是人们普遍认为这种说法更适合于亚里士多德。在《尼各马可伦理学》第七卷第1章（1145b1-7），他为我们提供了这一方法的概要说明：

> 讨论这个问题的恰当方式和讨论其他问题时的一样，也是先摆出现象（phainomena），然后考察其中的困难（aporiai）；然后，如果可能，就确定所有关于这些感情的意见（endoxa），如不可能，就确定大部分或最重要的意见。因为，如果困难可以解决，且受尊重的意见还站得住脚，我们就充分解决了问题。

"现象"（phainomena，动词为 phainesthai，意为"显露"）的字面意思是"出现的或明显的事物"。"现象学"（phenomenology）亦由此而来。"现象"

的意思是主体自身的显现与展示。在英文里，这个词被翻译成 appearance。在通常意义上，这个词指的是经验现象，能为我们观测到的东西，尤其在科学领域之中。但在亚里士多德这里，含义却有所不同。亚里士多德说的现象既指我们的眼睛可以看到的经验现象，也指能够被我们的耳朵听到的东西。"现象"在亚里士多德那里的主要意思是"人们所言说的东西"（ta legomena），其实就是各种各样的观点理论。现象也包括那些没有被公认但被一小群明智之人持有的，甚至是被一个明智之人持有的观点。它在这一意义上可与 endoxa（"受尊重的观点"）互换。

按照上述引用段落，这一方法包括三个步骤：一是搜集有关某一问题的现象；二是分析厘清这些现象间的冲突及它们所引起的困难与困境；三是想办法把存在于这些现象中的，即人们观念中的真理要素全部保留下来。让我们对每一步都作些说明。

第一步确立现象，我们刚才已经稍做了解释。现象并不只是我们看得见、摸得着的东西，而且也是我们听到的东西，是别人就同一个问题所发表的意见和理论。这第一步按照我们今天的话来说就是收集材料。稍稍读几页亚里士多德的书就会发现，他在讨论一个问题时，总是首先列举他的前人或同辈有关该问题的观点。那么，为什么要从收集现象开始呢？亚里士多德的工作基于如下的想法：每个人都在做学问。每个人的观点如果是认真的，都是有实质性的内容或者包含真理性要素的。而追求真理这件事是一个集体性的活动，不是一个人就能独立完成的。他自己在《形而上学》（993b1-3）中对此作了明确阐述：

> 对真理的寻求在一种意义上很难，在另一种意义上较容易。证据之一是以下的事实，即没有单个的人能适当地获得真理；可另一方面，也没有人完全失败。每个人都对事物的本性说一点真实的东西。或许作为个人，每个人对真理的贡献很小，甚至可忽略不计；可是把大家的贡献加在一起，则有了可观的成果。……我们不仅应感谢那些我们接受其观点的人，而且也应感谢那些只是表达了很粗浅的观点的人。因为后者也作了一点贡献。正是由于他们的初步工作，他们促成了我们的理智经验。

　　每个人所能发现的真理都很少，但是如果把大家发现的真理都整合起来，结果就相当可观了。寻求真理不是一两个人的工作，而是集体活动的结果。这也就是他确立现象的目的。

　　柏拉图认为真理必须透过现象才能被发现，观念掩盖住真知，故寻求真理是要暴露那被掩盖的东西（在希腊文中，真理是 alētheia，字面意义是"不被遮盖住的东西"）。而亚里士多德则相信，真理就在现象中。我们必须从现象出发，现象是我们知道的（What is knowable to us）。由此我们进而去把握那自然可知的东西（What is knowable by nature）。

　　现象确立起来之后，下一步工作是揭示由这些现象间的不同与矛盾所造成的"难题"（aporia，原意是"无出路"）。对每一问题有各种不同观点，每种观点皆有其自身理由，它们各不相让，便造成了"难题"。亚里士多德把这些难题看做有待解开的结。"对于意欲澄清难题的人，有必要首先清楚地陈述难题；因为随后的思想的自由运作意味着要解决以前的难题。"（《形而上学》，995a28-9）

　　当在各种意见之间出现冲突的时候，就需要解决这些冲突。要解决这些冲突，就必须把这些意见之间的冲突都摆出来，研究一下它们冲突和争论的焦点。这便要求我们仔细分析每一种现存观点及各种观点之间的联系，了解它们究竟在哪些方面冲突，以及冲突是如何形成的。

　　亚里士多德在《形而上学》中说，做这种工作有三大好处。首先，每一个困境都是思想的窘境，要想推进学术进展，就必须将前人从陷入的窘境中解放出来。第二，明白别人的研究是如何陷入窘境的，就会为自己的研究工作提供路标和指引。一方面可以避免重新陷入前人的研究困窘，另一方面可以使研究者大致了解自己的研究方向。第三，如果想解决一个问题，就必须对争论的双方乃至多方的观点和意见有大致的了解。

　　当针对某一个哲学观点把所有与其相关的哲学理论都考察一番之后，就要解决问题了。这是亚里士多德拯救现象方法的第三步。他认为，做哲学的好方式是先去证明各种意见都是对的。如果做不到的话，就证明大多数意见都是对的。如果仍然做不到的话，就去试图证明其中最重要的观点是对的。

每种观点和意见中都包含有真理性的成分，但却也都有自己的偏颇之处。解决的方法是把这些偏颇之处做一限定并指明其中的道理所在，最终发展出自己的一种解释框架。这个框架能将前人的各种理论中的真理性要素保留下来，与此同时又能将前人理论中的那些偏颇之处解释清楚。这种意义上的哲学观点就会是最好的哲学结论。

前两步对我们大多数人都是熟悉的，因为搜集分析资料乃是任何研究的必要基础。可我们今天的研究绝大多数是为了驳斥别人的观点，而亚里士多德方法的第三步在揭露别人观点的局限的基础上，更着重于汲取其真理成分，然后把这些真理成分统一于更高的命题之中。他对于每种观点都有其值得保存的真实因素深信不疑。"每一种意见不大可能全部都是错的。它们很可能部分地或甚至在许多方面是对的。"（《尼各马可伦理学》，1098b26—29）收集别人在此问题上的观点，然后考察这些观点是否有道理。这些观点不可能全对，也不可能全错，往往都是某些部分是正确的，某些部分是偏颇的。亚里士多德的伦理学就要将这些正确的成分保留下来，剔除那些偏颇之处，并给出自己在此问题上的看法。在他看来，一个理想的哲学结论不是把前人的、别人的观点通通驳倒，把自身看做真理的唯一拥有者，而是能够说明他人的观点在某一方面是对的，在另一方面是错的，并将对的方面保留下来加以发展。

拯救现象的方法表明，亚里士多德这位最杰出的哲人恰恰最尊重前人的劳动，并且也最真诚地相信寻求真理是集体性活动。他的主要兴趣不是去驳斥别人的观点，而是要找到它们中的真理成分。亚里士多德做哲学不是寻求标新立异，不是要拿机关枪去扫射别人，不是把自己看做真理的唯一拥有者。相反，我们常常看到，倒是那些自我标榜、自吹自播的人并不严肃认真对待以往各种思想观点中的真理性因素。结果是，自我封赏的大师常常昙花一现，无法持久，而亚里士多德这种重视以往各家各派思想中的各种观点的哲学家却经过大浪淘沙，持续而深远地影响着后世的哲学。

拯救现象的方法的基本前提是：每种观点都有其值得保存的真实因素。不过，在今天的学术领域，人们对这一前提能否成立是有疑问的。在古代希腊，做哲学无利可图，无位可谋，无奖可得。做哲学真的就是出于对智慧的热爱，在于做哲学的人认为自己发现了真理，因而要将自己发现的真理表达出来，并用自己发现的真理去劝导别人、去过一种在他看来正确的生活。所以，那些做学问的人就是真诚的，就没有必要去说谎话或者胡编乱造。可今天，做哲学成了一种可以谋生的行当。发表文章著述可以有稿费，可以得学位、评教授博导，可以领各种优秀成果奖。于是，便有了数量不少的东拼西凑、粗制滥造的文字。如若亚里士多德再世，怕是也不敢说："每一种意见不大可能全部都是错的。"

拯救现象的方法自身也有漏洞。当亚里士多德说要依靠这个方法寻求真理的时候，已经有了一个预设，就是在现象之中存在真理，或者说，真理存在于现象中。但是问题在于，如果他能收集到的所有人的意见中不存在真理性要素，都是错的，进一步而言，如果真理恰恰不存在于现象中，那么他怎么凭借这个方法找到真理呢？如果这样，亚里士多德的拯救现象的方法不就无效了吗？

再者，亚里士多德的拯救现象的方法似乎要将各方冲突的意见进行整理和理顺，消除其中冲突的地方，让其彼此之间达成一致。但是，即使这个目标实现了，也并不意味着就达到了真理性。意见彼此之间的一致性和意见所包含的真理性并不是等同的，一致性并不意味着真理性。对于亚里士多德来说，从他收集各家各派的意见、对其彼此之间的冲突进行理顺，到他将这些意见中的真理性要素保留下来、建立一个理论体系，在这其中一定囊括了一个创造性的过程，在这个过程中存在一个创造性的跳跃。这个创造性的跳跃他没有办法用语言表达出来，但这个创造性的跳跃恰恰是他成功的秘密。

第二讲　幸　福

　　我们在上一讲讲到，德性伦理学不同于近代伦理学的重要特征之一在于它的中心关注不是具体行为，而是人生整体。它研究什么样的生活才是最好的，值得一过的。《尼各马可伦理学》开头部分便阐述了古代伦理学的这一特征。人生有一个总的目的，即幸福。希腊的伦理学是一种幸福主义的伦理学（eudaimonism）。不过，对于希腊人来说，幸福不是指主观的满意感，不是一种心情，而是客观的活得兴旺的状态。

　　古希腊伦理学的研究范围要比我们今日伦理学的研究范围宽广得多。近现代伦理学所要做的是，如何使道德主体在行为中克制自己的兴趣与利益，在最低限度上不去伤害别人，在最高限度上去帮助别人。而古代伦理学则与此不同。当古代伦理学研究如何使人的一生活得幸福、活得成功时，并不是指人究竟如何在道德上能成为一个好人。"我怎么样才能活得好"并不是一个道德判断，而是一生究竟如何获得成功的问题。道德只是生活的一部分，而非生活的全部。当父母把你送入大学时，他们当然希望你守法讲道德，但这不是他们的全部愿望，甚至不会是最高愿望。父母的最大心愿是你实现自己的潜能，做人做得像模像样，活得成功，活得发达，光宗耀祖，让父母在小区里、在村里扬眉吐气，让邻家羡慕不已。如果你从这样一种理解角度出发，便能把握住亚里士多德幸福主义伦理学的中心关注。

我们这一讲的主题就是亚里士多德的这一幸福概念，所涉及的主要章节是《尼各马可伦理学》第一卷第1～7章。本讲分以下六部分：一、人生的最高目的；二、幸福作为人生的目的；三、幸福与快乐；四、幸福与希腊传统；五、三种幸福观。

一、人生的最高目的

《尼各马可伦理学》开卷第一句话是："一切技艺与研究，同样地，一切行为与选择，都似乎在瞄向某种特定的善。因此，下面这种说法很正确，即善（agathon）是一切事物都追求的东西。"（1094a1—2）

这句话的前半句是亚里士多德哲学目的论的体现。我们做每一件事情都有一定的目的，都有一个缘故。这个目的或缘故可以解释我们"为什么"做这件事。人在做每一件事情的时候其实都是在做一件在他自己看来是好的或值得做的事情。至于这件事情实际上是否真的好，那是另外一个问题。有理智的人每做一件事情，在其背后都蕴含一种对做这件事情的解释。这一点应该很好懂。做一件事情却又没有任何缘由，这个人肯定要么脑子有问题，要么实在是百无聊赖。

但这句话从前半句推进到后半句，则引起了解释上的争议。有些人认为亚里士多德的说法有逻辑上的缺陷。他显然是从"每一行为皆有目的"推移出"有一个所有行为都在追求的目的"。从泛泛意义上的每一物有一种"善"（a good）推到有一个作为一切事情寻求的最终目的的有定冠词的"善"（the good，tagathon），这相当于从"每个人都有一个父亲"推论出"有一个作为所有人父亲的父亲"。

那么，逻辑学的创始人真的在《尼各马可伦理学》的第一句话便犯了从特殊目的得出普遍目的的逻辑错误吗？有一种替亚里士多德辩护的解释是，后半句中的善并不是指实在的最高的善，而只是在定义"善"这个词。第一句话的意思是，既然每一种行为都在追求一种"善"，那么，"善"这一术语的意思就是"每一个事物都要追求的东西"。亚里士多德并没有说存在一种绝对的实实在在的"善"，所以他没有犯逻辑错误。

可这种解读法不符合文本的内容。在第一章的其余部分，亚里士多德说，虽然一物有其自身的目的，形形色色的事物有五花八门的目的，但目的之间会形成一个等级系统。有些目的就是活动本身；另一些目的则是与活动本身不同的，是由活动造成的结果。换言之，我们做有些事情是为了该事情本身，而不是为了进一步的目的。例如去梅兰芳大剧院或长安大剧院听京戏，欣赏戏本身就是目的。而另一些事情，我们做它们不是因为活动本身，只是为了它们所带来的结果；而活动自身只是达到进一步的结果的途径。例如我们做一桌子菜，一般情况下是为了吃，而不是为烧菜而烧菜。我写这部讲演录是为了一种承诺，为了帮助读者理解亚里士多德的原著，而不是为写而写（实际上，我拼音不好，打字很慢，所以写中文书是要下决心的）。

各种技艺，各种行业，鉴于它们对象的用途，也构成一种等级系列。例如，马具是为了骑马用的。这样，做马鞍的技艺从属于骑马的技艺。由于目的是有等级的，亚里士多德在第一卷第2章开头作了如下推论：

（1）如果我们寻求一个目的，为了其自身而欲求它；

（2）我们寻求别的目的是为了寻求它；

（3）我们不可能选择一事总是为了其他事情，否则此过程就会一直无穷后退且我们所有的欲求就会变得空洞而毫无意义。

在这三个前提的基础上，亚里士多德得出结论："很清楚，这样一个目的就是善（the good，tagathon），最高的善（to ariston）。"这里，亚里士多德确实认为有一个实实在在的最高的善。我们的一切其他追求都是为了它；而我们追求它则只是因为它自身，而不是为了其他进一步的目的。上面提及的对亚里士多德的辩护，即他只是对"善"这一术语下一泛泛的定义，是说不通的。

第2章开头的推论自身又引出不少问题。第一，前提3认定无穷后退不可能。可为什么不可能？希腊哲学家都不喜欢"无穷后退"。亚里士多德自己的"不动的动者"的理论也是建立在无穷后退不可能这种设定上的。但对这种不可能的理论说明则很薄弱。第二，就算无穷后退不可能，一定有最终点，终点也可以有数个，而不一定只有一个。

我们也注意到，前提1使用了"如果"这样的字眼，是假设性的。这是不是意味着它的结果也是假设性的呢？答案是否定的。亚里士多德不只是说"假如有这样一种最高的善的话"。在推论出有一个最高的善之后，他马上将这个最高的善和每个人的生活紧密地联系起来："对这种善的知识一定会对我们的生活方式有重大影响。"（1094a24）他的理由是，一个射箭手只有知道靶心在哪里，才更有可能射中目标。同样道理，对于人生来说，如果我们能把握做人的最高目的，就更有可能把人生过得完美。伦理学的任务就是要能把握这个最高的善，至少要能大致地把握（亚里士多德在这里把伦理学称为"政治学"，即我们在第一讲中提到的广义政治学）。

这样，亚里士多德明显确定我们的人生有着一个最高的善或目标。人不是做一天和尚撞一天钟，得过且过。人生作为整体应有一个总的趋向，总的计划。他还认为把握这个最高的善就是伦理学的研究任务。也就是说，伦理学关注的应是人生整体。

可是，虽然亚里士多德明确了伦理学关注的应是人生整体的目的，他似乎尚未证明人生究竟有无一个总的目的。亚里士多德在开篇对这论点的推论到底是否犯逻辑错误？要回答这一问题，我们必须先明白他所说的人生最高目的究竟是什么。为避免悬念，我先把答案预告如下。亚里士多德未犯逻辑错误。人生有一个总的目的，是希腊的一个传统观念。在亚里士多德伦理学中，这一目的不是一序列的端点，而是构成性的。我们追求A、B、C、D等特定目的，而它们同时又是最高目的的构成部分。最高目的不是独立于A、B、C、D等这些特定目的的另一个更高的目的，而是它们的总和。

二、幸福作为人生的目的

在《尼各马可伦理学》（1095a17）中，亚里士多德说："仅就最高目的的名字而言，大多数的人的看法都一致。一般大众与精英人士都称之为幸福。他们认为活得好与做得好即等同于幸福。"大多数希腊人都同意人生有一个最高目的，并且都把这个目的的名字叫幸福。"幸福"这个词在古希腊语中是eudaimonia。前缀 eu 的意思是"好"，daimo 是神灵。这个古希腊字的原始意义是受到良善的神的庇护，相当于我们说的吉星高照，鸿运当头。在古希腊人看来，神的日子是最好的，没有任何的苦难和病痛。而人却与神不同，要遭受许多痛苦，不可能无病无灾。但如果有好的神保佑的话，人就可以少受痛苦，享受平安。

讨论希腊的幸福观，首先要区分的是主观的幸福与客观的幸福。英文通常用 happiness 来翻译古希腊词 eudaimonia。中文一般也就译作"幸福"。但是"幸福"这个词在今天通常被理解成是一种主观上的快乐感觉。人们习惯于说，幸福在于自己的感觉和把握！在日常观念中，幸福总是与"微笑"、"无烦恼"、"远离纷争"、"宁静"、"知足"等主观心情感受与生活态度相关。一个人在心中"充满"或"荡漾"幸福。当人们问"你幸福吗"这个问题时，它必须由被问者自己回答。如果主体觉得自己幸福了，那么他就幸福。如果主体觉得自己不幸福，那么他就不幸福。幸福成了一种可以测量的对生活的满意度。不久前，我还在网上读到一篇比较美国 50 个州居民幸福指数的报告。它根据居民自我报告的生活满意度得出结论说，居住在阳光灿烂的佛罗里达州的居民远比生活在小半年都被白雪覆盖的明尼苏达州的居民要幸福。

但是，在古希腊人那里，幸福不是主观的，而是客观的。说一个人是否幸福，是一种客观的判断，是有客观标准可以衡量的。流落街头无家可归的人，如果你发善心，请他吃一顿饱饭，他会很高兴，很得意。可是你一定不会认为他是幸福的人。故你不必问另一个人他或她是否幸福，因为你自己能判别。

其实，在中文中，"幸福"这个词也有一个方面是具有此种客观含义的。"幸"与"运"相联，即"幸运"。而"福"并不是一种主观感觉。比如我们中国人习惯在过年的时候在大门上贴"福"字，而且常常将其倒过来贴，取其谐音"福"到了。由此看来，我们中国人有关"幸福"的观念和看法和古希腊人相去不是太远。如果我们要想理解《尼各马可伦理学》中的幸福观的话，就要首先意识到古希腊人的幸福观和我们今日幸福观的差别，要记住"幸福"和"觉得幸福"（幸福感）之间的区分。

以上是了解希腊幸福概念的第一个关键点，即幸福不是主观感受或情感状态，而是一种客观状态。第二个关键点是，作为客观状态的"活得好"，幸福不只是道德上的"好"，而是如同盛开的花那样的人生的优秀状态。人活得好，就是活得兴旺发达，而不仅仅是活得有道德。这一点很重要。当我们说一个人活得好，和说一个人是（道德上的）好人，这两者之间虽然有关联，但存在着差别。在今天的日常语言中，"好人"总是与"有道德的人"相联。"这个人不错"常常是指他或她为人正直热情。可仔细想想，我们也说"好花"、"好树"，这里的"好"就不是道德意义上的，而是指花开得茂盛、树长得挺拔。每当一物展现其优秀状态或达到人们所希望的状态时，我们便会道声"好"，如"好运动员"、"好孩子"、"好刀"、"好车"、"好书"等。

客观意义上的幸福，即希腊人所说的 eudaimonia，正是人生的这种优秀状态。所以也有不少学者主张将其译成"flourishing"或"well-being"。这种客观的优秀状态才是亚里士多德要谈论的幸福。在本节开头的引文中，亚里士多德说，普通大众与精英人士都认为"活得好"与"做得好"即等同于幸福。如果一个人被认为活得很好、很出色，那么，在古希腊人的意义上他就是幸福的。我们每个人大概都想活得好、活得精彩，也就是活得幸福。正是在这种意义上，幸福才是人的最高目的。亚里士多德在《尼各马可伦理学》中想要做的就是要告诉人们怎么样才能生活得好，才能活得兴旺发达，活得成功，也就是活得幸福。

为了理解这种意义上的"好"，让我们回顾一下荷马的《伊利亚特》中的一个著名情节。英雄阿喀琉斯在他的朋友被特洛伊城的赫克托尔杀死之后，怒发冲冠，把与阿伽门农的恩怨放在一边，重上战场杀死了赫克托尔。在杀了赫克托尔之后，他将其尸体缚于马后，沿特洛伊城奔跑。这种对尸体的侮辱就连奥林匹斯山上的众神也无法忍受了。阿波罗就说，虽然阿喀琉斯很优秀（"好"），但是一定要让他知道诸神很愤怒。按照我们今天的眼光，阿喀琉斯的这种行为是很罪恶的。而诸神虽然认为阿喀琉斯在这件事情上做错了，但依然认为他是优秀的，好的。这是因为在荷马的世界中，高贵的出身，出众的容貌，过人的武艺决定了阿喀琉斯的优秀（"好"）。亚里士多德这样的哲学家当然对荷马的观点持批评态度，力图把优秀与德性而不是与出身容貌等外在因素相联。但是在说幸福是人生的优秀而不只是道德高尚这一点上，他们仍然是很相近的。

亚里士多德自己在《尼各马可伦理学》第一卷第 12 章区分了两种生活。一种是"受人称赞"（praised，epaineton）的生活，还有一种是"受人羡慕"或被奖励的（prized，tōn timiōn）的生活。有些生活为众人所称颂，但却不为大多数人所欲求。比如特蕾莎修女的生活，雷锋的生活。我们称赞他们的高尚品德，但是凭你诚实的良心回答，你真的乐意一辈子过特蕾莎修女的生活或者雷锋的生活吗？人们称赞夸奖好人好事，然而他们真正向往的可能是另外的生活。与此相对照，"幸福是受人羡慕的、完善的事物"（1101b31-1102a2）。受人羡慕的生活则是为人所追求、所模仿的生活。别人从心底里向往它，希望自己的生活也变成那样。这样的生活便是亚里士多德意义上的幸福。重复一下，幸福不是或不仅仅是"受人称赞"的生活，而是"受人羡慕"的生活。

从这样一种幸福的概念，再回过头去看看"人生目的"的概念，就会觉得后者要容易理解得多。"人生最高目的"听起来有点唬人，其实也就是人做得最好的那种状态或境界，指成功的人生。

三、幸福与快乐

为了进一步明确主观幸福与客观幸福这两种含义间的区分，我在这里引入幸福与快乐的关系问题。亚里士多德对快乐的详尽分析在《尼各马可伦理学》中有两处：一处在第七卷的第 10 章到第 14 章，另一处在第十卷的第 1 章到第 5 章。

我们不准备专辟一讲讨论亚里士多德的快乐观，但在区分主观幸福与客观幸福的语境中，简单综述亚里士多德对快乐的观点有助于我们理解确立客观幸福这样一种观念。

在日常语言中，幸福即是快乐。只要一个人主观上觉得自己快乐，那么似乎就可以说他是幸福的。但是，这只是幸福的主观含义。而我们前面说过，古希腊的幸福观侧重于幸福的客观含义。客观意义的幸福不同于快乐。

快乐本身不是幸福。不过，亚里士多德不是苦行僧。在他看来，快乐不是主要的善，但不是所有的快乐都要排除，至少有些快乐是好的。幸福不同于快乐，但幸福的生活一定就是快乐的："幸福是最好的，最崇高的，最快乐的。"（1099a24）在 1099a17—20 处，亚里士多德也说，幸福的生活"不需要再外加上快乐作为一种装饰品。毋宁说，它有其快乐在自身之中。除了前面给出的理由外，那些不欣赏做高尚行为的人不是好人。没有人会把一个不乐意做正义行为的人称为正义的人，也没有人会把一个不愿做慷慨之事的人叫做慷慨的人；对于其他德性亦同样"。这里说得很清楚，快乐是内在于幸福之中的。一个有德性的人在做体现德性的事情的时候是会从中得到莫大的快乐的。唯有这样的人才被亚里士多德看做是真正有德性的，是幸福的。是否从自己所做的行为中获得快乐是幸福与否的一个标志。如果一个人能对快乐作出正确判断，他一定会认为有德性的人的生活是最快乐的。

快乐（hēdonē，英文 hedonism 即由此而来）一直是古希腊哲学中的关键概念。柏拉图在《理想国》的第八卷和第九卷中讨论了究竟谁才能判定快乐的问题。哲学家们习惯于认为从事哲学是最快乐的。比如密尔就说过不满足的苏格拉底要比满足的猪更快乐。当然了，如果从猪的角度来看不会认同此观点。猪会觉得它成天吃饱喝足，逍遥自在，快乐得很。倒是苏格拉底终日要承受考察灵魂的辛劳，由于贫寒又得忍受老婆的坏脾气，最后还落得个死刑判决，被迫喝毒，不得善终。从猪的角度看，这样的生活有何快乐可言！于是，就出现了一个如何衡量何种快乐才是真正快乐的问题。后世功利主义哲学家一直面临如何在不同种类的快乐之间进行比较的难题；但这在古希腊哲学中早已存在。

在古希腊人看来，道德生活一定是快乐的。一个有德性的人一定也是一个最快乐的人。因而逼迫人们去做他不愿意去做的事情肯定是有问题的（这和后世的道德概念形成了对比）。按照亚里士多德的观点，一个真正有德性的人一定是乐于去做他要做的事情的人。如果他做有德性的事情不是出于自愿，而有被逼迫的、勉强的成分在其中的话，那么他的德性修养必定有欠缺。

亚里士多德区分了各种不同种类的快乐。他认为快乐可以分为两种。一种是感官上的、生理意义上的快乐。动物的快乐就属于此种。如果一个人在德性修养上不很充分，就十分容易被此种快乐蛊惑，沉湎于其中而乐不思蜀、欲罢不能。很多人之所以不愿意做好事，就是因为好事做起来总要付出一些什么。控制自己的私欲总会让人觉得痛苦。

另一种快乐的源泉在自我意识之中。当人做了有德的事情，并且能够意识到自己在行善的时候，会感受到一种强烈的快乐。这种快乐是精神上的。比如，在战场上被敌军抓住，经过严刑拷打之后没有叛变。此时，肉体上虽然十分痛苦，但主体同时又对自己非常满意自豪，因为他意识到自己守住了原则，是英雄。这种心理上、精神上、道德上的快乐与身体上的痛苦同时并存，形成鲜明的对照。只是并不是所有人都能体验到这样的快乐。

亚里士多德所说的幸福生活的快乐就是这第二种快乐。中国儒学中的"孔颜之乐"实质上也属于此种快乐。这种对善举的快乐感是培育出来的。培育它是伦理教育的很重要的一个方面。伦理教育就是要使一个人从享受感官快乐转变到从善事善举中获得快乐。这会是一个漫长的过程，其结果就在于让人对应该感到快乐的东西感到快乐。上一讲曾提到亚里士多德收学生是有条件的。其中重要的一条就是想成为他的学生必须要能够对崇高的事情与行为感到快乐，对卑微低下的事情与行为感到愤怒。这是伦理趣味的问题，我们以后还会提到。

《尼各马可伦理学》第七卷第 10 章到第 14 章，以及第十卷第 1 章到第 5 章都是分析快乐的。但是这两处对快乐的观点却不同。以前说过，在一本书中有两处探讨快乐，并且各自的论点不同，这证明了这本书的编撰不是由亚里士多德自己完成的。如何协调这两处对快乐的讨论？这个问题引起了很多的争论。我不想作详细讨论，只想简单地表明自己的理解。我的看法是，这两处的理论所要批判的对象是一样的，即认为快乐是一种通往某一状态的过程。它们并非互相矛盾，而是在回答不同的问题。

亚里士多德在第七卷中试图回答的问题是：什么是可以令人快乐的？例如，京剧是不是令人快乐的？而他在第十卷中要回答的是"我以做此事为乐"这一论断中的"乐"是什么意思。比如，同是听一出京剧，不同的人却感受不同。有的人听得摇头晃脑，津津有味；有些人却会抓耳挠腮，极不耐烦，巴不得早点结束。

亚里士多德在这两处给快乐下的定义也是不同的。第七卷中的定义是，"快乐是自然状态的未受阻碍的活动"（1153a13）。快乐不是过程，而是包含目的于自身的活动。什么是自然状态呢？我们可以举个例子来说明。当一个人很健康的时候，会体会到健康带来的乐趣。反之，一种不健康状态所带来的快乐就不是自然状态的快乐。如果快乐是由病痛终止所带来的，就不是正常的快乐。当纵情感官过了度的时候，就不是一种正常的快乐。自然状态未受阻碍意味着自然状态的实现能够得到其正常运作所需要的条件。再以我们自己的专业为例。如果一位哲人具备最好的学术环境，他或她的才能能够充分发挥，就一定感到很满意。反之，如果因为缺乏资料而导致自己的学问无法做下去，那这就是一种自然状态受到的阻碍。他或她会觉得做哲学的功能没能发挥出来，会觉得很沮丧郁闷。

但是在第十卷第 1 章至第 5 章中，亚里士多德对快乐的定义发生了改变。快乐不再是自然状态的活动，而是活动的不可分离的附属。快乐完成或完善了活动，但不与活动相等同。"没有活动快乐不会产生，而每一活动为快乐所完善。"（1175a21）这里，快乐是随别的活动而生的，并使该活动得到完善。这时的快乐意味着主体做完一件事情之后得到的一种快感。这种感觉使原先的活动变得更完美。比如你们很多人写完一篇论文，当敲完最后一个字的时候，或者刚刚把论文交上去的时候所体验到的快乐就是这种快乐。

亚里士多德在第十卷中说幸福在于有德性的活动，尤其在于思辨的活动。这种快乐是他在第七卷要回答的问题。接下来，他继续说，他自己以思辨活动为快乐。这是他要在第十卷中回答的问题。这些问题我们还会提及。在这里，对我们来说，重要的是记住幸福生活是快乐的，但幸福不等同于快乐，幸福生活也不仅仅是对快乐的追求。

四、幸福与希腊传统

亚里士多德在《尼各马可伦理学》（1095a17）中说，无论是普通人还是精英都把人生的最高目的称作幸福。这就是说，对于幸福的看法是古希腊人的传统的观念。让我们具体展示一下亚里士多德的前人，包括普通人与哲学家，对幸福的看法。

希腊历史学之父希罗多德（Herodotos）在《历史》第一卷中记载了下面这个故事。小亚细亚的吕底亚王国在当时最为富裕强盛，如日中天。其国王克罗修斯觉得自己富甲天下又权倾一时，应当是全天下最幸福的人。梭伦是雅典著名的立法者和改革者。当他为雅典立法之后，便去周游世界。梭伦的智慧之名远播天下。有一日，他来到吕底亚访问。克罗修斯热情地款待梭伦留宿宫廷，并趁机向他炫耀了自己的权力和富有。然后，他就问梭伦，是否他是天下最幸福的人。梭伦走过了那么多的地方，见多识广，他的评价自然是极有分量的。但很遗憾，梭伦回答说，不是。天下最幸福的人不是克罗修斯，而是雅典的公民泰鲁斯。泰鲁斯一辈子身体健康，生活小康，誉满乡里，儿孙满堂。当他老年的时候，又和城邦中其他人一起英勇击退了侵略者，战死沙场。雅典人在他牺牲的地方为他树碑立传，永久纪念他。

克罗修斯听罢不服气，便继续问梭伦，他是否应该是第二幸福的人。梭伦回答说，也不是。第二幸福的人是阿尔戈斯城邦中的兄弟两人，分别叫做克列奥比斯和比托。他们得到了神的庇护，年富力强、身体康健，家境富裕。他们经常参加奥运会，并且能够获奖，口碑很好。有一年，城邦有一个纪念赫拉的盛大庆典。这兄弟二人的母亲想要去庆典上祭祀。由于她已经瘫痪，所以需要用牛车将她驮去，可恰好拉车用的牛在田地里劳作。如果将牛从田里拉回，会错过庆典祭礼。于是兄弟二人自己拉车，一路奔跑，及时将母亲送到了举行庆典仪式的神殿。众人纷纷夸奖他们，祝贺他们的母亲。他们的母亲也十分欣喜。但由于他们家离庆典地十分遥远，兄弟二人劳累过度，一坐下就再也没有站起来。阿尔戈斯城邦的公民深为这对兄弟的孝心所感动，为兄弟二人塑了像，并且供奉在德尔斐神庙之中。

克罗修斯听到自己连第二幸福也算不上，大为沮丧与郁闷。他不理解，梭伦提到的都是些小人物，既没财富又没权力，自己怎么会比不过这些人，怎么会没有他们幸福呢？梭伦的解释是，评判一个人是否幸福需要根据他一生的状况。克罗修斯虽然现在权势熏天，财大气粗，但却没有任何人能保证他的财富和权力能跟随他一生。财富和权力未必能带来幸福。一个人的一生是否幸福，一定要到他生命结束的时候才能做出评判。人的一生漫长，会遇到各种意想不到的事情。这些事情有的时候会给人的生活带来翻天覆地的变化。克罗修斯与梭伦话不投机，就冷冷地送走了梭伦。

克罗修斯有两个儿子。一个天生聋哑。在这件事情之后不久，他的另一个聪明健康的儿子在打猎时被误杀。克罗修斯的生活开始变得悲惨。后来，吕底亚王国与波斯交战。波斯大军攻克吕底亚王国，抢掠走了克罗修斯所有的财富，连他自己也做了俘虏。波斯王居鲁士要将克罗修斯烧死。在木柴堆上，克罗修斯想起了梭伦的话，不由得百感交集，深叹梭伦的先见之明。恰好他的话被居鲁士听到了，便问个究竟。克罗修斯叙述后，体会到梭伦的话不仅是对他讲的，也是对一切自以为幸福的人讲的。听罢当年克罗修斯与梭伦的谈话，波斯国王也很感慨，起了同病相怜之感，饶了克罗修斯一命。

这个故事内蕴丰富。希罗多德记载下这个故事的时候，克罗修斯和梭伦早已不在人世。希罗多德显然认同梭伦的观点，即幸福是着眼于一个人的终身生活的。幸福并不在于一个人是否有权和钱，不在于自我感觉。评判一个人是否幸福不是以一时一地为标准，而是要以他一生为标尺。这类似于我们中国人说的"盖棺定论"。人生无常，世事难料，万贯家财散尽复来；一时的得意与挫折并不能代表什么。做人不能计较一时的得失，一定要着眼于长远。一个人究竟活得是否成功，是否幸福，不到生命的最后一刻是不能判定的。前面说过，幸福生活是"令人羡慕"的生活。一个活了 80 岁的人，即使他的前 60 年顺利平安、富贵发达，但是如果最后 20 年窘迫穷困，受尽凌辱，或者常年受癌症折磨，死得很惨的话，那恐怕也不能说他的生活"令人羡慕"。如果一个人在年轻时大红大紫，可不到中年，便得恶疾或遭车祸而夭亡，恐怕你也不会要这样的人生。

在古希腊哲学史上，最早对幸福问题有详细讨论的是原子论者德谟克利特（Dēmocritos）与苏格拉底。德谟克利特的众多现存残篇都与幸福相关。只是今日我们只拥有这些残篇，很难重构他对幸福的系统观点。苏格拉底对幸福问题的思考则对后世产生了巨大影响，构成了希腊幸福主义的基本概念框架。我们说希腊伦理学是幸福主义。这是因为，"幸福是一切行为的最终目的"是所有希腊伦理学家立论的隐含前提，是伦理学的自明公理。幸福决定了一个人的行为是理性的还是非理性的。如果一个人的行为，目标在于最终的幸福，那么他的行为就是理性的，否则就是非理性的。伦理学以幸福为主题，然后去追问应该如何获得幸福。

苏格拉底在柏拉图对话《申辩篇》中说，他之所以要去考察每个人的灵魂，目的就是让每个人能够去思考幸福、追求幸福、实现幸福。苏格拉底在《优息德谟斯篇》（278e-279c）中说，幸福是唯一一个我们追求它只是为了它自身而无进一步理由的终极目的。如果一个人要去追问自己为什么要活得幸福，这必然是愚蠢的。在《会饮篇》（205a）中，他也说，每个行为，每一事物都有一目的；而幸福是我们只为它自身而追求它的唯一的目的。为什么幸福是这样一个目的呢？原因在于，它是我们行为的最终原因。我们总是可以问，为什么做这一行为？但如果一个人回答，他这样做是为了他的幸福，恐怕你就无法问下去了。你总不至于问他："你为什么要幸福啊？"

柏拉图在《理想国》的第一卷中说，他探讨的正义问题是关涉到人该如何生活的大问题。正义问题首先探讨什么是正义，然后进一步讨论究竟是正义的人生活得幸福，还是不正义的人生活得幸福。

亚里士多德自己在《修辞学》第一卷第 5 章中也总结了希腊人传统的幸福观念。他说，几乎每一个人都有一个最终目标，正是为了追求这个目标，人们才选择去做什么和不去做什么。这个目标简要说来就是幸福及其组成部分。幸福是个集合体。追求幸福就要追求幸福的一个或多个组成部分。那么，幸福的组成部分都包括什么呢？古希腊人的一般观点是：

第一，一个人一定要有良好的出身，不能出生在奴隶家庭。

第二，要有很多的朋友。

第三，这些朋友也要出身良好，家境殷实。

第四，自己要有一定的财富。

第五，要有众多子女。

第六，这些子女不仅要兴旺发达，而且要孝顺有加。

第七，要有好的老年生活。

第八，身体健康、外表俊美。

除此之外，要想幸福还需要好的名声，获得过荣誉；要有好的运气以及各种各样的德性。对比一下，我们中国人的幸福观也有许多类似之处。我们说一个人有福或福气，常常包括如下成分：子孙满堂、善终正寝、光宗耀祖、衣食无忧、晚年安宁，如此等等。

鉴于以上说明，我们可以对希腊幸福观念中的一般特征以及它们对亚里士多德伦理学的影响得出几点结论。

第一，古希腊伦理学将人应该怎么样才能活得好亦即如何才能获得幸福作为研究中心。幸福涉及人的一生，是人生的终极目的。

第二，再回过头看看亚里士多德在第一卷开头的推论，我自己的看法是，它并非谬误。人的每一个行为都有目的，在这些目的中间有一个最高目的。

这个推论之所以没有违背逻辑规则，是因为目的这个概念发生了改变。当做一件事情以其自身为目的的时候，这个目的就是这件事情的终点。而当我们说以幸福为目的的时候，幸福这个目的已经将其组成部分涵括其中了。苏格拉底说伦理学从幸福开始，如果追问其背后的原因，是愚蠢的。而亚里士多德则表现出了更多的耐心。即使幸福是伦理学的公理，但他依然要对此进行说明，从目的亦即从幸福开始论述伦理学问题。因此，亚里士多德在第一卷中的推论并不是一个谬误。

第三，幸福是一个复合体，有许多组成部分。亚里士多德在第一卷第7章中提出幸福有两个标准，与此观点紧密相联。两个标准是：完美（teleion）和自我充足（autarkeia）。关于如何解释这两条标准，有许多争论。我们这里着重于第一卷第7章的内容，先作一引导性的介绍。

"自我充足"意为无所不包，拥有所有善的事物来作为其组成成分。"我们现在所定义的自足，它因其自身就使得生活是可欲求的，而且不缺他物。"（1097b15-16）这一条标准引起争议是因为它的门槛实在太高。怎么样地生活才能做到"什么也不缺"？

"完美"这个词更为复杂。它在古希腊语中有三种含义：一是"完满的"（complete），意思是"具有所有各部分"；二是"最好的"（perfect），意思是"在它所属的种类里面是最好的"；三是"最终的"（final），意思是"最终或最高目的的实现"（《形而上学》第五卷第16章）。英译中对如何翻译该术语颇有争议。有的选 complete，有的选 final，有的选 perfect。

从第一卷第7章的描述看，对 teleion 的较合适的理解应当是"完满的"（也就是说，涵盖了各种各样的内在善）。一个事物是完满的，"总是由于其自身（di'autēn）是可欲的，且从不为了其他事物（di'allo）而欲求"。亚里士多德进一步阐述说：

> 幸福相比于其他任何事物，显得更是这样的事物。我们选择它，始终是由于它自身，从来不是为了其他事物。荣誉，快乐，理性及各种德性，我们选择它们当然是由于它们自身（因为即使没有进一步的结果，我们也会选择它们），但我们选择它们也是为了幸福。因为我们认为我们

是通过它们而幸福。相反，没有人选择幸福是为了它们，或为了其他任何事物。（1097b1-6）

这段话表明，幸福并不是一个独立的目的。幸福是人生中最终的目的，因而和人生中特定的目的不同。智慧、快乐、荣誉是人生的特定目的。我们选择它们既是为了它们自身，也是为了幸福。可它们并不是我们追求幸福的工具。真实的情况是，它们自身即是幸福的重要组成部分。人们得到了这些部分，也就获得了幸福。幸福由于包括荣誉、快乐、理性和德性等构成部分，而被看做是 teleion。此处，teleion 的意思显然是"完满的"。人们在生活中追求各种各样的具体目的，其实都可以归结到这个最高目的，都是为了活得好。但这个活得好并不是一个人到人生终点时才能拿到的东西，而是由人生的每个阶段中的幸福生活组成的。

第四，亚里士多德是一个经验主义者，他更多地想做的是收集普通大众的观念，然后去说明这些观念背后的道理。作为一个哲学家，他虽然不离开传统设定去进行自己的哲学工作，但又批判性地去考察这些传统设定。在他看来，伦理学的任务是要为生活中的各种成分确立优先性的次序，确定何种成分应该是人的幸福生活优先需要的，何种成分应该居于次要地位。幸福的确有很多成分，但并不是每一个成分都是值得追求的。人要想活得好，需要在各种成分之间排出等级上的优先顺序。伦理学就是想要去研究幸福的各个部分，去探讨这些部分在幸福生活中的地位和意义，去探究这些成分是否值得追求，进而告诉人们哪些成分是最值得追求、最值得成为生活的中心的。一句话，伦理学要告诉人们，在生活中如何处理各种幸福要素的等级秩序。

五、三种幸福观

我以上讲的，其实都是在阐明亚里士多德在《尼各马可伦理学》（1095a17）中说的话："仅就最高目的的名字而言，大多数的人的看法都一致。一般大众与精英人士都称之为幸福。他们认为活得好与做得好即等同于幸福。"但在这段话之后，亚里士多德说："但他们并不同意幸福是什么。一般大众给出的答案与精英人士的观点并不相同。"这就是说，人们对什么是做得好、活得好是有争议的。自然，即使在大众之间，在哲人之间，也是有诸多不同意见的。不过，在最宽泛的层次上，人们的生活方式可以归结为少数的几类。亚里士多德通过观察人们的生活，在第一卷第 5 章中总结列举出了三种最盛行的幸福观。

（1）追求钱财和满足各种欲望的生活；

（2）政治生活；

（3）追求知识的思辨生活。

第一种生活求钱逐利，第二种生活求名，第三种生活求知。在大致的程度上，这三种生活分别相应于我们今天常说的"从商"，"从政"，"做学问"。可见，人的活法古今中外也不外乎这几种。这大概也是亚里士多德伦理学至今仍有价值的最终原因吧。

亚里士多德对这三种生活进行了评点。第一种生活将幸福等同于感官享受与生理快乐。把挣钱作中心目的的人生也属于这一类。很多世俗的人都会这样想。但这种幸福不为亚里士多德所接受。他认为，将追求钱财和各种欲望当作自己的生活目标会将人变成奴隶。这是一种动物性的生活。如果生活以此为核心，就根本没有体现人之为人的特性。上面所讲的克罗修斯的生活就是这种生活的典型。幸福是一种人生的最终目的，但赚钱却不是。赚钱是出于所需，需要以别的目的为指向；而幸福是自由的，无压力的。这里，亚里士多德把快乐仅等同于肉体欲望的满足，把赚钱看做是满足这种欲望的手段。这种理解有些过于狭窄。

第二种生活是政治生活。在一般的理解中，这种生活是以荣誉作为自己追求的最高目的。亚里士多德承认许多有档次、有品位的人喜欢这种生活。但他不喜欢这种意义上的政治生活。他的理由是，荣誉是别人给予的，是他人对主体的一种反映。一个人无法保证自己一定能得到某种荣誉。荣誉的授予要经过别人的赞许和认可。我们都知道，不管你多努力，如果领导不喜欢你，你的评价升级便会比较困难。但幸福应当取决于自己的追求与努力，主动权应掌握在自己手中，是属于自己的。如果某种东西是能够被别人剥夺拿走的，那么对这种东西的获得和占有是不稳定的。由于这种原因，荣誉不可能是人生的最终目的，以荣誉为追求目的的政治生活是为了得到他人的认可，并不是最好的生活。

亚里士多德主张，政治生活的概念需要改进。真正的政治生活应当以追求德性为目标。德性是其他人无法剥夺的。进一步，光有德性还不够。德性必须在活动中得到发挥和实施。《尼各马可伦理学》的大部分其实是在讨论这种修正过的以德性为目的的政治生活。

亚里士多德对第三种生活说得很少。在 1096a5 处，他说："第三种生活是思辨的生活。我们将在后面考察它。"但是，等到亚里士多德再次考察思辨生活时，已经是《尼各马可伦理学》第十卷了。

在《尼各马可伦理学》第十卷第 6 章，亚里士多德重新讨论了这三种生活。他依然排斥以感官快乐为目标的生活，认为以伦理德性为目标的政治生活与思辨生活都是好的，但思辨生活是第一幸福的，而政治生活则是第二位的。

第三讲　从幸福到德性

　　上一讲已经阐明，人生有一个最高目的，那就是幸福。伦理学要考虑的是人一生的幸福问题，也就是人一生的兴旺发达、繁荣昌盛。这些是希腊伦理学的一般性前提与背景。现在轮到亚里士多德展现自己的幸福观了。连他自己也在说："或许说幸福是最高的善只是老生常谈。我们需要提供一种更加清楚的关于幸福的论述。"（1097b22）

　　所有的古希腊哲学家都将幸福作为自己伦理学研究工作的出发点，但是每个人的幸福概念以及他们对幸福的具体内涵的理解却各有不同。希腊哲学家们就幸福问题彼此争论，攻守激烈，类似我国先秦时期的百家争鸣。先秦诸子大都同意道是最高的原则，但是这个道具体是什么就彼此不能达成共识了。我们时常听到中西比较的一个论断，即希腊重自然，中国重人生，但只需看看希腊哲学家们对幸福的讨论，就能明白这种比较非常片面。

　　回到亚里士多德。他自己对幸福的研究从哪里入手呢？在说了需要提供一种关于幸福的更加清楚的论述之后，他随即说："也许如果我们先了解人的功能是什么的话，就可以提供这种'关于幸福'的论述了。"这表明，他对幸福是什么的探讨是通过研究人的功能入手的。对人的功能的探讨是亚里士多德探讨幸福问题的进路。

功能论证便是我们这一讲要讨论的主题。这一论证从人的本性出发得出一个什么是最美好人生的结论。它构成了亚里士多德伦理学的基础，至关重要。严格说来，从功能论证入手并不是亚里士多德的原创。柏拉图的《理想国》也是从人的功能出发的（352d—354b）。可是，亚里士多德有自己的不同解释。他将功能论证与自己的形而上学及心理学相联系，从而为伦理学提供了形而上学基础及心理学基础。功能论证表明，幸福的生活是理性生活，是理性灵魂体现德性的活动。

可亚里士多德又说，体现德性的理性活动是幸福的主要成分，但不是幸福的全部。在第一卷第 8 章中，他说："幸福很显然地也需要加上外在的善。"（1099a30）外在的善是除灵魂的德性活动外幸福的另一成分。外在善也是我们这一讲要讨论的。

这一讲所讨论的文本主要是《尼各马可伦理学》第一卷第 7 章的后半部分至第 13 章。我将解释的重点放在功能论证的主要概念及结构上。本讲共分五部分：一、功能与人性；二、灵魂与理性；三、功能与德性；四、德性与活动；五、外在善；六、灵魂的划分与德性的划分。

一、功能与人性

亚里士多德功能论证的大致思路如下：

（1）任何事物都有一个功能。人也有自己的功能。

（2）一物的功能是那物所特有的。

（3）人的特有功能是灵魂的理性活动。

（4）一件事物的好取决于它的功能。这就意味着一个好的 X 等于把其功能实施得好的 X。

（5）将功能实施得好即意味着该事物表现了或达到了其优秀状态。这种优秀状态即是一物的德性。

结论：人类善或幸福是理性灵魂体现德性的活动。

　　功能论证引起了很多争议，但在西方哲学发展史上却有着深远的影响。我们通常说，人是理性的动物。这个命题是亚里士多德提出来的；而他对这个命题的表述，恰恰就是在功能论证之中。

　　要理解这个论证，必须解释它所包含的许多概念，包括"功能"、"特有"、"灵魂"、"理性"、"德性"以及"活动"。我们现在就来逐一分析这些概念，以及由它们所引出的一些更为根本的形而上学概念。我们将在分析过程中逐步理解这一论证的结构，并评论西方学界有关这一论证的种种争议。

　　我们从"功能"概念开始。任何事情都有一个功能，人也如此。亚里士多德在 1097b25-30 中对此论点作论证时用了两个类推。一是说，木匠和皮革匠都有自己的功能，因此人作为人也应该有功能。二是说，身体的各个部分，如眼睛、手、脚等都有自己的功能，因此人作为人也应该有功能。

　　类比论证一般说服力较弱。不少解释者更是认为亚里士多德这里的推论不仅没有效力，而且有误。理由是，功能是一种工具性的东西。某个东西的功能是为其他的事情服务的。比如鞋匠的功能是制鞋。但是如果人们不穿鞋的话，鞋匠的功能就没有用了。可是人不是工具，不是服务于更进一步的目的的，所以谈不上有什么功能。除非你是基督徒，相信人是神创造的，是要服务于神的。

　　上面这种批评在我看来是立不住脚的，是出自对"功能"这一概念的望文生义。"功能"的希腊词是 ergon，英文将之译作 function 或中文将之译作"功能"其实都会造成误解。一个东西的 ergon 的本义是说只有这个东西才能做，或者说只有这个东西才能做得好的事。比如眼睛的 ergon（功能）是"看"。如果眼睛不能视物了，那么，不管你的眼睛是丹凤眼还是斗鸡眼，它已经失去了眼睛的 ergon，不再是真正的眼睛了。

　　在亚里士多德这里，ergon 并不是工具性的。要正确理解这一概念，我们需把它与亚里士多德的形而上学联系在一起。我们常常会说伦理学（或道德）的形而上学基础。ergon（功能）概念涉及亚里士多德伦理学与他的形而上学之间的关系。功能论证其实要说明伦理学的形而上学基础。这也就是这一论证如此重要的原因。

　　亚里士多德明确说，功能可以定义一个东西是什么。如果这个东西失去了其功能，这个东西也就不成其为它自身了（《气象学》，390a10-12）。因此，功能不是工具性的，而是定义所要揭示的对象。在亚里士多德哲学中，定义所要揭示的东西被称为 to ti ēn einai，英文直译为"what it was to be"，通常译作 essence，中文也就成了"本质"。可"本质"在不同哲学家那里意思不同，是最为复杂难懂的哲学概念之一。在其本来的意义上，按《形而上学》第七卷的解释，to ti ēn einai 是"一直是什么"的意思，也就是一物永恒所是、恒定不变的东西。没了它，该物就不成其为该物了。如果这是"本质"，那亚里士多德这里就是指这个永恒所是的东西。我自己喜欢将它译为"恒是"。ergon（功能）是这种意义上的事物的"本质"或"恒是"。

　　在亚里士多德哲学中，"本质"或"恒是"等同于形式（eidos，form）。"我所说的形式乃是每个事物的'恒是'及其第一'本体'（'本是'）。"（《形而上学》第七卷第 7 章，1032b1-2）这里又扯进了亚里士多德形而上学的两个核心概念：一是形式，二是本体（又译"实体"，我自己喜欢的译法是"本是"）。

　　为了帮助大家理解这些令人头痛、令人却步的专门术语，我多说几句亚里士多德的《形而上学》。

　　形而上学要探讨 on（being）是什么的问题。中国哲学界一直在争议 on 应译作"是"，还是"存在"，还是"有"。on 是由系词而来，我自己就其字根意义喜欢译作"是"。对于亚里士多德，研究"是"（或"存在"）就是要确定世界上那最真实、最根本、最实在的东西。他首先通过观察希腊语的主谓表述语言结构，认为世界上的事物可以分为十类范畴。有多少类的范畴，就有多少类的 being（"是"）。

　　下一层次的研究是：这十类范畴中哪一个是最根本、最真实的，即第一的"是"呢？在《形而上学》中，亚里士多德经过研究得出结论说，substance（希腊文 ousia，中文通常译为"本体"或"实体"；我喜欢译成"本是"）是第一的"是"或"存在"。

　　可是 substance 又被划分成形式、质料和二者的复合物这样三类。在这三者之间哪一个又是最真实的呢，哪一个是第一意义上的 substance 呢？这是第三层次的研究。亚里士多德用《形而上学》第七、八卷两卷来解决这个问题。他最后得出的结论是：第一意义的 substance，即第一的"是"或"存在"是形式或"恒是"（"本质"）。而人的 ergon，即功能，即是人作为人的"形式"与"恒是"。

亚里士多德形而上学是对世界上最真实、最根本的东西的层层深入的研究。我之所以以"是"译 being，以"本是"译 substance，以"恒是"译 essence，乃是因为这些概念的希腊词（on，ousia 及 to ti ēn einai）都与系词"是"相联系，在字根上是一致的。翻译应该保留这种联系与一致性。"本是"是第一的"是"，而"恒是"又是第一的"本是"。

回到功能论证。亚里士多德把功能与定义，形式或"恒是"（本质）相等同。而形式与"恒是"又是"本是"，是第一的"是"，即事物中最根本、最真实的东西。因此，当亚里士多德说如果能确定人的功能，就能理解伦理学的幸福概念时，他所要表达的思路是，如果能够找到人作为人的最真实的东西是什么，那么就能找到什么是人的幸福。因为幸福作为兴旺发达就是人的最根本的东西得到发展和实现。从人是什么出发探讨什么是好的人生，这是一种研究人生问题的重大思路。

人们可能会问，人的功能与我们通常说的人性又是什么关系？我们对人性这个概念十分熟悉。因为中国传统伦理学习惯于从人性出发去探讨问题的，比如孟子讲性善，荀子讲性恶。那么，人性（human nature）又是什么意思呢？

nature（"本性"或"自然"）在古希腊文中是 phusis。亚里士多德的 phusis 是指事物内部就有的运动或静止的源泉。phusis 有两种：形式和质料。事物的本性或自然就是该事物的形式和质料。形式和质料是一物的构成部分，同时也是它的运动或静止的力量源泉。亚里士多德将形式转化成了形式因、目的因和动力因，而这三者其实都是形式起作用的结果。从人的构成来看，形式和质料统统都是人的本性。可是 ergon（功能）只包括形式而不包括质料。所以"功能"的范围就要比人性的范围窄，只是指人性中使人之为人的东西。

亚里士多德既不讲性善也不谈性恶，而是从人的功能，也就是从人之为人的本质出发。

二、灵魂与理性

在界定了"功能"这一概念之后，我们进而阐明亚里士多德所认为的人的功能是什么。

人首先必须活着。但亚里士多德认为"活着"或"生命"不应该是人的功能。他引入了一条重要标准，那就是一事物的功能应是为该事物所特有的（idion）（1097b33-35）。人的功能是只有人才特有的东西。运用这条"特有性"标准，他通过排除法来达到所要的结论。

生命有三种方式。一是具有消化生长能力的营养生命，二是具有感官知觉能力的知觉生命，三是具有理性能力的理性生命。这三类生命构成一个等级，后面的包含着前面的。理性生命包含着营养生命与知觉生命；知觉生命包含营养生命。根据"特有性"这一标准，营养生命为一切动物与植物所共有，故不能是人的功能。知觉生命也是人与其他动物所共有的，也不能是人的功能。于是，人的功能必定在于理性生命（1098a3）。只有理性活动是人所特有的。

不少学者对"特有性"这一标准颇不以为然。只有人才能做的事其实有许许多多，为什么亚里士多德偏偏要选理性呢？英国伦理学家 B. 威廉姆斯批评说，人类除了理性之外有还有很多独特的能力，但很多为人所特有的能力并不值得推荐。比如，人类可能仅仅是由于乐趣而猎杀动物，而动物则不会这样做。人们吃食物的时候也会发展出各种各样能增进乐趣的方法。我们中国人烹饪的时候，有红烧、清蒸、糖醋、麻辣等，有八大菜系，而动物则不会。美国哲学家 R. 诺齐克（Nozick）还嘲笑亚里士多德说，只有人才会卖淫，才会以性换钱。难道这与人的功能有什么特殊关系吗？

关于幸福，一般大众与精英
人士的观点并不相同。

人 文 大 讲 堂

lecture

　　我觉得他们的批评对亚里士多德是不公正的。亚里士多德只是说人的功能是人特有的，但他并没有说凡是人才能做的都是人所特有的。我们在上面说过，功能是"恒是"（本质），是第一"本是"（本体）。特有性与一物之所以为该物相联。人的功能当然是为人所特有的，但它是人之为人的根本特性，并不是所有只有人才能做的事都是人的功能。

　　我们读到此处时更易产生疑问的是，为什么只有这三种生命方式供选择？他的排除法又有多少效力呢？要理解亚里士多德为什么只提供了这三种选项，我们需要了解他对灵魂的看法。在古希腊哲学中，灵魂（psuchē）是指生命的原则。凡有生命者皆有灵魂，而不只是为人所特有。根据亚里士多德的观点，灵魂是有生物的形式，不是一个独立的、实在的东西。它是指一组心理能力（dunameis tēs psuchēs）。这些能力包括消化生长的能力，欲求、感知、运动的能力以及思想的能力（《论灵魂》，414a29-32）。只要拥有这些能力中的一种，一物便具有灵魂。植物能汲取营养，能成长，所以也具有灵魂。

　　在这些能力之间构成了一个等级系列。消化生长的能力是人和植物、动物共同具有的能力。欲求、感知和运动的能力是人和动物共同具有的能力。只有人，在这些能力之外，还具有理性能力。理性能力是人的灵魂所独有的。所以，亚里士多德才说，人类的功能就在于灵魂的理性能力。功能论证中提到的三种生命，是三个层次的心理能力的体现，是基于他在《论灵魂》中所阐述的灵魂概念的。由于灵魂能力只有那么几种，一旦把消化与感知（包括欲求与运动）排除掉，便只剩下理性能力了。

　　说"人是理性的"，到底是什么意思呢？大略说来，这是指人能够思考、计划、解释、论辩、评估、答辩、改变计划、选择不同途径等方面的能力。理性是人类的共有属性，为人类物种中的每一个正常成员所拥有。

　　亚里士多德的伦理学以理性为基础，是要求我们成为人类物种的优秀成员。亚里士多德是一个目的论者。他认为一个东西如果对于一个物种是好的，那么它一定对该物种中的每一个成员都是好的。作为某个种类中的特定成员，如果他的功能的实行对于该物种是好的，那么这个功能对于他自己也一定是好的。

虽然功能论证确立了"人是理性动物"这一重大论点，但许多解释者都不同意亚里士多德把人的功能等同于理性。有两种反对意见颇有影响。第一种反对意见说，亚里士多德要探讨人类的善，而理性活动与好人之间没有必然关系。人们可以用理性做好事，也可以运用理性做坏事。理性能力与活动在道德上是中立的，事实上很多理性能力越强的人反而做的恶事会越大。我们在生活中常常看到，聪明的坏人比愚蠢的坏人更具危险性。

上面这种反对意见有失偏颇，对亚里士多德也构不成真正的挑战。理性的确是一种在道德上是中性的活动。但到现在为止，亚里士多德并未将理性与善直接挂钩。他并没有说，理性能力自身便足以令一个人兴旺或幸福。我们会看到，对于他，理性活动仅仅是一个必然基础，是人之所以为人的功能。少了理性肯定不行，但是，如果最终想要使理性活动有助于人类善的实现，还必须加进德性的环节。理性能力自身当然可用以作恶，但只有体现德性的理性活动才是善。这也是亚里士多德的伦理学最终归到德性伦理学的原因。

第二种反对意见来自于女权主义者。她们认为亚里士多德的功能论证只强调理性，却忽视情感。这是大男子主义或者说男性中心主义的体现。亚里士多德在《政治学》第一卷中也的确曾经说过，男人更多地体现了理性特征，女人更多地体现了情感特征。女人在理性上比较欠缺，所以需要被男人管理。这理所当然地引起了当代女权主义的强烈反对。亚里士多德也以理性能力为基础为奴隶制辩护。他在《政治学》第一卷中说奴隶制是合理的。因为在人类中的确存在这样一部分人，他们的理性活动能力太差，没有办法运用自己的理解来支配自己的生活，所以最好由有理性者来支配他们的生活，为他们的生活制定计划。亚里士多德说的奴隶是指理性能力低下的人，这与历史上奴隶社会中的奴隶是不同的。所以与其说他是在为奴隶制做辩护，还不如说他在为理性的主宰能力做辩护。

亚里士多德以理性能力为标准评判人的高下，并武断地说女性的理性能力低于男性，这的确太过分，没有道理。他为此受到批评是正当的。不过，说亚里士多德忽视了情感的作用，似乎有失偏颇。亚里士多德是有理由为自己辩护的。他的理性的含义十分宽广，已经把情感部分囊括其中了。他说理性分为两个部分，其中一部分是自身即具有理性，另外一部分是自身没有理性但却可以服从理性。也就是说，在亚里士多德这里，理性部分不仅包括自身有理性的灵魂部分，而且也包括那些自身没有理性可却能服从理性的部分。那么什么是自身没有理性却可以服从理性的呢？就是欲望和情感。人类的欲望可以服从理性，但动物的欲望则不会。这也是人们区别于动物的独特之处。把欲望和情感纳入伦理学探讨的范围，是亚里士多德伦理学区别于苏格拉底理智主义伦理学的重要特征。

三、功能与德性

接下来我们来讨论功能论证中的功能与德性的关系问题。根据亚里士多德的观点，一个事物"好"与"不好"取决于该事物对自身功能的发挥程度（1097b25）。一个好的事物是把自身特有的功能发挥得好的事物。一个好的竖琴师就是竖琴弹得好的人，一个好的吹笛手就是笛子吹得好的人，一个好的数学家就是数学做得好的人，等等。"好"是和功能相关的，而不只是道德意义上的。拿吹笛手举例，他的功能是吹笛。一个好笛手就是把这个功能发挥得好，即把笛吹得好的人。怎样才算"吹得好"？这取决于吹笛这个行业。每个行业一定是有一个共识或标准的。即使这个标准没有书写下来，但是在这个行业里一定为人们所熟知。一个好的笛手的功能和一个笛手的功能是同样的。差别在于，一个好的笛手笛子吹得很好。社会是用笛子吹到什么程度来评定一个吹笛手的好坏的。做学生也一样。学生的功能是学习。一个好学生就是学习优秀的学生。

由于人是有功能的，并且人的功能是理性活动，结论是，一个好人就是将人的功能即理性活动发挥得好的人。古希腊的"好人"指的是把人的功能发挥实现得好。这和我们今天说的"好人"有些不同。我们今天说的"好人"多是指道德意义上的，比如我们会说雷锋是个好人，主要是就他道德高尚而言。亚里士多德说的好人，就是将人之为人的功能实现出来、做人做得优秀的人。如同一个好的笛手在其行业中成功发达，成为同行羡慕的对象一样，"好人"必定做人做得成功，成为大家羡慕的对象。与这种意义上的"好人"相对应的是做人做得不成功的人，是人生的失败者。这样的人或许在道德上毫无瑕疵，可是一生碌碌无为，毫无建树，在对他进行盖棺定论时说不出来他一辈子做过什么有意义的事。

这种意义上的"好"，即把功能发挥得好的"好"，在希腊文中叫 aretē，英文一般译作 virtue，而中文则译作"德性"或"美德"。古希腊语中的 aretē 严格意义上应该被翻译成 excellence，即优秀。Aretē 这个词最初与希腊战神阿瑞斯相关，指体格健壮、孔武有力。在《荷马史诗》中的"好"通常也是和身体方面的优秀相关。在拉丁文中，vir 与"雄性"相关。当西塞罗用 virtus 去翻译 aretē 这个词的时候并没有错，正如他用 moralis 去翻译 ethos 没有错一样。他力图复制希腊文的原意。但是后来 virtue 逐渐变成了一种道德品格的含义。这就偏离了古希腊文中这个词的本义了。原初的 aretē 也并不专指人，可以用于一切有功能的东西。只要这个东西将自身的功能发挥得好，那就可以说它具有 aretē。在这种意义上，小偷也是有 aretē 的，就小偷为小偷来说，他的 aretē 就是偷窃技术高超而始终不为人发现。作为人，他实在不怎么样；但作为小偷，你大概只能说他很成功。马也有 aretē，就是跑得快。

古希腊的德性（或优秀）不仅是指功能发挥得好的状态，而且也指那使得功能发挥得好的素质与能力。在公元前 5—前 4 世纪的时候，古希腊人的一般观念即是认为德性是一种能力。如果一个人有能力把好的东西保留下来，有能力去帮助朋友，有能力为自己赢得名誉、权利和财富，那么他就是有德性（aretē）的。

亚里士多德把德性的上述两种规定结合起来。他在 1106a15－22 中说："每一德性使得其拥有者处于好的状态并且又使得它们很好地发挥功能。……人的德性同样是那使一个人处于好的状态并使他很好地发挥人的功能的素质。"重复一下，德性意味着如下两点：首先，德性使人处在一个很好的状态；其次，德性是让人把人的功能发挥得好的品质。其实二者是一致的。当功能发挥得好的时候，做人也就处在一个很好的状态，处于一种兴旺发达的状态。

四、德性与活动

在阐明了功能，灵魂，理性及德性等概念后，我们可以进展到功能论证的结论。在 1098a16 处，亚里士多德说："人类的善被证明是灵魂体现德性的活动。"人类的善即是幸福。所以他从功能论证得出了关于什么是幸福的清楚论述。

这一关于幸福的结论有两点值得我们特别注意。第一是"体现德性"这一翻译。该词组在古希腊语中是 kata aretēn，在英文中常被译作 in accord with virtue。如果照英文，就应译作"依据或按照德性"。可这样一来，德性很可能被认为是外在的标准，是一种行为要去符合的规则。这与亚里士多德原意不合，容易带来歧解。在古希腊语中 kata 这个词也有"表达"（expressing）、"展现"（exhibiting）等意思。用"表达德性"或"展现德性"来翻译 kata aretēn 要好一些。它说明活动本身就体现或表达了德性，而不是去遵循一些外在的东西。

第二，根据这一结论，等同于幸福的不是德性，而是"活动"，是灵魂的一种体现德性的活动。幸福在于德性的活动，却并不在于拥有德性。这是什么意思？

"活动"在古希腊文中是 energeia，通常译作 actuality（现实）或 activity（活动），也译作 actualization（实现）。这个词来自于"功能"（ergon）。亚里士多德在《形而上学》1050a21 中说："energeia 这个字出自 ergon，并指向 entelechia。" entelechia 这个概念不好翻译。以往我们学西方哲学史，教科书将其音译成"隐德来希"。分析一下这个词，前缀 en 意为"在……之中"、"在……之内"，telos 意为"目的"，而 echo 是"有"的意思。故它的字面意思是"有目的在自身之中"。通常来说，entelechia（实现）和 energeia（现实）是通用的，并没有严格的区别。但是亚里士多德在这里为了区分 ergon（功能）、energeia（现实）和 entelechia（实现），特意强调了它们的词源上的关系。所以，先有 ergon（功能），当它实现出来的时候就是 energeia（现实）。如果一物含目的于自身，energeia（现实）即是 entelechia（实现）。

以上这三个概念勾勒出了亚里士多德伦理学的目的论框架。亚里士多德在功能论证中，以"功能"来指称人之为人的最根本的东西，而不用"形式"、"恒是"（本质）或"本性"等术语。我们现在可以明白，他这样做是独具匠心的。使用 ergon 使得其伦理学是动态的、发展的，与其目的论相一致。因为人的 ergon 是需要实现的。亚里士多德伦理学是从人的功能出发的，要达到人的功能的实现。一个好人是他的潜能，也就是功能全部实现或展现的人。如果一个人不能实现他的潜能，就说明他的功能，其人之为人的本性，没有得到充分展现。实现了功能的生活是兴旺发达的，如同盛开的花朵。反过来，未能实现人的功能的生活，是失败的，如同未盛开的花。伦理学的作用就在于帮助人实现自己的功能。

亚里士多德反复区分了拥有德性与德性活动。我们从功能论证的结论已经看到，在亚里士多德看来，幸福并不是一种德性，而是一种德性的活动（activity）。在 1098b30 等处，他给出了两个理由来说明拥有德性与德性活动的区别。第一，拥有德性而不实现，就好比一个人睡一辈子觉。这种人活着与不活着差别不大。第二，拥有德性的人在生活中亦会遭到大不幸，其幸福会深受影响。

所以，幸福不是拥有德性，而是实现德性。人在拥有了德性之后一定要去实践，要去做体现德性的活动。一个慷慨的人要通过做慷慨的事体现他的慷慨的德性。如果一个人拥有这个德性，但却一辈子也没有让它活动起来的话，那么，在亚里士多德看来，也不能说他是幸福的。奥运会奖牌是授予在竞赛中胜出的人的，而不是给旁观者的。奥林匹克竞赛的胜利者不是从那些被认为是最强壮或最美丽的人里面选出的，而是从那些进行竞争的人里面选出的："在生命中获得高尚与善的是那些做得好的人。"（1099a5）

亚里士多德为什么反复强调德性与活动的区分呢？有一个很重要的原因是要与柏拉图相区别。柏拉图在《理想国》中说，一个好人或者说一个灵魂正义的人是灵魂中的三个部分（即理性、激情和欲望）各居其位，各司其职，是激情和欲望处于理性的统领之下。一个幸福的人就是灵魂的几个部分处于和谐状态。但是在亚里士多德看来，仅仅使灵魂处于和谐状态尚不够，需要让灵魂的德性能够实现出来。另一个原因与他的形而上学理论相关。他相信任何一个东西都有一个目的，并且一个东西的功能要以实现其目的为旨归。对于人也是如此，人也有自己的功能，因此人要成为一个好人，就要实现自己的功能，实现他的人之为人的潜能与目的。以这样一种方式，亚里士多德就将形而上学中的潜能与现实学说引入了他的伦理学之中。人是理性的。可这只是一种潜在的能力，必须要将理性实现出来。

那么，伦理学中的现实或活动究竟是什么意义呢？

亚里士多德的潜能和现实理论是一种很复杂的理论，我们在此也只能大略地讲一讲。他的潜能和现实理论至少有两种形式。其一为"阶段论"。在这种形式中，潜能和现实是不同的阶段。比如，一颗种子的发芽、成长到成熟是一个过程。对于这颗种子来说，它自身之中就有长成一棵大树的潜能，而将来枝叶茂盛的大树就是这颗种子的实现。在这个过程中，所成长的其实是形式本身。潜能指的是形式本身，正是形式自身促进自己不断地成长。种子已经将其未来成熟的样子包含在自身之中了，这就是种子自身之中的基因。这个基因就是种子的形式因。人也同样。人从婴孩长成一个成年人。在这个过程中人的身体的肌肉、皮肤、骨骼之类的也在成长，但这种成长在亚里士多德看来是质料性的。真正成长的是其心智方面，也就是人作为人的本质性因素方面。如果一个人的心智没有完全成熟，那么即使他的身体长得很发达，我们也不会认为这个人是一个成熟的人。所以，在这个过程中，其实是理性在成长，使一个人逐渐趋于成熟。

但是，功能论证中的德性活动的实现却不是这种方式。亚里士多德的潜能和现实理论有第二种形式，我称之为"发挥论"。这种发挥论又可以分成两个层次。亚里士多德用知识打了一个比方。人类首先具有获得知识的能力。如果利用自己获得知识的能力去掌握了某种知识，那么这种能力就得到了发挥或实现。这种获得知识的能力的运用和获得知识，就形成了第一层次的现实。进一步，这种获得了的知识自身也构成了一种潜能或能力。第一层次的现实转而成了第二层次的潜能。当人运用这些潜能，即获得的知识，去解决问题时，知识本身就得到了应用。这就有了第二层次的实现。

同样，德性及其活动也涉及两个层次。首先，人具有获得德性的能力。这是第一层次的潜能。如果能够认真修炼，就可以获得德性。这就相当于运用认识能力获得知识，属于第一层次的现实。获得了的德性转而成了一种潜能，第二层次的潜能。它的实现便是体现德性的活动。而幸福即在于第二层次的实现，在于这种体现德性的活动。这便是亚里士多德功能论证与其潜能现实理论的深层联系。

这里也反映出亚里士多德伦理学与近代伦理学的不同。亚里士多德的伦理学是自然主义的。人之所以有德性，之所以要追求德性，之所以将某些东西叫做德性而将另外一些东西称作恶，是因为这里面存在一个大的形而上学的背景。亚里士多德就是从其目的论背景出发，从"人是什么"得出"人应该怎么样"。近代伦理学从休谟开始就有反自然主义的倾向，主张在"是"与"应当"，即事实与价值间作出严格区分，认为从人"是什么"并不能必然推出人"应当做什么"。如果拿这种区分去批判或者框定古代伦理学，就不会同意亚里士多德的思路。可在亚里士多德自己看来，如果人的一生要活得兴旺发达，必须要和人的本性，也就是和人是什么联系起来。因此，他不认为事实与价值间有着鸿沟。这种区分亦与古代伦理学与近代伦理学的另一区别有关，即古代伦理学以人的一生为关注中心，而近代伦理学则以行为为中心。

五、外在善

对于亚里士多德来说，幸福就是灵魂的体现德性的理性活动。"灵魂之善是最完美意义上的善，远高于其他善。"（1098b15）上一讲讲到传统的幸福观念时，我们曾提到幸福是一个复合概念，包含许多成分。亚里士多德明确说德性是幸福的主要成分，但不是唯一成分，不是幸福的全部。幸福仅仅有灵魂的德性尚不够。在《尼各马可伦理学》第一卷第 8 章中，他说："尽管如此，幸福很显然地也需要加上外在的善。"（1099a32）"显然地"这一副词表明，这种观念是一般人的看法，而他自己也是赞同的。

什么是外在善？在第一卷第 8 章中，亚里士多德说善可以划分为三类。一类是灵魂的善，这就是德性和德性的活动。一类是身体的善，比如健康、好的容貌。还有一类是外在的善，即外在于人的善，比如金钱、朋友、子女、荣誉、地位等。在此处，亚里士多德区分了三类善，但是他通常也将身体的善归入外在善的范围之内。理清这一点的关键是看这里的"在……之外"（external）的范围究竟划到何处。如果这个外在是相对于人来说的，那么，身体的善就是内在的。如果这个外在是相对于人的灵魂来说的，那么，身体的善就属于一种外在的善。亚里士多德通常将身体的善和外在的善结合起来统称为外在的善。这也是我们要采用的方法。当我们说外在的善（external good）的时候，它包括：

> （a）外在于一个人（作为一个肉体和灵魂组成物）的善，例如好的出身、朋友、好的子女、财富以及
>
> （b）外在于灵魂的身体善，例如好的外貌、健康、力量。

这种外在的善也叫做运气或幸运之善（goods of fortune）。因为这些东西的得到常常取决于外在的因素和条件，包括太多的运气的成分于其中。它们是不稳定的、多变的，并且是超出该主体的计划与推理的。人自己没有办法掌控或主宰。比如，人的自然容貌是自己无法决定的。当然现代科技可以让人整容，但那毕竟是不自然的。不少人热衷于权力，但官是否升得上去，不是自己说了算的。我们中国有农村户口与城市户口之分。你生来属于什么户口，是由你母亲的户口决定的。从农村来的孩子都知道，要把农村户口转换成城市户口是件多么困难的事。我考大学是 1979 年。中学里有一个老师给我们打气，经常说："好好学，记住你们不只是在考大学，而是在把户口考出去。"以前城里人凭户口本粮棉油肉旱涝保收，铁饭碗保医保退休，而农村人背负青天面朝黄土，从地里扒点粮吃。几十年过去了，城乡差别不再如此悬殊，不过看看今日的农民工子弟的上学问题，大家应该明白，有城市户口依

然是一大外在善，一大幸运。

外在善问题涉及的是金钱、健康、地位、人际关系等在人们幸福生活中所占据的地位。这些东西是哲学家往往不屑于谈论、不认真对待的。这可能与多数哲学家都比较清贫，不善处理人际关系，又较清高有关。孔子说："君子谋道不谋食……君子忧道不忧贫。"（《论语·卫灵公》）"君子食无求饱，居无求安……就有道而正焉。"（《论语·学而》）他称赞颜回："贤哉回也！一箪食，一瓢饮，在陋巷，人不堪其忧，回也不改其乐。贤哉回也！"（《论语·雍也》）这种境界无疑是极高尚的，在很大程度上是哲人的象征。可是，孔夫子很少论述"贫"、"安"、"食"等究竟在生活中起什么作用。康德也认为这些外在善在人们的道德生活中丝毫不占有意义和地位。真正具有道德价值的行为是出于人们的善良意志、绝对律令的行为。如果将感情和目的参与其中，就变成了假然命令，假然命令和绝对律令不同，这种命令的实行或实现需要有外在的目的或者条件，因此不具有道德含义。在他看来，我们作道德评价，只是与主体所能控制的因素相关。

在当代伦理学中，外在善的问题被很多哲学家严肃对待、认真讨论，形成了著名的"道德运气"（moral luck）的问题。近代伦理学在对一个人的行为进行评价时，着重这个行为的动机。如果一个行为出于主体自身的选择，不是被迫的，那么主体就应该承担相应的法律责任，反之则不然。这样一来，理性选择决定一切。在20世纪70年代，首先由 B. 威廉姆斯写了一篇标题为《道德运气》（Moral Luck）的文章，后来 T. 内格尔（Negal）又写了一篇同名的文章，将这个问题的讨论深化。他分析了各种不同的运气，包括同样的动机造成不同的结果，不幸卷入某种特殊形势，无从选择的生长环境，等等。道德运气的问题成了对康德式伦理学的严峻挑战。它使人们意识到，生活中有太多事情会出乎人的意料，是人们的理性所无法掌控的，因此在生活中对一个人的道德评价并不能完全局限于人的理性、意志或动机的决定。

比如，有喜欢飙车的两个人 A 和 B。他们当然知道自己飙车是不对的，而且可能出事，但是却想要爽一下，于是上路了。A 飙完车回家了，既没有被警察抓住，也没有撞上别人。总而言之他极其幸运，没出事。但 B 却没有这般运气。一个人在他飙车时横过马路，被他撞死了。当人们评价这两个人的道德时，一定会说 B 撞死了人，是一个恶棍。可是对于 A，大家说不定还会说他很酷。A 和 B 的行为动机、理性算计都是一样的，但就是行为的后果不同，由此人们对他们的道德评价就完全不同。但是他们飙车这个行为的后果不是他们自己能掌控的。再如，一个人想去持枪杀人，但是偏偏他的枪坏掉了，没能杀死人，于是他的罪名就是谋杀未遂。但是如果他的枪好用，他就成了一个杀人犯。B. 威廉姆斯自己举的是画家高更的例子。高更年轻的时候，要养四个小孩及一个老婆。画家很穷，靠模仿别人的画去卖钱。但是高更总觉得自己有才华，可以在绘画上做大事。如果他的生活总这样下去的话，他的才华就要荒废了。于是他咬咬牙离家出走。后来，他真的成为伟大的画家。他成功了，于是我们可以说他不太道德，但是却不能说他的生活没有意义或价值。但反过来，如果他的绘画没有成功的话，他就会被认为是一个恶棍。这似乎有些像我们中国人常说的"成王败寇"。

道德运气的问题揭示出对行为的评判涉及许多人无法预料的因素与影响。这一争论与法的性质、惩罚、道德评价、道德责任等问题有密切关系。按 B. 威廉姆斯的说法，近代伦理处理不了这一问题，可德性伦理必须研究它，因这涉及人应该怎样看待生活中所包含的各种运气成分。美国哲学家 M. 纳斯鲍姆（Nussbaum）在其巨作《善的脆弱性》中，以古希腊的戏剧和哲学为主要文献资料，详尽讨论了道德运气与伦理生活的关系问题。她对这个问题的讨论亦与她的生活经验有关。她在哈佛读书的时候，有一个非常卓越的室友。该室友在毕业工作之后一年左右，由于感情问题自杀了。这深刻地触动了纳斯鲍姆。人们经常说要将命运掌握在自己的手中，并且为了达到这个目标辛苦地锤炼自己的心性，可是一切辛苦却可能抵不住偶然发生的一场灾祸。因此，就要重新审视外在的善在人们的好生活中的意义。这个问题是如此重要，不是说人们想躲避就能躲避得了、想忽视就能忽视得了的。

外在善及道德运气的问题虽然为孔子、康德等哲人忽视，但亚里士多德却把它当作其伦理学的一个重要主题。他相信外在善是必要的，因为人们的幸福生活最终是要让人羡慕而非称赞的。上面对这个问题的背景的讨论有助于我们理解他的努力。

当亚里士多德讨论外在善的问题时，他面对两种不同的观点。一种观点认为幸福完全是一种机遇与运气（eutuchia），另一种观点认为幸福等同于德性，与外在善无关（1099b7-8）。亚里士多德对这两种观点都持批评态度。首先他批评将幸福等同于运气的观点。这种观点在古希腊很有传统。比如幸福这个词 eudaimonia，本义就是吉星高照、诸神保佑的意思，就本义而言是和运气相关的，是神给人的礼物。可是神是否会保佑一个凡人完全是偶然的、机遇性很大的，是人无法靠自己的力量掌控。亚里士多德在 1099b21 中至少提出了两点反对理由。第一，通过运气得来的东西并不能是人的最佳自然状态。如果靠运气就能得到幸福，那么猪、牛之类的牲畜也可以通过运气得到自己的幸福。但是人们一般却不这样讲。幸福是人活得好，是大事。"把最重大最高尚的事托付给运气，是极其不合适的。"（1099b23-24）第二，如果幸福仰仗运气的话，那么人自己的努力修炼也就失去了意义，就可以率性而为，不必去努力地修养自己的德性。反正努力和不努力结果都一样。如果这样下去的话，风俗、传统、习惯、道德传统都没有什么意义和价值，因为它们在增进人的幸福方面毫无用处。

另一种观点把幸福等同于美德，认为德性是幸福的充分必要条件。这是苏格拉底的观点。他主张人要关注自己的灵魂，使自己的灵魂处于最好的状态。灵魂最好的状态就是处于德性状态。那么什么是灵魂的德性呢？在苏格拉底看来，德性即是知识，而外在善在人的幸福方面没有什么用处。苏格拉底的这些观点在伦理学上被称为"德性充足论"，即德性是幸福的充分条件。这意味着，只要有德性，就会得到幸福。这是苏格拉底自己所坚信的，而且他将这种观点推到极端。

在《申辩篇》中，亚里士多德在为自己进行辩护的时候特意谈到了财富、地位和美德的关系问题。在 30b 中，他说："钱财不能带来德性；但德性却可以带来钱财以及其他一切公和私的利益。"这种观点似乎违背我们的直觉。在现实生活中往往是那些没有德性的人得到的利益最大。很多人什么都不缺，就是缺德。苏格拉底的意思不是说德性能带来直接利益，而是说，只有通过德性，其他一切利益才会变得有益。所有其他的利益和好处只有在德性的指导之下才是好的，否则就是坏的。比如一个人很有钱，但是没有德的指导，他可能就会滥用这些钱，纵情享乐、沉湎酒色，最终反而不会长远，有可能让身体早早垮掉。所以必须在德性的基础上，外在的善才会得到有益的使用，才会成为真正的善。

在《申辩篇》29d 中，苏格拉底说自己是神派来教导雅典人民的。雅典人整天追求名声、钱财和身体方面的优势。苏格拉底指责他的雅典同胞们，要求他们调整价值观秩序，首先去追求灵魂的善。在《申辩篇》30c-d 中，苏格拉底还坚信好人是不会受到伤害的。雅典人可以没收他的财产，可以将他收监，可以将他流放，也可以判处他死刑，但却最终无法伤害他。而且他告诉陪审团，如果陪审团判处他死刑，对他而言丝毫无害，反而陪审团的成员们会伤害他们自己。在一般人看来，没收财产、收监、流放等就是伤害，所以苏格拉底的说法有些牵强。其实，他的意思是说，真正的伤害是对灵魂的伤害。雅典人无法伤害他的灵魂，所以不能伤害他。他们可以将他的一切外在的东西统统拿走，但是却无法拿走他的德性。相反，陪审团如果判处了苏格拉底死刑，他们就做了一件错事。这样做削弱了陪审团的成员们的灵魂德性，从而就伤害了他们自己。这里的立场也表明，苏格拉底的确认为只要拥有了灵魂的德性，其他外在的善就不重要了。

亚里士多德不同意苏格拉底的德性充足论，想纠正这种观点。在 1153b19-21 中，他说："有些人坚持认为，只要一个人是好的，那么即使他惨遭酷刑，或者遭受重大灾难，他仍是幸福的。无论他们是否真的这样认为，这些人的说法是没有道理的。"这里的"有些人"显然包括苏格拉底。

以前讲过，幸福是一辈子的事，要到死才能盖棺定论。外在善中也有一项内容是"寿终正寝"。我们以前讲过梭伦与克罗修斯的故事。现在讲讲《荷马史诗》中特洛伊国王普里阿莫（Priam）。他一辈子荣华富贵，人也不错，但到老年时，遇到希腊人入侵。他最喜欢的长子赫克托尔被阿喀琉斯杀死，而且尸体也饱受侮辱。他的国家特洛伊被攻陷，其他儿子也都被杀了，妻妾们被掳去做奴隶。他的很多国民也都被杀死或者被掳去做奴隶，最后连他自己也在宫中被杀掉。在亚里士多德看来，"如果一个人遭受了这类不幸，落得这样的悲惨结局，没有人会认为他是幸福的"（1100a9）。其实，普里阿莫的例子也可以套用到苏格拉底身上。苏格拉底到了老年，都 69 岁了还被拉去雅典法庭受审判，而且被判处了死刑，饮毒而亡，未能尽享天年。《斐多篇》中记载苏格拉底喝完毒药之后很平静地去世了。但其实服毒后不大可能死得这么轻松。如果没有人会认为普里阿莫是幸福的话，那么苏格拉底的生活幸福吗？

在亚里士多德自己看来，幸福为什么还显然地要加上外在的善？外在善在人的幸福生活中究竟起着什么作用呢？他解释道：

> 正如我们已说过的，倘若我们欠缺资源的话，我们就不能，或不能轻易地，做善的行为。首先，在许多行为中，我们使用朋友，财富与政治权力，就如同我们使用工具一样。再者，缺乏某些外在善——例如，高贵的出身，有出息的子女，长相漂亮等——会损害我们的福祉。如果我们长得令人讨厌或者出身卑微，孤独，无子嗣，我们就不能是完全幸福的。要是我们的孩子或朋友是坏人，或者虽然很好可却夭折了，我们的幸福就会更少。（1099a30—1099b6）

这里的"首先……再者……"，在古希腊语中是 me…de…，说明是两件事。就是说，亚里士多德认为，外在的善对幸福有两个作用。第一是作为必要的工具或手段。如果没有这些外在的善，人就无法做成他想做的事情。做事情需要像金钱、朋友和政治权力之类的东西作为资源。这第一种作用是作为工具，很好理解。比如我们都是做哲学的，如果穷得买不起研究所必需的资料，连复印资料的钱都没有，那学问就做不成了。于是我们一定会很沮丧。研究资料就是我们做学问的外在善。虽然有了研究资料学问不一定能做好，但是如果缺少它的话，那恐怕能不能做学问都会有问题。但如果你中了彩票，或继承了一大笔钱，你就可以安心做哲学，购买你想要的外文资料，而不必为了一点稿费去写作讲课。有人说亚里士多德在这里居然将朋友看做自己取得成功所需要的外在工具，不太厚道。不过亚里士多德并没有将朋友只是看做工具。我们以后在讲他的友爱论时会看到，他认为有一类朋友是基于功利基础的，但那只是朋友的一种，而且不是主要的。

外在善的第二个作用是说，缺少了某些外在的善，比如好的出身、孩子和英俊的外表，那么人的整个幸福就缺了一块。丑陋的外表、贫寒的出身、没有子女、孩子或朋友很坏或夭亡，都对幸福造成影响。第二种作用在这里是作为不同于第一种工具作用的另一种作用而被提出来的。这究竟该如何理解，人们一直争论不休。

"损害"在希腊文中是 rupainein，英文常译作"mar"或"disfigure"。那它们的缺失究竟在什么意义上损害或破坏了幸福呢？在 1099b27-29 中，亚里士多德又说："在其他的善中，有些是幸福的必要条件，另一些像工具那样自然地是有用的，可一起发挥作用。"这里外在善又有两类，一是作为工具但并非幸福自身的组成成分，二是作为幸福的必要条件。由于工具也可以作为必要条件，这里的必要条件应该不是工具意义上的。这意味着有一类外在善是非工具性意义上的幸福的必要条件。这又当作什么讲？在 1100b29-30 中，亚里士多德提供了一些邪说线索："如果一个人遭受了许多重大灾难的话，这些灾难会压挤并损坏他的福祉。因为它们引起痛苦，并且阻碍许多活动。"这里具体点明了两点：一是它们引起痛苦，二是它们阻碍（empodizomene）许多活动。

先看第二点。它在 1153b17-19 中得到了进一步的阐释。"活动，如果受到阻碍的话，是不完善的；而幸福是完善的。这就是为什么需要加上身体之善及外在之善，也需要运气。这样他就不会在这些方面受到阻碍。"如何理解活动受到"阻碍"？比较合理的理解是，幸福是德性的活动，而不是说只拥有德性。必须让德性活动起来，人才会获得幸福。可如果缺少这些外在的善，德性的活动可能就无法体现出来了。如一个人很慷慨，但他总是既无钱又无时间，始终没有机会表现他的慷慨，那么人们就无法知道这个人是否真的有慷慨这一德性。有人或许声称自己在性爱上很有节制的美德，可他偏偏又长得很对不起观众，人们也就不清楚他是真的节制呢，还是原本就没有女孩子要跟他在一起。在这种情况下，贫与丑就不仅仅是工具，而是使德性活动的充分运用成为可能的背景或机会。没有它们，德性的活动就受到了阻碍，得不到展开。这时外在善是内在于德性活动的。

再看第一点，即外在善引起痛苦。要理解这一作用，就要想到幸福是一个复合物，除德性及德性活动外，还包含许多成分。有些成分是德性活动的必要条件，可它们也不一定非要与德性联系，而自身即是好的、令人向往的东西。贫穷、丑陋、孤独等，即使抛开它们对德性活动的阻碍不提，也影响了一个人的兴旺发达，让人活得不那么好。亚里士多德认定，一个被五马分尸的人，或者像普里阿莫那样国破家亡的人，不管其德性活动如何，都不能算是活得很好，不会成为他人效法羡慕的对象。这时，外在善是幸福生活的一部分。这比较接近我们的日常观念。试想颜回这样的人，我们都会很敬重他，但可能并没有太多的人想要复制他的生活。人总是需要有一份体面的工作，相对舒适的住房等。亚里士多德是富有人情味的。

尽管如此，亚里士多德仍认定，幸福最终还是要由德性及体现德性的活动来决定。它们构成了人的幸福的主要成分。人生绝对不能独立于外在的运气，但这并不意味着人的幸福生活完全由此决定。他更看重人的灵魂的善，并且认为这部分是人可以控制、可以发展的。与其守株待兔般地等待外在运气的降临，倒不如力所能及地去做一些自己可以掌控的事情。幸福的生活虽然不完全取决于灵魂的有德性的活动，可是却只有灵魂的有德性的活动是人可以掌控的。

梭伦认为只有到一个人死时，我们才能判定他是否幸福，因为只有到那时，一个人才不会再受厄运的影响。其实我们还可以说，即使到死时，一个人也不见得就能获得盖棺定论。一个人生前荣耀，可死后由于政治形势变化却成了谴责对象，如康生。在中国历史上也有些人死后因为不肖子孙触犯大法，其坟被掘，其尸骨被鞭，影响到别人对他一生的评价。可作为哲学家的亚里士多德虽然承认这些观点有一定道理，但并不认定幸福是如此动荡不稳定。在他看来，幸福主要是由灵魂的有德性的活动决定的。"展现德性的活动控制了幸福；而相反的活动主宰了相反的状态。"（1100b10）由于德性活动是持久的，所以幸福是一种恒常的东西，并不是随运气而变来变去的（1100b2-5）。幸福的主体部分在一个人生前就可确定。死后生活会有影响，但不是主要的。再者，哪怕人遭遇了很多不幸和灾难，如果他拥有德性的话，虽然不会得到幸福，但至少不会活得很惨。原因在于，这样的人"就是在平静地承受重大的厄运时其高尚也闪烁着光辉，不是由于他对痛苦感觉迟钝，而是由于其灵魂的宽宏和伟大"（1100b31-33）。

总结一下，亚里士多德力图在他的伦理学中纳入关于外在善重要性的观点。关于外在善在幸福中的具体地位，他的立场大致是，除了工具性的作用以外，外在善也为德性的活动提供非工具性的必要条件。此外，不少外在善的缺乏本身即造成生活的痛苦。毕竟，谁也不喜欢贫穷与丑陋。有些外在的善是幸福生活的组成部分，如果没有这些外在的善，那么幸福的这些部分就丧失了，从而幸福也被破坏了。小的不幸并不会对生活造成太大的影响，可重大灾难总是会严重侵害一个人的幸福。亚里士多德在1101a14-16处总结说："一个幸福的人应当是这样一个人，他的活动体现了完美的德性，而且他还具备充足的外在善。进一步，他不仅只是在一段时间内拥有这些，而是终其一生都拥有它们。"据此，幸福应该包含的三层因素是：

（1）体现德性的活动；

（2）充足的外在善；

（3）以上两种因素要持续完整的一生。

亚里士多德强调外在善的重要性，但是同时他又想把希腊哲学上的理性传统保留下来，强调灵魂的德性活动是幸福的主要方面。因此他的伦理学就体现了一种折衷的性质。他作为哲学家并不想走极端，很持守中道。他认为应该把一般老百姓认为重要的东西纳入伦理学的讨论范围之中。因此他的伦理学比较接近一般人的观念。当然，他并不能说服所有人。他对苏格拉底的这种纠正就无法说服斯多亚学派。在斯多亚学派看来，只有苏格拉底的观点是正确的。他们坚持，外在的善对于人们的幸福来说一点也不重要；幸福只跟灵魂的德性相关，而其他的东西都是不相干的（indifferent）。

六、灵魂的划分与德性的划分

功能论证的结论将幸福等同于体现德性的活动，而且亚里士多德又明确区分德性与活动。按常理，他接下来就应该探讨体现德性的活动究竟是什么的问题了。可这不是亚里士多德在《尼各马可伦理学》中的进程。在第一卷第 13 章开头，他说："由于幸福是灵魂体现完满德性的某类活动，我们必须考察德性。或许以这种方法我们能更好地明白幸福。"（1102a5）就是说，亚里士多德转而去讨论德性，而不是继续讨论活动。《尼各马可伦理学》随后的大部分内容都是关于德性的。亚里士多德没有解释他为什么这样做。或许他以为如果德性研究清楚了，德性的活动也就清楚了。

无论如何，1102a5 的行文使亚里士多德的幸福主义伦理学转变成德性伦理学。探讨人应该如何生活得好，如何生活得幸福的问题变成探讨德性的问题。

上面在讨论德性时提到，德性可用于一切有功能的事物。就人而言，德性既可以是身体方面的，也可以是灵魂方面的。亚里士多德明确指出，灵魂的德性是最大的善，是他的伦理学要研究的对象。在这里，亚里士多德遵循苏格拉底的路线。一般人对德性的理解在很大程度上与人的身体方面的优秀、人的家庭出身、拥有的财富相关。苏格拉底改变了这种观念。他的哲学要关注人的灵魂。

关注灵魂又是什么意思呢？就是让灵魂处于最好的或最优秀的状态。这就意味着灵魂要有德性（因德性是指一物的优秀状态）。因此，在苏格拉底那里，关注人的灵魂和关注人的德性是同一的。苏格拉底这一步极大地超越了一般人的观念。如果德性是指人的灵魂的一种状态，那这就意味着无论谁，无论他的出身如何都可以获得。于是培养德性就可以是一切人都可以做的事情。这在当时是革命性的观念改变。

既然德性是灵魂的德性，亚里士多德认为研究德性的人需要研究人的灵魂。不过，他又说，伦理学对灵魂的研究不必太过详尽仔细，只要大致地了解灵魂的种类及其一般性的内容就可以了（1102a20）。毕竟，详细地研究灵魂是心理学的任务，是他在《论灵魂》中所做的工作。

柏拉图在《理想国》中将灵魂三分为理性、激情和欲望。亚里士多德作了些变动，将灵魂划分为两个主要部分：理性的灵魂和非理性的灵魂。与柏拉图划分灵魂的根据大致相似，他采用的划分方法也是诉诸二者之间的冲突和张力。

非理性的灵魂又可以分成两种。一是植物灵魂。这一灵魂部分和人的德性没有什么关系，从而没有什么伦理意义。二是包括欲望和情感在内的非理性部分。亚里士多德说，这部分的内容需要包含在伦理学之中。虽然灵魂的这一部分自身没有理性，不能由自身出发进行理性规划、行动，但它们却可以被理性说服，听从理性的规划。于是，这一部分的灵魂是具有伦理含义的。

理性灵魂也可以划分为两个部分，这是在《尼各马可伦理学》第六卷第 2 章中提出的。一部分的理性关注可以变动的东西，比如伦理学就属于这种理性要研究的范围。这部分的理性是算计的理性，也就是实践理性（logistikon）。另一部分的理性专注不变的、必然的东西，是理论理性或科学理性（epistēmonikon）。伦理学应确定这两部分灵魂各自的优秀状态，即各自的理性（1139a16）。

由此，灵魂有三个部分具有伦理价值，是伦理学要关注的。它们是：

（1）非理性中听从理性的部分，即欲望与情感；
（2）科学理性或理论理性；
（3）实践理性。

每一个灵魂的部分都有自己能发展到的最好的状态，也就是他们自身都具有德性。在 1103a5 中，亚里士多德说，理性的各部分的划分和德性是一致的。德性分为两类，理智德性和伦理德性（亦叫道德德性，或者品德德性）。相应于欲望和情感的德性是伦理德性。人有许多欲望和情感，如果能将这些欲望和情感控制得恰到好处，那么他就属于有品格的人。理性灵魂的德性是理智德性。它来自于教导，因此它需要经验和时间。在理性灵魂的两个部分中，理论理性部分的德性是理论智慧（sophia），实践理性部分的德性是实践智慧（phronesis）。phronesis 这个词翻译成英文很困难，有人将其翻译成 prudence 或 intelligence，也有人将其翻译成 practical wisdom。相应地，将这个词翻译成中文也很困难，有人将其翻译成"明智"，也有人将其翻译成"实践智慧"。我们在关于"实践智慧"的第五讲会详论。

这里要注意的是，亚里士多德其实是既关注人的理智德性，又关注人的道德德性的。《尼各马可伦理学》的第二卷至第五卷是关于品德或伦理德性的，第六卷主要探讨理智德性，即实践智慧与理论智慧。第五卷的正义与第八、第九卷所论述的友谊也可以被归入伦理德性之中。只有到第十卷的第 6～8 章，他才开始探讨理论智慧的活动，亦即思辨。

亚里士多德认为伦理德性和实践智慧是不可分割的。伦理德性必须有实践智慧的指导，而实践智慧一定是做好事的，因为实践智慧和伦理德性关联在一起。一个完整的实践德性涉及作为互不可分的两方面的实践智慧和伦理德性。伦理德性是灵魂的非理性，但分有理性部分的最佳状态。不仅如此，两种德性也不是相互独立的，因为伦理德性听从的理性是实践智慧。成功的伦理教育导致了一种伦理德性与实践智慧的混合或结合的状态、品质："实践智慧离不开伦理德性，伦理德性也离不开实践智慧。因为，伦理德性是实践智慧的起点，实践智慧则使得伦理德性正确。"（1178a15-20）"离开了实践智慧就没有严格意义的善，离开了伦理德性也不可能有实践智慧。"（1144b31-32）

这一节内容可图示如下。

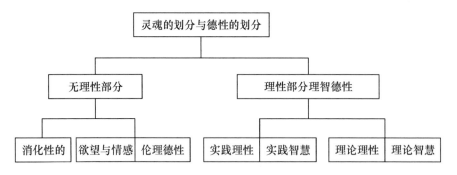

我们下一讲（第四讲）将研读伦理德性，然后在第五讲讨论实践智慧。

第四讲　伦理德性

这一讲讨论伦理德性，即与灵魂中欲望与情感的部分相对应的德性，主要涉及《尼各马可伦理学》第二卷的内容。"伦理德性"这个词在古希腊语中是 ēthikē aretē。ēthikē 这个字来自于希腊词 ethos，ethos 是风俗、习惯的意思。但当该词第一个字母 e（epsilon）变成长音 ē（eta）时，这个字是指"品格"或"品德"（character）。它们之间的联系在于，一个人的品格和品性是从社会的风俗和习性中养成的。伦理学（ethics）即是由 ethos 这个字来的，故其本来的意义与风俗习惯及品格相关。

在英文中，ēthikēaretē 有多种译法，包括 ethical virtue（伦理德性），moral virtue（道德德性），virtue of character（与品德、品性、品质相关的德性）。在这三者之中，moral virtue 这个译法在专业上容易引起误解。因为 morality 在近代伦理学中已与规则规范联系在一起。而近代伦理学和亚里士多德的伦理学却又相去甚远。"伦理德性"与"品格德性"比较合适，更贴近亚里士多德的原意。不过在日常语言中，它们的区别是不大的。尤其在中文中，美德或德性似乎总与道德相关。我们说"道德品质"，很少说"伦理品质"。我们说"不道德"，但很少说"不伦理"。

如果我们今天写一篇有关伦理德性的论文，我们一定会首先界定它。

但是亚里士多德却没有这样做。在第二卷第 1 章，他尚未说明什么是伦理德性，却先讲德性是如何获得、如何形成的。亚里士多德经常使用的一个方法是从一个事物的生成与起源着手，"如果有人从事物的根源与生长来考察事物，那么……他将会获得最清晰的认识"（《政治学》，1252a24－25）。他对伦理德性的总的定义一直到第 6 章（1107a1－4）才出现。定义是这样的：

> 德性是一种能作出选择的品质。这种品质在于一种中庸状态，而中庸状态是相对于我们而言的，是由理性所规定的。而理性则是由有实践智慧的人所界定的。它是两种恶之间的中道；这两种恶一是过度，一是不足。

要想理解这一伦理德性的定义，我们必须明白它所包含的主要术语，即"品质"、"中庸"、"相对于我们"、"选择"、"理性"、"实践智慧"。其中"选择"、"理性"、"实践智慧"需要结合《尼各马可伦理学》第六卷一起解释（见下一讲）。根据亚里士多德对德性的分类，《尼各马可伦理学》第二至第五卷是讲伦理德性的，而第六卷讲理智德性。由于亚里士多德区分了伦理德性与理智德性，人们便得出印象，认为第六卷与前面的伦理德性的讨论无关。然而，理智德性中的实践智慧与伦理德性是不可分的。这在伦理德性的总定义中已经表明得很清楚。完整的伦理德性必须包含实践智慧于其中。反之，真正的实践智慧也必须和伦理德性联系在一起。亚里士多德对伦理德性的讨论处处涉及实践智慧。

本讲集中讨论"品质"与"中庸"。"道德品质"是我们评判他人时最常用的词语。那么，什么是品质呢？它是由什么因素或什么内容组成的呢？一个人的品性又是通过什么手段、方式或途径才形成的呢？这些问题就是亚里士多德在第二卷中要讨论的。伦理德性就是一个人品质上的优秀状态，或我们平常说的"优秀品质"。这一讲共分以下六部分：一、德性作为品质；二、德性与习惯化；三、伦理情感的培育；四、家庭、城邦与德性的养成；五、人是政治的动物；六、德性与中庸。

一、德性作为品质

按"种加属差"的定义方式，我们必须首先确定德性的种（genus）。亚里士多德认定德性是一种品质。所以首先我们要问：德性为什么是一种品质？

亚里士多德在第二卷第 5 章解释了这一问题。德性是灵魂的德性。灵魂有三种状态，即情感、能力以及品质。他没有解释为什么只有这三种状况。接着他又使用排除法，先否定德性是情感。德性与其对立面邪恶是我们判定一个人好坏的根据，是我们夸奖或谴责的根据。但我们不会因为一个人的情感而去断定他的好坏，不会仅仅因为一个人的喜怒哀乐去夸奖或指责他。再者，德性涉及决定与选择，而我们的愤怒、恐惧等情感常常是不经过理性思考的。情感是受外物影响的结果，德性则不是。亚里士多德也用类似原因来说明德性不是能力。我们不会因为一个人的能力而去断定他的好坏，去夸奖或指责他。况且，很多能力是天然的，而德性则需要修炼。德性既不是情感，又不是能力。于是，在灵魂的三种状态中，它就必定是品质。品质是德性的种。

那么，什么是"品质"呢？用简单的话说，品质是一种事物所具有的只要遇到适当的环境和条件就会显露出来的内在倾向或势态。这种倾向是相当固定的，所以是可以预期的。比如我手中持有的粉笔，如果我一松手，它就会落到地上碎掉。"落到地上会碎"是粉笔的一种品质。

"品质"在希腊文中是 hexis。这个字与"有"、"具有"（echein）相连。hexis 是 diathesis 的一种特殊形式。diathesis 可被译为"状态"，但也可以被译为"品质"，英译一般是 disposition，其字面意思是"对部分东西的安排，或者依照地点，或者依照潜能，或者依照形式"（《形而上学》，1022b1－2）。任何 diathesis 的形式都是不同部分或成分的混合。hexis 是很固定、很稳定、轻易不变的一种 diathesis。

当亚里士多德说德性是一种"品质"时，他至少传达了两点含义：第一，德性由若干成分构成。我们不久就会看到，亚里士多德的德性包括社会价值的因素、理性的因素和情感的因素。在德性形成过程中需要有三个方面：一是将社会价值内在化。二是理性能力得到发展，并能理解这些社会价值之所以值得选择的理由。三是自觉自愿地接受社会规范，并在做有德性的事情时会伴有快乐的情感。这三方面的因素缺一不可。

第二，德性是一种很固定的东西，不能随意改变。它不是短时期形成的，同时也不会在短时期之内消失。一个真正具有诚实这种德性的人不可能今天说真话，明天说假话。一个真正慷慨的人不会今天很大方，明天又很小气。所谓的"江山易改、本性难移"可以用来概括德性的这一特征。

由于德性一旦养成，便轻易不会失去，亚里士多德也将之说成是人的第二本性（a second nature）。很多东西当一点点学到手，成为自己的习性之后，往往就会变得很稳定，成为了自己品格的一部分，即使想去掉也很难。比如说游泳，人并不是天生就会的，是要通过学习习得的。一旦学会之后，想丢掉这项技术也不是很容易的，它慢慢地就变成了人的本性的一部分。正所谓"习惯成自然"。做某件事情时间久了之后，这个习惯也就逐渐地变成了人的本性。"习惯一旦成为自然也就难改了。"（1152a31-32）

这里又可以看到亚里士多德的德性伦理学不同于近代以规则为中心的伦理学的一个重要特征。规则是外在的。人可以一天遵守，另一天不遵守；在这件事上遵守，在另一件事上不遵守。一个很坏的人也完全可以在某一天某件事上很守规则。所以，从人的一时行为上判断不出一个人的好坏。而德性则不同。它是牢固的行为趋向，是第二本性。这种素质是持续而稳定的，不会因为所面对的对象、环境、后果而改变本该做的行为。

正因为如此，亚里士多德强调说，重要的不在于行为本身怎么样，而在于当人做这个行为时是否处于正确的品性。一个行为要想成为有德性的行为需要有三个条件（1105a31-b1）：

第一，行为主体必须知道自己在做有德的活动。如果他只是在无意中做了件好事，不足以说明他是有德的。

第二，他必须是自己选择做这些行为的，而不能是被胁迫或逼迫的。如果他做一个行为并非出于自愿，那么他的这些行为就很难被说成是有德性的。并且他必须是因为那行为自身的缘故而选择它，而不是为了一个其他的目的。

第三，最后也是最重要的一点，这行为必须是出于行为主体的一种确定了的、固定的品性。这就意味着一个真正有德性的人，他的有德的行为就会自动地从他的德性之中流淌出来。当他遭遇到任何事情的时候，他不需要经历任何理智和情感的挣扎就能自发地做出有德性的行为。唯有这样，一个人才会是真正的有德之人，一个行为才是真正有德的行为。假如 A 和 B 都看见他们的老板做坏事，都知道这是不对的，应当制止。A 不假思索，立即出面阻止；而 B 则经历一番思想搏斗后，鼓足勇气，才站出来。一般人会觉得 A 有点太过简单，而 B 的反应较为正常。但在亚里士多德看来，A 才是有德之人，而 B 的德性尚缺火候，需进一步修炼。

二、德性与习惯化

如果德性是第二本性，那么什么是第一本性？这两种本性有什么差别，又是怎样联系的呢？德性作为第二本性又是如何养成的？

亚里士多德有两点理由说明伦理德性不可能是人的第一本性。第一，第一本性的东西是不可能通过教育就被改变的。如果一种事物天性即是某种状态，则后天习惯训练无法将其改变。例如，石头的本性是向下坠落。无论我们如何训练，石头都不可能向上飞去。火天性向上窜。不论如何训练，火苗也不会向下钻（1103a19）。与此相对照，像慷慨、节制、勇敢这样的伦理德性都是训练出来的结果。

第二，第一本性的东西是与生俱来的。我们不需要通过学习就具有这样的能力，能用它进行活动。例如，感知能力就是第一本性。我们不是因为经常听或看，才获得听觉与视觉。只要是正常人，自然能听能看。与此相对照，德性却是在活动中习得的，就如同游泳和骑车这样的技能都是需要通过不断的训练才能获得一样（1103a27）。

德性不是自然生成的，可是也不与自然相对立。关于自然与德性的关系，亚里士多德的一句关键性的论断是："自然赋予我们接受德性的本性，而这种本性则需通过习惯完成。"（1103a23-24）德性不是第一本性，可其养成首先需要一个自然基础。这个基础是人特有的。这就是人的欲望可以听从理性的劝告与指导。你让一只老虎不吃肉，不管你如何耐心做思想工作，它也不会听你的。你说多了，它说不定连你也一块吃了。可人就不同。小孩是可教的，不管孺子如何顽劣，只要工夫足够，方法得当，肯定能被驯服教化。这中间的巨大差别就在于小孩是能听管教的，有能够被习惯化的基础。在此自然基础上，通过不断的训练和教导，人就会养成习惯，形成伦理德性。伦理德性有其第一本性的基础，但它必须得到习惯的培养。我们通过重复做正义举动而变得正义，通过重复做节制举动而变得节制（1103a34-b1）。

这样，从自然过程到第二本性的形成，需要一个习惯化的过程（habituation，ethisoms）。ethos 指的是传统的社会与文化环境以及为社会所接受的行为方式。我们说过，ethics 这一词即与此相关。这种词源关系本身就揭示了风俗习惯在亚里士多德伦理学中的重要角色。什么样的行为是伦理的，取决于被习惯接受的行为。行为的善性与社会习俗相关，而不是由一些普遍道德原则决定的。是社会风俗塑造了可接受的行为方式。

人从一出生开始，就被抛入他父母所处的社会中。在他成长的整个过程中，他受到父母、亲属、幼儿园的启蒙老师们及周边人士的培育、教养、熏陶，在他们的影响下，潜移默化地将他的生长环境中的价值内在化，变成父母及社区眼中的"懂事成熟"的孩子。所谓"懂事"，所谓"成熟"，其实不过是接受了其父母所给予他的生活方式、世界观和价值观，按照大人们的要求去做，能够按社会的要求行事，中规中矩。

要学会一种技艺，就得反复练习。人通过不断练习建房而成为建筑者，通过不断练琴而成为琴师。同样道理，要养成某种品性，也得反复练习。人通过不断做公正的事而成为公正的人，通过不断做节制的事而成为节制的人，通过不断做勇敢的事而成为勇敢的人。其他的德性也是这样练成的（1103a33），例如节俭。小孩一开始不懂得节约粮食，经常浪费，挑食。父母则无数遍地要求子女吃完盘中餐。有些小孩接受得快些，另一些则会让父母多费心。对不听话的小孩，父母常会用威胁性的话语与手段，如"不吃完就不给你买玩具"，"不吃完就不准出去玩"，等等。久而久之，小孩便会驯服，不再逆反，会习惯性地节约粮食。反之，如果没有这样的家教，就会养成相反的品性。好的行为就养成了好的品格，坏的行为就养成了坏的品格。习惯化的过程是不断地做各种事情的过程，从而就将从做事情的过程中所习得的德性融入到自己的本性之中。中国人常说"棍棒之下出孝子"，这话听起来有些恐怖，其实也是在讲习惯化的道理。人在成长过程中逐渐将社会价值内在化。这种内在化的社会价值就构成了一个人伦理品格的主要部分。"总而言之，一种品质是从不断重复相似活动之中形成的。"（1103b17）

习惯化在道德教育的初期阶段非常重要，因为儿童不能进行真正意义上的理性反思。亚里士多德相信儿童不能"选择"（1111b9），因此经常将他们与动物归入同样的队伍。当然，儿童有"选择"的潜能，最终能进行判断和反应。但在初期阶段，父母和其他引导者对儿童的引导是必要的。"他的德性显然不只是与他自己有关，而且和成年人以及他的导师有关。"（《政治学》，1260a31-33）父母和周围的人告诉儿童什么行为能做、什么不能做，并确保儿童在任何环境下都做有德性的行为。儿童遵从教导和效仿榜样。一个未成长完全的儿童在道德教育上依赖于其父母和监护人（《政治学》，1260a31-33）。

习惯化是一种实现的过程。我们在上一讲中讲到，亚里士多德有关潜能和现实的理论有两个层次。人具有学习知识的能力（潜能）。当一个人运用这种能力学到了知识，他便实现了其学习知识的潜能。这是第一层次。得到的知识又变成了人们具有的一种能力（潜能）。当一个人运用这种能力去解决实际问题的时候，就成了第二种实现。这是第二层次。在习惯化过程中，人首先有能听从理性劝导的能力（潜能），而形成德性则是这种能力的实现。这是第一层次的实现。养成的德性，又去体现在活动中，则是第二层次的实现。

由于一个人小的时候所得到的教养决定其长大之后的品性，亚里士多德认定，一个良好的成长环境，对于一个人来说，至为关键。他在1103b23

中说：

> 这就是我们为什么必须做正确的活动，因为不同性质的活动意味着不同的品质。因而，从幼时开始是养成这种习惯还是那种习惯，并非是不重要的；相反，这是极其重要的，甚至是最重要的。

一个人出身于何种环境、何种家庭以及他小的时候是如何成长的，对他以后的人生有重要的不可磨灭的影响。这一点无疑是正确的。

不过，我们也要注意到，当亚里士多德说早期教育"最重要"时，他说得有些过头。因为如果真是那样的话，那就意味着人们的品质或品格在小的时候就已经被塑造、被决定了。而人们的家庭出身和小的时候能受到何种教育完全是偶然的事情，人们自己无法控制。我们会在下一讲中看到，人的理性功能在德性形成中会发挥重大作用。人的伦理德性的成长一方面是将社会价值内在化，另一方面是在成长的过程中逐渐明白这些社会价值之所以是好的的理由。在人的品格形成过程中，人们对内化的社会价值并不是完全被动的，而是一定有自己的理解。人们一开始是知道什么事情可以做，什么事情不可以做，但后来会知道为什么这些事情不可以做。于是，人最后就会对应该如何做人获得一种总的理解。这种总的理解就是将各种价值观关联在一起，放到一个总体理解之中，让这些价值观彼此构成一个网络，从而形成一种对人生的健全理解。这就是我们通常所说的人生观。

三、伦理情感的培育

亚里士多德在第二卷第 3 章中讨论伦理情感。前面讲过，德性作为品质是由若干成分或因素构成的。上一节讨论的内在化的传统价值是德性的第一个因素。第二个因素是理性，我们到下一讲再讨论。而第三个因素即是伦理情感。伦理情感也是在习惯化过程中养成的。除了内在化社会价值之外，习惯化也使得行为者养成用某种方式去感受的习惯。如果没有这种情感的方面，习惯化就仅仅是形式上的、外在的过程。

　　把伦理情感作为一个主要伦理主题，是亚里士多德伦理学理论的一个主要贡献。苏格拉底的理智主义伦理学认为德性即是知识，忽略了情欲的作用。近代功利主义和康德的伦理学也忽略了道德情感的培育。与此相对照，亚里士多德经常强调德性不仅关涉人的行为（praxis），也涉及人的情感。我们做什么、怎么做固然很重要，但在做事情的过程中情感的感受也同样重要。伦理德性的培育的过程不仅仅是要告诉人们什么事情是值得做、应该做的，更包括伦理情感的培育。伦理学是关于良好生活的艺术，也包括良好感受。对于亚里士多德来说，德性不仅是正确行动的品质，而且也是正确情感的品质。

　　我们经常讲的"感受"、"情感"或"感情"，在亚里士多德那里所使用的希腊术语是 pathos。它在英文中既译作 passion，又译作 feeling 或 emotion。当代哲学倾向于区分 emotion 与 feeling，认为 emotion 有很强的认知色彩，而 feeling 则没有。在亚里士多德那里，pathos 的原意是遭受、受难（suffering）。这个词更多的是强调被动性。它后来被用于指"体验"或"感动"，与表达主动性的 praxis（行为）相对。这个术语在亚里士多德哲学中外延很宽。他自己在 1105b23 中列举了一串情感，包括欲望、愤怒、恐惧、信心、羡慕、嫉妒、欣喜、爱、恨、渴望、怜悯等。他在《修辞学》中对各种情感进行了比较详细的分析。人虽然经常说自己是理性的动物，可实际上也是情感性的动物。虽然这些情感形式可能为其他动物共有，但是如果把人的这些情感性的东西都去掉的话，人也就成为很抽象的对象了。要想认识人的话，就需要仔细分析人的情感。

　　各种各样的情感在亚里士多德看来可以被归结为"快乐"和"痛苦"这两种最一般的形式。"痛苦"和"快乐"这两个词在我们今天的含义其实要比古希腊时代的含义窄。我们今天翻译成"快乐"的这个词在古希腊文中是 hedone，其实可以译作"喜欢"（liking）。而我们译作"痛苦"的希腊词 lupe 则可以译作"不喜欢"（disliking）。德性与喜欢什么和不喜欢什么内在相关。"德性关涉行为与情感；而且每一情感、每一行为都为快乐和痛苦相伴随。由此故，德性亦关涉快乐与痛苦。"（1104b13-15）一个好人用恰当的方式追求快乐，避免痛苦，而一个坏人用不恰当的方式追求快乐、避免痛苦。这是伦理学讨论快乐与痛苦的原因。道德情感必定是德性品质的一个重要组成部分。

快乐与痛苦都有两类。一类与生理欲望相关，一类则是伦理道德上的。它们的对象不同。前一类快乐和痛苦可以腐蚀灵魂。在亚里士多德看来，人有一种天性，可以为了感官快乐去做坏事、避免做高尚的事情。痛苦导致人们不会做高尚的事情，因为做高尚的事情常常意味着要牺牲自己的利益，或者至少要控制自己的利益。"快乐和痛苦是人们变坏的原因。"（1104b21—22）像动物一样，儿童过分追求身体的快乐。年轻人也倾向于追求感官刺激，或直接追求激情生活。

伦理德性是与人的欲望联系在一起的，是欲望情感处于非常出色的状态。它使欲望的发挥处在一定的范围之内，既不能纵欲也不能禁欲。人生充满了各种各样的欲望，如果人生被毁掉的话往往就毁在了这些欲望上，所以一种好的人生，一个拥有伦理德性或者说品格德性的人，就应该能把握住这些欲望，让它们的表达发挥限制在正当的范围之内。

伦理德性中所包含的快乐是一个有德性的人做一件有德的事情时所产生的喜欢。一个有德之人不应该是一个不能被触动或没有感觉的人。相反，他应该有着一种对高尚的爱好感和对卑贱的憎恶感，并以做有德之举为乐。这种快乐的产生是由于：（1）有德的行为是高尚的（1115b12），（2）有德的行为合乎人的自然（1199a10）。一个拥有德性的人是"一个对高尚事物的真正喜爱者"（1179b9）。做正确事情的愉悦感是身为有德之人的关键特点。它也是德性的一个标志。"不以高尚的行为为快乐的人也就不是好人。一个人若对公正地做事情不欣赏，就没有人称他是公正的人；一个人若对慷慨的事情不喜欢，就没有人称他是慷慨的人；其他德性亦可以此类推。如果这样，体现德性的活动就必定自身就是令人愉悦的。"（1099a16—21）一个参与正义行为的人不一定是个正义者，因为一个有德之举或许是不情愿地或勉强做出的。一个人的品质的很重要的表现是对什么东西喜欢、对什么东西不喜欢，对什么东西感到快乐、对什么东西感到痛苦。如果对身体上的快乐的节制感到快乐，他就是节制的人，反之，就是不节制的人。因此，一个很重要的伦理判断的标志是，一个人是否是有德的人，要看他在做有德性的行为时是否感到快乐。

我们判断一个人是否真正具有善的品质，不仅仅是根据他做了什么而且还根据他是否喜欢做某事。一个有德之人不同于一个只是自我控制力强的人。原因在于一个自制者在做正确的事时，内心具有挣扎甚至是痛苦感，而一个有德者愉悦地去做正确的事。德性必然牵涉到真实的感受或情感。人的品格和道德品味会让人们因选择做符合这些品性的行为而高兴，相反却因无法选择或做不成符合这些品性的行为而痛苦。

伦理教育的一个重要方面是培育伦理情感，而培育伦理情感则是让一个主体从追求感官享乐到能够在做有德之举时感到愉悦。亚里士多德把欲求（orexis）划分为三个种类：欲望（epithumia，appetites，主要指肉体生理欲望），激情（thumos，passion，字面意思是性情的冲动）和愿望（boulēsis，wish）。一个愿望是对被认为是善之物的欲望（1113a15–24），例如对高尚事物的爱。在一个成功的习惯化中，欲望和激情应该被压制，但愿望却应该被鼓励。"愿望"还进一步使主体更容易把注意力从基本对象转向那些高尚的事物。

学习变得有德性，或者变好的一个向度就是学会在做高尚的事情时享受或具有快乐。这种愉悦感构成了一个人的伦理品味。亚里士多德说："正如柏拉图所说的，我们应该从小就培养起对该快乐的事物的快乐感情和对该痛苦的事物的痛苦感情。这才是正确的教育（education，paideia）。"（1104b11–13）亚里士多德在此处引用了柏拉图在《理想国》第二、三卷中论教育的部分的内容。道德教育的理想就是让人对真正应当感到高兴的事情感到高兴，对真正应当感到痛苦的事情感到痛苦。正确的教育改变快乐和痛苦的对象，应对纵情享乐感到可耻，对善举感到欣喜。但是这却并不是一件很容易做到的事情。它是习惯化的结果。

以前讲到亚里士多德对学生的要求时提到，学生要有一种羞耻感，在做错的时候感到羞愧。好的学生还应是"孕育种子的土壤"。这包括他拥有亲近德性的品格，"爱好高尚并准备好接受德性"（1179b26–27）。而这些素质的养成是在合适的生长环境中进行情感训练的结果。

学习者起初必然在做有德之举时会有痛苦。我们对无德的行为施加痛苦加以惩罚，对给予行为良善之人快乐加以鼓励。对于亚里士多德来说，惩罚是"一种治疗"（1104b16）。"一般地说，感情是不听从理性的，除非不得不听从。"（1179b29）对于那些没有被恰当抚养长大的成人是这样，对于年轻人也是如此。"因为多数人，尤其青年人，都觉得过节制的、忍耐的生活不快乐。"（1179b33）但习惯化至少使这个过程不那么痛苦。当一个人变得越来越习惯的时候，这个人的痛苦也就日益减少了。

四、家庭、城邦与德性的养成

上面我们探讨了习惯化过程及其结果。可是，谁在主导习惯化过程？换言之，谁是一个人成长过程中的伦理德性的培育者？

在第二卷第 4 章中，亚里士多德自己预见到了一个问题。根据习惯化理论，节制公正等德性是通过不断做节制的活动而形成的。可是，如果一个人可以做节制的行为了，那不就意味着他已经有了节制的德性了吗？（1105a21）亚里士多德对这一问题的回答是，光是做节制的活动并不意味着一个人是有节制的。节制公正等德性确实通过不断做节制或公正的活动而形成，可在获得节制的德性之前，人做节制的行为必定是在别人的引导下去做的。对别的德性亦是如此。正是在这一语境中，他列出了一行为能成为德性行为的三大条件，即：（a）行为者必须知道那种行为；（b）他必须选择那样做，并且是因为那行为自身故而选择它的；以及（c）他必须是出于一种确定了的、稳定的品质而作出那种选择的。所以亚里士多德说，公正的人或节制的人不是那只能做这般行为的人，而是那能以公正的人或节制的人做它们的方式去做它们的人（1105b8-9）。

那么，什么样的人可以充当这种引导人的角色呢？

按上面关于德性行为的界定，这种人应该是具有德性的人。再读一遍亚里士多德关于伦理德性的总定义："德性是一种作出选择的品质。这种品质在

命中中庸就是像一个
箭手一样命中正确的目标。

人 文 大 讲 堂

lecture

于一种中庸状态，而中庸状态是相对于我们而言的，是由理性所规定的。而理性则是由有实践智慧的人所界定的。"（1107a1-4）按照该定义，引导者应是有实践智慧的人。有德性、有实践智慧的人已经了解了什么是公正、节制之类的德性，并以此来引导一个年轻人去做公正的或节制的行为。当一个年轻人听从引导不断地去做体现这些德性的行为时，他也就逐渐地养成了公正、节制等美德，从而成为一个公正、节制的人。

什么样的人可以成为"有实践智慧的人"（phronimos）呢？我们当然必须先了解什么是"实践智慧"才能作出合适的回答。实践智慧是我们下一讲的主题，所以我们不在此处展开。但我们可以提及，亚里士多德的这一观念引起了诸多争议。批评者们说，它既过时又不合适。说它过时，是因为城邦规模有限，大家彼此了解。故在希腊城邦时代，确定谁是有智慧的人是相对容易的事。可以今天的国家规模，尤其是我们处于多元文化时代，又如何确定这样的人？你能说清楚在当今中国哪几位是有实践智慧的人？说这一观念不合适，是因为就算我们发现有实践智慧的人怎么做或会做什么，我们又怎么知道他或她的思考过程及根据？而如果不知道他或她的思考过程及根据，那听从他或她岂不是盲从？

这一争论有意义，但并不影响亚里士多的习惯化理论的价值。他自己在阐明德性教育者时并未过分依赖"有智慧的人"。按照亚里士多德的观点，道德教育来自于两个层面：城邦和家庭。"正像在城邦生活中法律与习惯具有强制力一样，在家庭中父亲的话与习惯也有约束作用。"（1180b4-5）"一个人的善如没有家庭，没有城邦，是不可能的。"（1142a9-11）

下面我们简要说明家庭和城邦在德性形成中的角色。先从家庭开始。一般以为，注重家庭是孔子儒学的专利。其实不然。虽然亚里士多德没有像孔夫子那样把孝爱作为伦理学的基础，但他也清楚地意识到家庭作为社会关系的基本单位，对孩子的成长和德性修养有很重要的作用。这点在中国社会特别容易理解。只是中国的家庭和学校更倾向于培养孩子的理智德性，培养孩子的技能，对孩子伦理品性的成长和培育则相对来说要看得轻一点。反之，亚里士多德更重视家庭教育对孩子伦理品格成长的意义。在美国的中小学入门处，一般会看到"Character counts"（"品格是关键"）这样的警句。亚里士多德德性理论对今日西方社会的影响可见一斑。

习惯化首先从家庭活动开始。按照亚里士多德的观点，灵魂中有一个自身无理性却能听从理性的部分。这个部分"像听从父亲那样听从（1103a3）"理性。亚里士多德把这个"听从"关系与儿子/父亲关系联系在一起。父亲代表了儿童早期抚育中理性的角色。他引导和规范子女的欲望与情感。由于亚里士多德相信早期的习惯化对一个人的成长有着重要影响，父亲的教导就很重要了。

与城邦相比，家庭在德性教育方面亦有些优势。首先，父母的命令更有效。"由于有亲缘关系，由于父亲对子女的善举，这种约束作用比法律的更大。因为，家庭成员自然地对他有感情并愿意服从他。"（1180b5-7）其次，家庭教育能对儿童的个体需求和能力做出有针对性的回应，因材施教（1180b7-13）。

尽管如此，城邦在德性教育方面的角色仍更为重要。它比父母的教导更具强制力。法律可实行强制，且其强制力不受个人情感影响。而父母在培养人的品性时，却可能会受到血缘亲情的影响而对子女产生溺爱心理。因此，城邦也就应通过立法，来关怀教育其公民的德性修养。法律必须规定他们的培养和活动。法律通过"要求一些行为和禁止一些行为"（1129b19-24）来规范一个有德性之行。它给伦理实践设定了朝向德性的标准。城邦以这样的方式使自身转变为一个教育性机构。立法是普遍性的科学。在人性基础上建立政策是具有普遍性的。"一个人如果不是在正确的法律下成长的，就很难使他接受正确的德性训练。"（1179b32-33）所以，"最好是有一个公共的正确的制度来关心公民的成长"（1180a29）。只有在城邦无法提供德性教育时，家庭才具有首要责任："如果这种公共的正确的制度为社区所忽略，每个人就应当帮助他的孩子与他的朋友取得德性。"（1180a30-31）

法律有两种。一种是通过对惩罚的恐惧来管制错误的行为，另一种则意在激发人性之善。亚里士多德相信立法者的目标应该是第二种法律，亦即"鼓励人民趋向德性、追求高尚，并期望那些已经具有良好习惯的人们会受这种鼓励影响"（1180a6－7）。希腊文的"法"是 nomos（该词也可译成"约定"）。从词源上说，nomos 与 nemein（"相信"）相联，并因此与"公众所相信的适宜事物"有关。总的说来，nomoi 不仅涵盖了成文法，而且也涵盖了为人们共享的社会风俗与基本行为规范。一个好的社会必须提供这样的良性法律，它规定什么是一个有德的行为，提供针对人们德性的规范，并为导向德性的实践设立标准。

我们在第一讲中讲过，在亚里士多德哲学中，伦理学与政治学是不可分割的。政治学的目标和伦理学的目标相似，也是探讨如何培养公民的好的品质，让公民活得好，获得幸福。要使公民幸福就要让公民养成良好的德性。在 1103b3 中，亚里士多德说，立法者的主要职能是要让公民们养成好的品性。这应该是每个立法者的希望和理想。判定一个政治制度好坏的标准是该制度是否能够使其公民养成好的品格。这一论点是我们今日的政治哲学所欠缺的，亦与我们今日的标准相去甚远。在今天的西方社会，判定一个政治制度好坏的标准是该制度给予了其公民多少自由。在今日中国，判定一个政治制度好坏的标准大概是该制度能否让其国民安居乐业。

五、人是政治的动物

亚里士多德的习惯化理论表明一个人必须在社会网络中才能实现其获取德性的能力，而且社会的习俗与价值决定了德性的内容。他的这一理论有一更深层的理论作基础，这就是他著名的"人在本性上是政治动物（politikon zōon）"的理论。我们在这一节中将讨论这一理论。虽然它是亚里士多德在《政治学》第一卷第 2 章中所阐述的，但在我看来它是理解《尼各马可伦理学》第二卷所必需的。亚里士多德在第一卷第 7 章讨论功能论证时确立了"人是理性的动物"这一命题。那么，人作为社会的动物和人作为理性的动物之间又是一种什么关系？

由于"政治的"（politikon）与 polis（城邦）有着词源关联，人们很容易认为，"政治动物"的意思是指人类天生适于生活在一个希腊城邦里。但亚里士多德的意思没这样简单。人类并不是被称作"政治动物"的唯一物种。亚里士多德也用同样的名称去指蜜蜂、鹤、蚂蚁和其他群居动物。根据他的定义，如果一个群体拥有一个共同的目标，大家互相合作追寻这个目标，那么，这一群体的成员就是"政治动物"（《动物志》，488a8）。因此"政治"（political）在这里等同于"群体的"或"社会的"。"政治动物"亦可译作"社会动物"。

可是，亚里士多德又说，一个人"和蜜蜂以及所有其他群居动物比较起来，更是一种政治动物"（《政治学》，1253a8）。是什么使一个人比其他群居生活的动物"更是一种政治动物"？

说人是政治动物，首先是指人一定处于社会关系网中："我们所说的自足不是指一个人自身即足以过独立的生活，而是指他也有父母、儿女、妻子，以及更广泛的朋友和同胞。因为人在本性上是政治动物。"（1097b9-11）但政治动物并不仅仅意味着这一点。在《政治学》第一卷第2章中，业里士多德在论证"人是政治的动物"这一命题时，将它与"城邦是自然的产物"这一命题联系在一起论述。这两个看起来很不相同的命题是同一论证过程的结论。换言之，理解人为什么是政治动物，同时也是理解城邦是如何产生的。

按照亚里士多德的观点，人的社会化开始于家庭，通过村落而发展，并最终导向城邦的形成。家庭最早是为了生产后代而建立，但也是为了获得生活必需品而组建。男人和女人的不同功能相互补足，并使原本各自特有的部分变得可以共享。进一步地，一些邻近的家庭组合在一起形成一个村落。因为很明显，更大和更复杂的社群能让生存更为容易些。促使城邦形成的动因也是一样。城邦是最为自足的社群，它使其成员能够过上比单独的家庭和村落形态更为富有的生活。

当多个村落为了满足生活需要，以及为了生活得美好结合成一个完全的共同体，大到足以自足或近于自足时，城邦就产生了。城邦的形成最早是为了生活的直接需要，并继续为了活得好而存在。如果早期的共同体制度是自然的，那么城邦也是自然的。因为这就是它们的目的，事物的自然就是目的；每一个事物是什么，只有当其完全生成时，我们才能说出它们每一个的自然，比如人的、马的以及家庭的自然。终极因和目的是至善，自足便是目的和至善。由此可见，城邦显然是自然的产物，人自然地是一种政治动物。(《政治学》，1252b28—1253a4)

这一文本对理解"人是政治的动物"这一命题很重要。但由于它高度简约，过于抽象，对它的解释一直有争议。

在我看来，解读这一段落的关键在于"自然"的概念。亚里士多德对自然（phusis）的标准定义是：每一事物自身具有的"运动和静止的本原"(《物理学》，192b14)。在这一意义上，"自然"有两层含义：形式和质料。形式和质料是一件事物的成分，它们又各自成为运动的一个内在原理和原因。形式因也是目的因。故自然的另一主要含义是朝向一件事情发展的目的。

作为内在运动原理的自然与作为目的的自然都被用于"政治动物"的论点。在第一种自然的含义上，亚里士多德认定，"人类自然地拥有社会本能（instinct，hormē，或冲动）"(《政治学》，1253a30)。hormē（冲动）是一个事物取得其特殊条件的自然趋向。《政治学》第一卷第2章明确表明，这些本能冲动形成各种各样的社会的驱动力。它们推动人类加入他人之中以完成完善，因此使城邦的创立成为不可避免的过程。人类在他们的内在自然冲动中有着许多社会性因素。第一个是拥有充足生活必需品的欲望。人的第一本能是要活下去，要生存下来。因而人首先要满足人生存下去所必需的物品。第二个内在因素是人会说话，而其他动物只能发声。只有人可以用语言表达自己的思想和情感。在古希腊语中，表达话语的词是 logos。logos 在希腊语里是"言语"或"语言"，但也是"理性"。所以这第二个因素等于是说，只有人类有理性能力。在亚里士多德看来，当人们拥有了 logos 之后，道德、公正等基本的道理就已经包含在其中了。第三个内在因素是，只有人从一出生就具有公正观，拥有一种自然的正义感(《政治学》，1253a17—19)。正是人的这些本能促进了人类和人类社会的发展。如果人天生就具有的正义感能够得到培育，那么，人就可以变得很完美。但是如果这些本能没有能够得到很好的培育与发展，人就会变成世界上最可怕的生物。

　　亚里士多德接着引入第二种意义的自然。所有这些在我们自然冲动中的社会因素被驱使着走向它们的实现。他认为它们只能在一个城邦里得以实现。城邦是这些冲动所导向的最终的或恰当的阶段，是它们寻求实现的所在。"每件事物充分发挥的原因，我们称之为它的自然。"（《政治学》，1253b3-34）当亚里士多德宣称人类比其他群居动物更具政治性的时候，他的直接原因乃是"人是唯一具有语言（logos）的动物"（《政治学》，1253a9-10）。他也声称只有人具有一种自然道德感。动物和人类都需要生活必需物。所以，如果人比动物更是政治动物，就必定由于语言能力、道德感以及它们的实现。

　　可是为什么（实践）理性和自然道德感只能在城邦里进行发展？为什么城邦成为这些社会冲动实现的最后舞台？"城邦的形成最早是为了生活的直接需要，并为了活得好而继续存在。""活得好"（living well，euzēn）是eudaimonia（幸福）的同义词。这一论点表明城邦的存在为人们追求幸福所必需。伦理学研究的是个体如何幸福的问题。但是个体最终要在一个社会群体中，乃至在一个城邦中才能获得幸福。

　　那么，城邦又怎样让人"活得好"？亚里士多德的观点是，人的实践理性和自然德性需要被改进与完善。人若趋于完善就是最优良的动物，而一旦脱离了法律和公正就会变成最恶劣的动物。不公正被武装起来将会是莫大的祸害。人天生就具备武器，凭智谋和德性加以运用，有些人却极尽能事地朝相反的方面运用（《政治学》，1253a30-36）。智谋和自然德性必须被法律和正义所完善。否则，一个人会失去他的人性，并且"极其邪恶和残暴，就会无比地放荡和贪婪"（《政治学》，1253a36-37）。那么，我们从哪里找到法律和正义？答案在于城邦。正义和德性正是使一个政治社会聚合之物（《政治学》，1252b37-40）。为了使人生而有之的社会本性得以完善，一个人就必须成为一个政治社会的一员。

　　综上所述，人从本性上说是政治动物，不仅因为他有着自然社会欲求，而且也因为一个政治社会对实现这些欲求是不可或缺的。亚里士多德把"政治动物"论与"作为自然创造的城邦"论联系在一起，是由于它们都建立在相同的基础之上。"政治动物"有着双重含义。在一种低层次意义上，一个人必须与其他人共同生活，以便保住生命安全。这一意义与其他群居动物共同享有。在一种高层次意义上，一个人有着社会本性，它只能够在一个拥有法律和正义的社会群体里得以实现。

亚里士多德正是用这种理论作为基础讨论伦理德性的养成、方式、途径以及必要性。他的这种观点首先针对的是智者派。智者们认为法律、道德和国家是约定的，也就是人为的，没有什么是自然的。亚里士多德说城邦肯定是自然的，它是人们一系列的自然欲望得到满足之后的自然结果。城邦是从人的自然需要中发展出来的，所以城邦也是自然的产物。亚里士多德的观点也与现代社会契约论形成鲜明对比。后者认为国家通过社会契约而成。当城邦被说成是由社会契约而成，与自然状态没什么关系时，人类也就不再"自然地"是某种政治动物了，而是孤立的有自我决定权利的原子成员。

六、德性与中庸

在亚里士多德关于德性的总定义中，一个重要的成分是，作为品质的德性是一种中庸，是相对于我们而言的中庸。"德性是两种恶即过度与不及的中间。"（1107a2-3）由于我们儒学传统一直推崇中庸之道，这一学说对我们中国学生一定很亲切。可究竟什么是"中庸"？所谓"相对于我们"是什么意思呢？"我们"又是谁呢？《尼各马可伦理学》第二卷第 5～6 章、第 8～9 章都是讨论中庸学说的。但这些章节说得不大清楚，在解释者中引起了不少争议。

有人认为说德性是一种中庸没有什么意义。比如伯纳德·威廉姆斯就批评说，这种理论是亚里士多德伦理学中最著名，但同时也是最无用的理论。如果把德性是一种中庸的理论从亚里士多德的伦理学中刨除出去，丝毫不会影响他的伦理学理论整体。乔那森·巴恩斯也批评说，看不出来德性为什么是一件选取中间点的事情。他甚至断言如果亚里士多德有时间对他的《尼各马可伦理学》进行修订的话，一定会将德性是一种中庸的观点删掉。此外，还有比较具有代表性的观点认为中庸是一种调和性的、折衷性的东西，但是亚里士多德本人并没有说中庸是这种折衷性的东西。相反，他说一个中庸的人在很多事情上也可以做得比较极端。比如在1107a7中，亚里士多德说，就德性的本质和有关它的定义而言，德性是一种中庸；但是就最好的条件和好的结果而言，德性是一种极端。有德性的人并不是处于一种折衷的和稀泥的状态。有时这样的人可以是非常极端的。比如，如果看到一个老年人被欺负，那么中庸的状态应该是勃然大怒，而非恰到好处的愤怒。

亚里士多德使用了两个古希腊词语来指"中庸"：meson 及 mesotēs。对这两个术语的翻译多有不同。《洛布古典丛书》把 mesotēs 译为"中庸"和"中庸状态"，把 meson 译为"中庸"。《亚里士多德全集》（牛津译本修订版）把 mesotēs 译为"中庸"，把 meson 译为"中间"。

在中文中，"中庸"这个译名来自儒家四书之一《中庸》。孔子在《论语·雍也》中也说："中庸之为德也，其至矣乎！"在中文中，"中"有"中间"的意思。而"庸"字作何解却一直有争议。历史上主要有三种解释：其一是"平常"、"日常"。朱熹比较喜欢这种用法。其二是"恒常"、"不变"的意思。程颐比较喜欢这种解释。其三是指"使用"或"实践"。郑玄、孔颖达等人比较喜欢这种用法。对"庸"的不同定义导向了对孔子之"中庸"的不同理解，甚至导致对《中庸》书名的不同英译。在杜维明那里，《中庸》书名的英译是 *Centrality and Commonality*；在安乐哲与郝大维那里，《中庸》的译名是 *Focusing the Familia*。我们虽然经常讲"中庸之道"，可这到底是什么意思，我们并不是太清楚的。

不过我们今天只讲亚里士多德的中庸。首先要搞清楚的一点是，亚里士多德既以中庸指称品质的内在状态、又以中庸指称德性于情感与行为中的外在表现。一方面，德性自身被说成"相对于我们的中庸"（1106b36），另一方面，德性"关涉感情与行为，而情感与行为中存在着过度、不及与中庸"（1106b16-17）。我把前者称为"内在中庸"，把后者称为"外在中庸"。亚里士多德真正考虑的是哪个中庸，是内在的还是外在的中庸？学者们对此争论已久。我个人的看法是，双方其实无须构成冲突。亚里士多德的中庸既内在又外在，既在品格德性内，又在有德性的情感和行为中。这是因为，对他而言，如果一个行为是真正有德性的，它就需要从一种固定的品质发出。行为是否是善的、有德性的，应根据它与主体的关系作决定。说德性是一种中庸首先意味着德性是人的一种内在状态、是人的品性的内在状态。恰好是人品性的这种内在状态的发挥，使一个人的外在行为恰好能达到中间状态。换句话说，正是内中庸使得外中庸成为可能。

中庸是过与不及间的中间点。一个德性是中庸，相对于两种处于两端的恶。这被 W. D. 罗斯称作"三一结构"。学者们一直在争议三一结构的起源。第一种假设认为，三一结构来自于希腊的健康依靠对立面平衡的医学理论。它建议，把一种德性描述为一种中庸，表明了一对相反趋势的混合或结合，以及两种相关联的恶之间的混合。可是批评者说，在《尼各马可伦理学》中，尤其在第二卷论中庸之处，亚里士多德并未提到这种医学理论。

亚里士多德经常把中庸界定为"正确的"，"在正确的时间、正确的场合、对于正确的人、出于正确的原因、以正确的方式感受这些感情，就既是中庸的又是最好的（ariston）。这也就是德性的特征"（1106b21-23）。在这里，中庸被术语"正确"和"需要被做的"所规定。

这样，亚里士多德伦理学具有两种关于中庸的观点：

（a）中庸存在于过与不及的中间。

（b）中庸是正确或适宜。

可是"正确"和"中间"这二者并无明显的直接联系，亚里士多德为什么将它们混同？这是所有解释中庸学说的人都必须回答的问题。

先从中文中找点灵感。河南人说某一件事对时，就说"中"。在中文里，"中"这个字有恰好击中目标的意思，这个和射箭很相似。如果射出的箭恰好击中靶心，就是"中"了，"一箭中的"。仔细阅读亚里士多德的论述，发现他在描述德性行为者如何实施内在中庸以达到情感与行为中的外在中庸时反复使用了"命中中庸"的表达（toumesous to chastikē）。"命中"一词（hitting，stochastikē），来自动词 stochazesthai，意为"瞄准并射击"。在《尼各马可伦理学》的开头部分，当亚里士多德说其伦理学的任务是理解最高的人类善时，明确把他探寻人类善的计划与射箭术联系在一起。如果一个人知道了最高的善是什么，就有如有了靶子的弓箭手。知道了这个最高的目的，人的生活就可以以这个目标为旨归，从而获得幸福的生活（《尼各马可伦理学》，1094a18-24）。一个德性主体寻求对最高善的理解，正如一个箭手寻求命中目标。

我的解释是，射箭的技艺是亚里士多德建立中庸学说时的模型。首先，箭术模型解释了为何中庸既是正确又是中间。在射箭时，尤其是当某人练习箭术时，正确的目标是靶心，即目标的中点。这里，命中正确目标完全就是命中中间。对于一个德性行为者，命中中庸就是在说他——像一个箭手一样——命中正确的目标，或正确地处理情感和行为。

其次，箭术模型使我们得以提出对三一结构起源的不同解释。正确的点位于中间的靶心，而一个人错估靶心，大体上有两种可能的情况。如果我们垂直地看目标，箭会因为太高或太低而错过靶心；如果我们水平地看目标，箭又会因为太左或太右而错过靶心。在任一情况里，不管我们看的视角是什么，中庸或中间点都会位于有误差的方向之间。

亚里士多德将适中的状态称为德性（即有德），而过多和过少都被他称为vice，也就是恶。这个词在古希腊语中是kakia。可是过多和过少一定是恶吗？拿射箭来说，如果命中靶心得10分，9分就是不足。尽管如此，命中9分远比命中1分要好。因此，各种恶无非是"超过"和"达不到"。在现代术语中，"恶"是个沉重的术语。把亚里士多德的kakia一词英译为"vice"就是一种误导。kakia的意思应该只是"有缺陷"。

内在中庸和外在中庸结构自身也提醒人们一个箭手瞄准目标的图景。使箭手得以命中目标中心的，是他获得的箭术技能。类似于此，对一个德性主体而言，他在情感和行为方面的命中是由内在中庸发出的，内在中庸由此一定是某种在行为者那儿类似于技能的状态，对应于箭手在箭术中的技能。换句话说，内在中庸的实践与射出一支箭是类似的。箭术技能的拥有和练习使人成为一个好箭手；相应地，内在中庸的拥有和使用使人成为一个好人。

中庸学说都旨在表明，德性应当被理解为一种如同射箭技能一样的素质。一个习惯于做正确的事或生活得正确的德性主体也被比喻为一个拥有射中靶心技能的优秀箭手。一个德性主体形成并实施其德性，就像一个射箭手发展并训练他的射箭术一样。

最后说说关于德性中庸状态是"相对于我们的"这一论点。这句话的字面意思是说，德性不是自然就有的，不是事物本身就有的，中庸不是事物的内在性质。那么这个"我们"是什么意思呢？有人说"我们"是指个体，相对于每个人，有人说"我们"指的是相对于整个人类，有人还说是相对于我们所处的环境。德性是由一个人处身其中的社会环境决定的，是由社会认定的。我自己的理解是，亚里士多德的中庸的相对性，应该与其伦理学中习俗（ethos）的角色相关。中庸所关联的"我们"应该是在一个特殊社会风俗之中成长起来的那些人。即是说，亚里士多德脑里的中庸的相对性，必定来自行为者在习惯化、内化过程中价值观的历史或文化背景。亚里士多德的伦理演讲以年轻雅典贵族为对象，他们在贵族的雅典风俗中成长，他们也是被期待成为雅典立法者的人。虽然亚里士多德自己仅仅是在雅典的一个异邦人，但他肯定把自己认作承袭了高尚雅典价值的人。我想这是他为何使用"我们"一词的原因。

因为亚里士多德说德性中庸状态是"相对于我们的"，很多人据此指责亚里士多德是一个道德相对主义者。这也就引出了对德性伦理学的总体指控：德性伦理学是一种相对主义。德性是从传统和习俗之中培养起来的。可是文化背景不同，那么养成的德性不就不同了吗？这样在不同的传统、文化、习俗、历史背景下培养起来的德性，就是不同的。这不就导致了相对主义吗？对于这个问题我们会不断地讨论。

第五讲　实践智慧

上一讲内容主要涉及《尼各马可伦理学》第二卷的第 1～6 章，是亚里士多德对伦理德性的总论。在说明了德性的一般概念之后，他转而研究各种特殊德性。在第三、四两卷讨论了一系列特殊德性之后，《尼各马可伦理学》第五卷转向了正义。如遵循原书的结构，我应该接着讨论这几卷的内容。但我要跳过它们，先讨论《尼各马可伦理学》第六卷的主题，即实践智慧。

这一安排是出于以下考虑。第一，一个完整的德性是伦理德性与实践智慧的结合。这在亚里士多德关于德性的总定义中已经表达得很清楚。德性是做出一个决定或选择的一种品质，相对于我们的中庸，是由实践智慧者的理性决定的。在上一讲中我们已经阐发了"品质"、"中庸"等概念。如果我们立即转向"实践智慧"，会把这一总定义说得更清楚。第二，以前说过，一种德性必须具有三种成分：内在化的社会价值观，伦理情感以及实践智慧。在习惯化过程中，社会价值得以内化，并且伦理情感得以培育。但习惯化不仅仅是一个被动的过程，也有一个主动的方面，即理性的发展。这种理性的发展即是实践智慧的形成。在说明了前两个成分后，立即讨论德性的第三个成分，更有助于我们把握德性的整体图景。在下一讲中，我们再回过头来论述《尼各马可伦理学》在第三、四、五卷中所谈到的特殊德性与正义。

实践智慧这个词在希腊文中是 phronesis，来自于动词 phronein（"思考"）。在英文中，对 phronesis 这个词有很多翻译，包括"prudence"、"practical intelligence"、"intelligence"、"practical wisdom"和"wisdom"。prudence 这个词相当于中文中的"慎思"、"精明"。我并不喜欢这个翻译，因为实践智慧本身不是一种能力，而是一种德性。而慎思则似乎是中性的。"精明"甚至带点贬义。不过译成"精明"也有一个好处，就是它也将行动包含在其中。当我们说一个人很精明的时候，不仅是指他的理智状态，而且是将与这种理智状态相应的活动和行为也包含进去了。"intelligence"（智能）这种译法也不太合适。在当代社会，和智能相关的学科有好多，比如人工智能、情报信息等。这个词的含义太宽泛，用它来翻译 phronesis 的时候，也便不恰当了。phronesis 不是实践理性，而是实践智慧。实践理性本身可以应用得好，也可以应用得不好，但是实践智慧自身却一定是好的。所以，我就选择用"实践智慧"（practical wisdom）这个词来翻译 phronesis。实践智慧是亚里士多德伦理学中的专门术语，而实践理性却不然。实践智慧是实践理性的德性，能使一个人做出正确的伦理决断。在亚里士多德看来，判断道德问题有一种特定的思维方式和思维领域。如果在道德领域中的思维进行得好，那么就有这方面的德性，就拥有了实践智慧。实践智慧就是能让人在伦理事情上做出正确判断和正确行为的理智状态。

虽然亚里士多德的实践智慧的三大特征对现代伦理学影响甚巨，可论述实践智慧的《尼各马可伦理学》第六卷却十分难读。该卷无数段落都充满歧义，我们可以对其做出不同的甚至冲突的解释。所以我们也就不难理解为什么学者们对这一卷的解释充满了各种激烈争论。

我们在这一讲中力图陈述亚里士多德的基本论点。本讲分五部分：一、第六卷的主题；二、实践智慧与技艺；三、实践智慧与理论智慧；四、理性与情感；五、实践智慧与伦理德性。

一、第六卷的主题

第六卷一开始呼应亚里士多德在第二卷中对品格德性的定义。在那个定义中，中庸的状态是由理性决定的。亚里士多德说他现在要开始讨论正确理性（orthoslogos）是如何决定中庸状态的。在牛津英译《亚里士多德全集》第 1 版中，W. D. 罗斯把希腊文 orthoslogos 翻译成"正确规则"（right rule）。于是，这句话就被理解为是亚里士多德要讨论理性如何制定规则来规定中庸点。现在大家都觉得这种译法有问题，是典型的从近代规则伦理学出发去翻译亚里士多德的例证。后来当牛津《亚里士多德全集》出修订版时，编者便对罗斯的译本进行了改动，将"正确规则"（right rule）改为"正确理性"（right reason）。正确理性就是实践智慧。实践智慧是决定人如何过好的、正确的生活的那种实践理性的德性。

在整个第六卷，亚里士多德确实没有讲理性为达到中庸状态制定了何种规则和规定。他真正在做的是探讨正确理性，即实践智慧，是什么。"正确理性"不是通过规则体现出来的，而是一种对当下情景的正确反映与判定。它是通过有实践智慧者的情感与行为体现的（1141b14-16）。伦理德性的定义也说理性要参照实践智慧者。但要知道实践智慧者的理性，必须先知道什么是实践智慧。研究实践智慧，即是研究如何在人类的伦理事务中做得对，怎么样让理智发挥到最优秀的状态。实践智慧是对人应该如何生活的思考。人怎么生活、怎么生活得好自身就是实践智慧的目的。

亚里士多德在第一卷末章说，人的灵魂有理性部分和非理性部分。在第六卷第 1 章的后半部分，他又把灵魂的理性部分区分为理论理性部分和实践理性部分。人们经常谈论理性，可是理性可以分成好多类。有些理性可以让人获得更好的理论智慧，有些理性能让人琢磨如何生活得成功。比如有些人做哲学很好，但是做投资生意却不成；有的人做数学研究很好，但是动手能力却很差；也有的人在社会交往能力上很强，但是在读书方面却不在行。所以，理性是一个综合体，要想对理性进行研究，就必须对其做分门别类的研究。实践理性也叫"算计性理性"，是用于考虑人类行为可改变的事物的。理论理性也叫"科学理性"，是思考永恒的、普遍的真理的。第六卷第 1 章的最后一句话是："我们必须研究这两个理性部分各自的最优秀状态，即它们各自的德性。"（1139a16-7）一个事物的德性相关于它自己合适的功能。功能发挥至优秀状态，就说明这个事物有德性。关于此点，我们在讲述功能论证的部分中已经讨论过了。

实践理性的德性是实践智慧，理论理性的德性是理论智慧，二者统称为理智德性。从亚里士多德开篇的陈述看，《尼各马可伦理学》第六卷的工作是讨论整个理智的德性，而不光是实践理性的德性。但实际上，第六卷重在讨论实践智慧，而理论智慧似乎是因为要阐明实践智慧的特性，才被引入讨论的。

到第六卷第3章，亚里士多德又说，灵魂有五种通过肯定与否定把握真理的状态。所以他要研究五种优秀的理智德性（1139b15）。这五种理智德性是：

> 技艺（technē）；
> 实践智慧；
> 科学知识（epistēmē）；
> 理论直觉（nous，努斯）；
> 理论智慧（sophia）。

从一开始的两种理智德性变成了五种理智德性，这似乎比较乱。好在亚里士多德随后说明，理论智慧包括了科学知识（从普遍前提推断出结论的能力）和理论直觉（把握科学演绎所由开始的第一原则）。科学知识和理论直觉这两者合起来就是理论智慧。于是，理智德性又变成了三种：技艺、理论智慧和实践智慧。

这三种划分与亚里士多德对科学的划分相对应。他把科学划分为理论科学、实践科学和创制科学。他的意思是，相对于每一类科学，人的理智都有一种与其相对应的状态。这样，不仅每一类科学的内容不同，而且主体的理智状态也不同。相对于创制科学，优秀的理智德性状态是技艺；相对于实践科学，优秀的理智德性状态是实践智慧；而相对于理论科学，优秀的理智德性状态是包含理论直觉和科学知识的理论智慧。

《尼各马可伦理学》第六卷的安排大致如下：第3章讨论科学知识，第4章讨论技艺，第5章讨论实践智慧，第6章谈论理论直觉，第7章研究理论智慧。但所有的这些章节又都是在与实践智慧做比较。其余章节多少与伦理德性相关。在我看来，亚里士多德的基本策略是要在与其他理性形式的比较中来阐释实践智慧是什么以及实践智慧究竟是如何运作的。主要的比较在实践智慧和技艺之间，以及实践智慧和理论智慧之间。换言之，他要讨论的核心是实践智慧。技艺和理论智慧不过是作为陪衬而使用的，是用来对比说明实践智慧的。

实践智慧是一个大问题，现代伦理学的许多争议都围绕着这个问题。那么，为什么实践智慧如此重要、引起人们这么大的兴趣呢？大体上来说，这主要是由于以下三个方面的原因：

第一，在近代道德哲学中，理性是仿效科学理性的。科学理性是普遍的，所以近代道德哲学也将这种普遍性的理性机械化地应用到人类生活领域之中，去推演道德结论。功利主义和康德伦理学都属于这样的理论。它们都为人的道德行为提供了某种评价规则。而评判人的行为是否道德，就看其是否符合这种评价规则。与此相对照，亚里士多德的实践智慧虽然也有一些普遍性前提，但真正关注的是人所处的特殊环境、情境、因素、条件等。这种特征在现代伦理学中被称为道德特殊主义（moral particularism）。即是说，实践理性不是简单应用普遍规则，而是充分考虑伦理主体自身及其所处环境的特殊条件。当人们实际做出决定的时候，并不是诉诸普遍的规则来解决自己的问题。普遍性的确是需要的，但更重要的是结合特殊的情况、结合自己的实际处境来处理问题。

第二，在西方哲学史上，理智与情感、理智与欲望一向被认为是冲突的。情感和欲望是需要被理智克服或者制服的。可在亚里士多德的实践智慧理论中，理智和情感是结合在一起的。实践智慧会导致准确的选择，而理智所选择的东西和情感所选择的东西不仅不冲突，而且相一致、相融合。

第三，从启蒙运动开始，理性追求普遍性、必然性、客观性，因而理性倾向于与传统脱离。人们习惯性地认为，如果理性与它所处身其中的传统、习俗有什么关联和牵扯，那么这种理性就不是纯粹的理性。因此，理性一向被看做是超越文化传统的一种普遍的能力。诸多伦理、政治和关于人的权利的理论都是与这种超历史、超文化的普遍理性关联在一起的。与此相对立，在亚里士多德伦理学中，实践智慧一定是和传统、习俗、历史联系在一起的。实践智慧的根源是历史性和文化性的。一个人是在传统之内，发展出一个"什么是好生活"的总体概念的。如果亚里士多德的实践智慧是正确的，则近代自启蒙运动以来对理性的论述和说明就变得空洞抽象了。

二、实践智慧与技艺

我们一直在讲亚里士多德哲学中伦理学与政治学的紧密关系。政治学和伦理学本来是一体的，二者不可分割。在《尼各马可伦理学》第六卷第 8 章中，亚里士多德说，与政治科学对应的智慧也是一种实践智慧。政治智慧制定对于国家来说最好的政策。它在本质上和伦理学中的实践智慧是相同的，只不过在目标上不同。伦理学意义上的实践智慧只是关注个体的，而政治智慧是关注公民个人的事务的。政治智慧又可以分为两类：立法和行政。

由于亚里士多德说实践智慧只是关于个体的事务，就有人指控说，德性伦理学只关注主体自己，是自我主义的。可亚里士多德在 1142a1 说，实践智慧肯定是关注公民个体的生活如何幸福的问题。如果公民不关注自己的幸福生活问题，而去关注别人的生活，反倒不正常了。这个人就肯定没有实践智慧了。那些真正了解自己的需求，并且花费时间来研究自身的关切的人，才是具有实践智慧的。可是究竟什么是自身的关切呢？在 1142a9 中，亚里士多德说，一个人自身的善离不开家庭与城邦。人本来就是社会的动物，政治的动物。我们在解释这一命题的含义时说过，政治法律制度是实现人的社会性所必需的，是人能够"活得好"（即幸福）所必需的。因此，对有实践智慧的人而言，关注自身幸福与关注家庭和城邦的利益是不可分的。家庭的利益和城邦的利益本身构成了个人利益的重要组成部分。

实践理性也叫"算计性理性"，其考虑对象是能通过人类行为改变的事物。一个有实践智慧的人当然能对什么对他有益作出好的判断。不过，实践智慧不是关于小事情的，而是要考虑什么对人生活得好有益。实践智慧考虑的是怎样生活得好的大问题，而不是斤斤计较的小算计，不是今天是吃火锅还是西餐这样的琐事。实践智慧考虑作为人应该有一个目标、一个价值观、一个人生观，并且应该让人知道人生中哪些目标是值得追求的、是有价值的。进一步，它知道在这些目标之间应该如何归类，并拼凑出一幅比较完整的图画。

在《尼各马可伦理学》第六卷第 4 章中，亚里士多德讨论了实践智慧和技艺的关系。实践智慧和技艺之间的关系很密切。技艺与创制科学相关，是一种创制理性的德性。创制理性与实践理性在运行结构上类似，故亚里士多德经常以创制为例，来说明他要解决的哲学问题。这不仅表现在《尼各马可伦理学》中，也体现在《形而上学》之中。例如，他在《形而上学》中讨论形式和质料的关系问题时，以木匠为例。当木匠在做一件家具的时候，是家具的形式而不是质料决定了家具是什么（"质料"的希腊词是 hule，原意即是木材）。亚里士多德用家具的制作来说明自然物的构成。由技艺上的特点推导到自然之中的特点，这是他的哲学论证的一个特点。此外，我们在讨论中庸学说时，也看到亚里士多德从弓箭手的技艺推导到德性的性质。德性的修炼也是如此。如果反复地、不断地练习和实践，最终就会像掌握一门技术那样地拥有德性。亚里士多德后来对实践推理的讨论，都不是直接用道德事例，而是用技艺的类比进行说明的。

不仅亚里士多德哲学喜欢以技艺作类比，苏格拉底在讨论"德性即知识"的命题时也是以技艺为模型谈论德性的。技艺在古代哲学中如此重要，乃是因为在古代社会中，手工制作是日常生活中的常态。苏格拉底的父亲是雕刻匠，母亲是助产婆。亚里士多德的父亲是医生。他们实施自己技艺的过程对苏格拉底和亚里士多德的哲学研究有相当重要而直接的影响。

但是，技艺与实践智慧之间是有差别的，是两种不同的理智德性。主要的差别有两类。首先，它们具有不同的应用对象。技艺是有关创制或生产的理性能力，而实践智慧相关于人的行为。其次，技艺是中性的。技艺的目的不在其自身，而实践智慧的目的却在其自身。运用技艺所得到的产品是外在于该技艺的，既可以服务于好的目的，也可以服务于坏的目的。而实践智慧是关于人的行为的。行为的好自身就是实践智慧的目的。如果行为是坏的，那就意味着肯定没有实践智慧。所以，实践智慧的结果一定是好的。"善行自身即其目的。"（1140b6—7）善的目的使得实践智慧与技艺区分开来。

三、实践智慧与理论智慧

理论智慧（sophia wisdom，或 theoretical wisdom）包含科学知识（epistēmē）与理论直观（nous），是后两者的相加之和。亚里士多德在1141a17 中对此说得很清楚："有理论智慧的人不仅必须要知道从科学原则推演出来的东西，而且也必须把握关于这些原则的真理。"我先介绍理论智慧的两个成分，然后再将它与实践智慧作比较。

科学知识（epistēmē）这个词容易引起误解。所有的知识都可以是epistēmē。该术语既可译成"知识"也可译成"科学"。但在《尼各马可伦理学》第六卷中，亚里士多德对这个术语的使用是在专门意义上的。它是作为一种理智德性而被使用的，是把握《后分析篇》中论述的以几何学为范本的证明知识的优秀认知能力。实际上，第六卷第 3 章两次提到《后分析篇》。证明知识是从几个自明的公理出发推导出整个理论体系。推导的规则是三段论。所以这种知识是必然的，它的对象是不变的、普遍的。只要前提准确，推导的过程符合三段论，那么这种知识就一定具有普遍必然性。

理论直觉或直观的希腊词是 nous。这个词在英文中也有很多种翻译，如understanding，intelligence，intellect，intuition，intuitive reason 等。它在亚里士多德那里有很多种用法。如果将这些用法混淆的话，就会引起众多理解上的混乱。nous 首先可以指一般的理性状态。比如在 1139a18 中，亚里士多德说灵魂中有三种能力可以控制人的行为，一是知觉，二是欲望，三是 nous。在这里 nous 是指理性本身。但是在《尼各马可伦理学》第十卷第 8 章中，亚里士多德在讨论思辨的时候，说 nous 是"我们身上最好的部分"（1177a21）。

"nous 的对象是最好的知识对象。"（1177a22）这时 nous 指的是理论理性。

在《伦理学》第六卷中，作为理智德性之一的 nous，指的是人们把握不证自明的公理的理智能力，即能够把握理论科学、理论证明的前提的优秀能力。我将它译为理论直觉。此外，nous 也是实践智慧的一个部分，是实践智慧经过慎思后达到的实践推论的终点。它是关于在行为中可以得到的事物的。此时，nous 就是实践直觉。有的学者认为亚里士多德的实践智慧本身就可以被归结为实践直觉。

理论直觉与实践直觉最容易引发困惑。理论直觉是把握理论推论前提的德性，而实践直觉是行为的出发点。亚里士多德在 1143b1-5 中特意说明，直觉是关于最后的事情的。而最后的东西有两个方向，既可以是理论推论的出发点，即证明的第一原理，也可以是实践推论终点的行为出发点。也就是说，nous 可以是证明的第一原理，也可以是行为的起点。

接下来，我们讨论实践智慧与理论智慧的差别。亚里士多德的论述较为零碎，为明了起见，我将二者的差别归纳为如下四点。

第一，理论智慧考察的是必然的、稳定的、不能变成其他事物的对象，而实践智慧研究的是关于人类事务的，而非研究自然界的真理。什么样的事物是具体不变的呢？亚里士多德自己举例说，如宇宙的构成。这些自然哲学所研究的对象在他看来就是理论科学所要研究的对象。他特别强调，理论智慧只关注不变的对象与自然真理，而不关注人的幸福问题。因为幸福是有关人的事务的，往往处在变动之中，因而是不确定的。理论智慧不关注任何变动的事情，因而它也不研究人类幸福的源泉问题。在 1141b8-9 中他也说，理论智慧追求的东西不是人们所寻求的有益事务。

与此相对照，研究人类幸福的是实践智慧。而实践智慧考虑的，则是有可能成为他物的，我们可以通过行为改变的事物（1139a6-14）。实践智慧研究人们该如何生活，研究幸福的源泉。它探讨某一件具体的事情是否有助于人的生活目标、是否贡献于人生的价值、是否有助于人的兴旺发达。

理论智慧和实践智慧是不同的两种理智德性，二者关涉不同的对象。这一论点与我们的观点有很大差别，必须注意。我们会认为理论理性所习得的东西可以帮助我们改进人生。而亚里士多德强调的是，理论理性不研究人的幸福问题。至于是否可以运用理论智慧获得的东西以改进人们的生活，帮助人们获得幸福，却是实践智慧的事情，和理论智慧无关。

第二，理论智慧是关于普遍知识的，这些知识不会随时间和地点而改变，在任何时间和地点都适用。实践智慧虽然也会涉及普遍，但其关注的重点是特殊的事物。因为实践智慧关注的是行为，而行为都事关特殊。因此，亚里士多德说理论智慧无需经验，而实践智慧则需要经验。具体的行为该如何做，就需要经验的引导，所以在这种意义上，亚里士多德说太年轻的人不会有实践智慧。

第三，不同的人生会体现不同的智慧。在亚里士多德看来，如雅典政治家伯里克利（Pericles）那样的人体现了实践智慧，而像自然哲学家阿那克萨哥拉（Anaxagoras）或泰勒斯（Thalēs）这样的人体现了理论智慧，却没有实践智慧。差别在于：像伯里克利那样的人"能够研究什么事物对他们自己和对人类来说是有益的"（1140b9），而像泰勒斯和阿那克萨哥拉这样的人之所以没有实践智慧，乃是因为他们"忽略了对自己有益处的东西"。"这样的人所知道的东西卓尔不凡、令人惊奇、十分困难并且具有神圣性，但却没什么用，因为他们寻求的不是人类善。"（1141b8-9）

亚里士多德在这里所作的区别，我们在日常生活中应该非常熟悉。很多人学问做得很好，可处理生活上的事却一筹莫展。这样的人不会处理人际关系（"不会来事"），在社会上、在生活中显得很迂腐，人情不练达，世事不洞明，不会理财，不会持家。而有些人学问做不好，屁股坐不住，可却长袖善舞，八面玲珑，左右逢源。用亚里士多德的理论来理解，不同类型的人体现了不同类型的理性发展。

在亚里士多德提到的理论智慧的两个代表中，阿那克萨哥拉是把哲学引入雅典的人。他提出"种子"说来回应巴门尼德关于宇宙生成的诘难，又提出"nous"这一概念来解释运动的起因及宇宙的秩序。亚里士多德在《优苔谟伦理学》中曾经引用过有关阿那克萨哥拉的一个故事。有人问阿那克萨哥拉如果还可以选择的话，他是愿意被生下来做人，还是愿意从来就没有出生过。阿那克萨哥拉回答说当然愿意选择做人，因为这样就可以去理解自然，享受研究宇宙和宇宙秩序的乐趣。换言之，阿那克萨哥拉认为人生的最大幸福是思辨自然。泰勒斯则是大家都应当熟悉的哲学家。他是西方哲学史的开端，是第一个以自然物去解释宇宙构成及生成的人。关于他有两个广为传颂的故事。其一是他常常走路时观察星空。有一次他掉进了一口枯井，被人嘲笑说，他只关心远在天边的事，而忽略了脚下的近在眼前的事物。其二是泰勒斯因为观察天象而预测到了来年的橄榄大丰收，于是事先将米利都城邦的橄榄榨油机都租下来了，最后就赚了一大笔钱。不过，泰勒斯后面这个故事似乎表明，亚里士多德对理论智慧与实践智慧的区分过于绝对。一个人可以既有理论智慧又有实践智慧，只不过专注理论智慧的人不屑于去体现实践智慧。哲学家有的时候显得比较冷漠，不是他不会热情，而是他不愿啰嗦。泰勒斯在赚了一大笔钱后也说，哲学家不是不能赚钱，只是看他是否愿意罢了。泰勒斯的故事还说明，理论知识对实践智慧不是无用的。只不过他据以赚钱的理论知识不是我们所懂的哲学，而是天文学。这一点肯定让我们这些做哲学的人很不爽。

第四，在亚里士多德看来，实践智慧和理论智慧的档次不同。理论智慧在等级上要高于实践智慧。这是由二者的对象以及两种知识的地位决定的。理论智慧的对象是自然界中永恒不变的真理，而实践智慧的对象是人类的事务。人类事务是变动的，永恒不变的东西在地位上要高于变动不居的东西。因此，地位最高的、最具神圣性的知识是理论智慧所获得的知识。

在 1141a20 中，他说："有些人认为政治科学或者实践智慧是最优秀的科学，这种想法是荒唐的。因为宇宙中最好的东西不是人。"而最优秀的科学一定是关于最好的事情的。那么，最好的事情是什么呢？他又说："人类是否是动物中最好的这个问题并不重要，因为在宇宙中有远比人类神圣的东西，最明显的例子就是构成宇宙的成分。"（1141b3）科学知识和直觉关注的都是从本性上来说最值得荣耀的事物。

第五，在第六卷第 13 章中，亚里士多德甚至说，实践智慧要服务于理论智慧，而不能命令理论智慧。"实践智慧不能控制理论智慧，也不能控制灵魂中最好的部分，就有如医学科学不能控制健康。医学科学并不使用健康，而是为了导致健康。它可以决定什么能导致健康，却不能命令健康本身。"（1145a8）实践科学和理论科学之间的关系也是如此。实践科学不能因为管理和命令城邦中的一切就去僭越并指点理论科学。关于神圣的存在的研究只有理论科学才能做到。

理论智慧高于实践智慧，而且不同的人体现了不同的智慧。这个结论很重要，直接奠定了亚里士多德《尼各马可伦理学》第十卷幸福等级的基础。亚里士多德的幸福理论最后区分出了两种等级的幸福：由理论智慧和思辨得到的幸福是第一等的幸福，而由实践智慧和品德得到的幸福是第二等的幸福。像柏拉图和亚里士多德这样的希腊哲学家，对真理有一种近乎疯狂的迷恋。由于人事关系没有永恒的真理可以追求，因此所有有关人事的科学在他们看来都不是最高级的。这一点我们到最后一讲会进一步强调。

四、理性与情感

亚里士多德在《尼各马可伦理学》第六卷第 2 章中讨论理性和情感欲望的关系问题。这一章很短，但是却引发很多讨论。如果想对这一章有好的理解，最好将其与第二卷第 2~4 章结合起来读。这两处谈的问题紧密相联。

强调理性被认为是西方哲学的一大特征。而这一特征是由古希腊哲学奠定的。古希腊哲学对理性的强调被认为是古希腊给西方哲学传统留下的最宝贵的遗产。推崇理性的结果就是将它与情感和欲望分开，并贬低后两者。柏拉图在《理想国》中第一次把灵魂划分成理性、激情与欲望这三个部分。灵魂要想和谐的话，理性就要控制欲望，而情感要成为理性的帮助者去控制欲望，而不能反过来帮助欲望去反对理性。唯有当理性处于主控地位的时候，灵魂才处于正义状态。在《斐德罗篇》中，柏拉图将灵魂比作一架马车。理性是车夫，欲望是黑马，情感是白马。黑马是捣蛋鬼，总不想让车夫把车驾好，总想把车拉向偏离正确道路的方向。车夫将自己的主要精力都用在驯服黑马身上了。而白马则既可以帮黑马，也可以帮车夫。如果车夫能争取到白马的帮助一起去驯服黑马的话，这驾车就可以行驶得好，否则就会行驶得很差。这一比喻生动地描绘了理性与欲望之间的冲突。

在近代伦理学中，对理性和情感/欲望之间的关系的论述，比较有代表性的哲学家是休谟。休谟在《人性论》中就谈到理性无法引发人们去做事。真正能引发人们做事情的是激情。理性的功能只是算计，算计如何达到欲望所确定的目标。因此在休谟那里，理性和欲望是不可能产生矛盾的。理性自身不包括欲望。理性是并且应当是欲望的奴隶。由此他就颠倒了理性和欲望在柏拉图那里的关系。康德也主张，自由行为主体应是纯理性的，应将自己与欲望相分离，从欲望之外来审视它。

而亚里士多德对理性和情感/欲望之间的关系持有独特的观点。在实践智慧中，理性和欲望不可分离，是一个和谐的整体。在第六卷第 2 章开篇伊始，亚里士多德说灵魂中有三种能力：感知、理智和欲望。这三种力量控制人们的行为，或者让人们达到真理。在这三种灵魂能力中，感知不是行为的来源，因为野兽也有感知的能力，但却不能行为。他这样说的原因是，"行为"在这里是在特殊意义上使用的。它不是指本能意义上的动作，而是指有目的的、受理性引领的行动。这种理性行为有两个源泉，一是思想，一是欲求。思想的行为是去确定或否定，而追求或避免是欲求的功能。

伦理德性是一种可以做决定或选择的（prohairetike）品质。Prohairetike 不易译，英文中有 "concerned with choice"，"involving choice"，"that decides" 等译法。"决定"或"选择"的希腊名词是 prohairesis，其前缀 pro 意为"倾向于……"，而 hairesis 意为"挑选"。因此这个词的意思是在比较、权衡了各种可能性之后所做的选择或决定，也可以说是"慎思的选择"。

亚里士多德不是仅仅把选择或决定看做一种理性活动，而是将其看做一种理智与欲望的混合，或者是欲望与思想的混合。它是"欲求的努斯"（orektikos nous）或"慎思性的欲求"（orexis dianoētikē，1139b 4-5），亦被称为"理智的欲望"（bouleutikē orexis，1113a11，1139a23）。选择抓住了一种实践真理，一种"遵循着正确欲求的真"（1139a31）。"选择"是欲求做那慎思已认定是有助于我们的目标的事。在"选择"中，思考与欲望合二为一，被赞同的与被追求的是一致的。理性并不单独于感情与欲望之外去决定善。相反，它们一同规定着该做什么。一切德性活动都是伴有选择的活动，所以都是理智与欲望混合的结果。

那么，实践智慧是如何取得思与欲两者结合的呢？我们需要分析这里所涉及的"思"与"欲"这两个概念。它们应该和第二卷第 2～4 章结合起来考虑。

先讲"欲"。欲望（orexis，desire）在亚里士多德这里是一个种。在它下面有三个属：一个是激情（thumos），一个是生理欲望（epithumia，appetite），一个是希求（boulesis，wish）。欲望之所以要被区分为这三者，是有原因的。比如我们都熟悉《形而上学》开篇的那句名言：人出于本性欲求知识。这里面的欲求就是第三种意义上的。

在作为实践智慧的决定中，它的欲望是第三种意义上的，即希求（wish）。它是一种理性的欲望，希望好的行为与生活目标。主体的行为一开始是把一种欲望即希求作为对象。希求为慎思规定了目标。有些希求真正是好的，而有些只是显得是好的。有德的人有真正好的希求。这种希求是从什么地方得到的呢？我们在上一讲讨论习惯化过程时讲到，习惯化过程涉及道德情感的培育。情感教育的结果是让人对做好事感到快乐，而对做坏事感到痛苦。这样就会扭转人为了生理快乐而做坏事的自然倾向。当一个人有实践智慧时，他或她已经养成了伦理品味，能够乐于做好事，从做好事中感到快乐。不过这一目标问题十分复杂。我们会在下一节中详细讨论。

再讲"思"。对于亚里士多德来说，一旦目标确定以后，实践智慧常常等同于"慎思"（deliberation）。作为实践智慧的主要成分之一，慎思不是纯理智活动，不是理论思辨，而是关于行为的。永恒真理，必然的事物以及人所不能掌控的事物都不是慎思的对象。"我们慎思那些取决于我们的事物，那些我们能够做的行为。"（1112a31-2）慎思不是欲望，因为欲望也为其他动物所有，而慎思只为理性主体所有。慎思也不是希望或希求。它的对象是通过自己的行为可以取得或改变的东西。希望或希求可以指向不可能的东西。例如，如果我考虑如何组织一次希腊哲学的讨论会，那这种考虑属于慎思。但如果我想在讲完这堂课后，走出教室张臂飞上天去，那就是希望，甚至是胡思乱想。

慎思，按亚里士多德的定义，"关涉这样的事物，它们在通常情况下会依某种方式发生，可又不大清楚它们实际上会怎样发生，并且它们的结果也不确定"（1112b9-10）。它涉及研究（zetesis），也有一个欲求的目标。它是从所欲求的目标开始往回推论的一种推理过程。在推理过程中，主体得以明确能够导致那个既定目标的一系列步骤，直到行为主体能做的行为。慎思自身不是关于目标的，就如同医生不思考是否要治病人一样。慎思的目标是已经"设定"的（1151b16-7）。它要获得我们所希求的东西，要确定目标如何实现（1112b13；关于慎思与目标的问题，在下一节还会讨论）。慎思的结果是使主体达到了一种以何种方式行为的决定或选择（prohairesis）。慎思过程中达到的结果就是行为的开始。一旦推理完成，行为主体便可以逆转方向，从能做的行为开始，沿着已明确的步骤，去达到所欲求的目标。

大致而言，在我们的日常生活中，对于某些简单的事情，人们凭道德直觉就可以立即知道该如何做了。实践智慧在日常生活中的使用不需要任何的慎思，毋宁说是人的一种本能性的反应。比如，一个有实践智慧的人在某个特殊的情景中自然就知道该如何做了。而对于某些复杂的事情，还是需要人们慎思之后再做选择的。慎思主要以两种方式体现出来。第一种方式就是途径和目的。虽然慎思并不只是关于途径的，但途径是慎思中很重要的一项。目标已经确定，所要思考的就是如何达到这个目标。如果有好多种达成目标的方式，我们需要慎思的就是选择哪一种最好的方式。"如果有很多达成目标的途径，我们要查验其中究竟哪一种能够最容易并且最好地达到它。"（1112b17）如果只有一种方式能达成该目标，那么，需要慎思加以考虑的就是如何才能达成这种方式。最后要发现的就是应该怎么行为。

> 我们先确定一个目的，然后再考虑用什么途径和方式来达到目的。如果有几种可能的途径，我们会考虑用哪种途径能最容易、最好地实现目的。如果只有一种途径，我们考虑的就是怎样用这一途径去达到目的；

这一途径自身又需要通过哪种途径来获得。这样，我们就在所发现的东西中一直追溯到最初的东西……并且，分析的终点也就是起点。（1112b15-24）

可能存在几种可行的方式，又或者只有一条路可以走。如果有几种方式，一个人就需要衡量这些不同的选择，并确定最值得赞许的那种。如果只有一种可行的方式，主体就要考虑这一行为应经由何种路线才能达到。当一个人思辨这一行为路线如何达到时，起初的主要目的（目的1）的手段可能变为一种目的自身（目的2）。随后，目的2的手段也将可能变为目的3，等等。推理的链条在主体到达他可以直接照其行动的时候停止下来。这是"分析的终点"。他随即开始通过后退到中间步骤来行动，直到达到最初所希望的目的。

慎思的第二种方式，是从普遍到特殊，从普遍性的原则推导到特殊的行为准则和行为方式。在1144a3中亚里士多德提到 Hoi sullogismoi ton prakton（inferences about actions），直译是，"关于行为的推理"或"实践推理"。这种推理的一种标准形式是，大前提是普遍的，小前提是特殊的，而结论是应当去做的。这又导致了行动的发生（《论灵魂》，434a17-19）。例如，白肉是容易消化的，鸡肉是容易消化的，所以吃鸡肉是有益健康的。由于我们通常将 sullogismoi 这个词译作"三段论"，很多人由此认为亚里士多德这里在讲"实践三段论"。亚里士多德的三段论是可以形式化的，于是很多学者也力图要将他的实践三段论形式化。但是所有这些努力都无疾而终了。

一眼看上去，普遍—特殊推理模式只是近代西方伦理学中常见的推理形式。但这里存在一个重要区别。近代伦理学的焦点常集中在普遍或一般上面。那些普遍原理自身即具有权威，而特殊事例只是普遍的实证或范例。推理模型关注的是，特殊例子是否满足了普遍的要求。事实只在它被纳入到基本原理中时才有意义。

对于亚里士多德而言，实践智慧需要普遍的前提，因为有实践智慧的人思辨时不只是为了特殊目的，而且也是为了总体生活的目的（1140a25-31）。社会历史和文化方面有实践智慧者做判断，总结人类生活情况的经验，提供可靠和有价值的指引。他们也有助于理解那些特殊事例的突出特点。然而，亚里士多德不把普遍性作为最高权威。他对于伦理行为的普遍原则持怀疑态度：

> 我们必须首先同意，对整个问题的叙述只能是纲要性的，而不是精确的。我们一开始就说过，我们所要求的叙述必须与研究题材相对应。而实践与"什么对我们是好的"这类问题就如同健康问题一样，并不是什么确定不变的东西。而且，如果总的叙述是这样的性质，对具体行为的论述就更缺乏精确性了。因为具体行为并不为任何技艺与法则所统摄。人们需要自己因地制宜进行考虑，就如同人们在医疗与航海上所作的一样。(1104a3-10)

行为中不存在普遍可用的原则。实践性事务都具有情景性和不确定性，而普遍原则无法抓住特殊事例中所有的重要细节。实践智慧关注事实，强调的是考虑特殊情况时普遍价值的重要性。行为发生在特殊的环境之中，随特殊场合而变化。所以，"人们需要自己因地制宜进行考虑"。他们应该批判性地评估环境的显著特征，并决定需要做的是什么。在现代伦理学中，亚里士多德的这一理论已发展成"伦理特殊主义"。

我们在上面说明了实践智慧中"欲"与"思"两种因素。实践智慧将欲望追求的东西和理性算计的东西结合为一体。它能做到这一点就因为它是实践理性的能力加上好的目标。实践智慧是一种德性，而实践理性是一种能力。实践理性和实践智慧之间的差别在于，实践理性的能力是中性的，可以做好事，也可以做坏事。实践理性做坏事和做好事之间的区别并不在于实践理性本身，而在于其目标不同。而目标是欲望所欲求的。因而，实践智慧是理智断定的东西和欲望追求的东西之统一的理智德性。

把人类的行为选择理解为理性和欲望的结合体，这对于近代伦理学有很重要的意义。在近代伦理学中，无论一个道德主体的欲望是什么，无论他是否愿意，主体的行为首先需要遵守道德规则。道德规范要求人做的事情常常是人不愿意做而又不得不做的事情。我们社会中有多少人每天都在勉强做事，所以活得特累。例如，多少人不愿送婚礼红包，却仍在嘟囔中掏钱；多少人不愿拍领导马屁，却仍是一边咬牙切齿，一边照拍不误；多少人在委曲求全，不能快意恩仇。

德性伦理学对近代伦理学的一个重大批评是，近代伦理学不管人们是否意愿，无视主体的情感，仅仅根据主体是否遵从道德规则来判定一种行为是否道德，这是将理性与欲望相分离，将动机和理性相分离。照此行事，那些不情不愿的道德主体就如同患了精神分裂症的人。但亚里士多德的实践智慧理论不承认理性和感情的这种对立。一个行为者的动机状态和他的认知状态不是完全可以相互区分的。对有实践智慧的人而言，凡是自己理性上认为正确的事情一定是自己愿意做的，且一定会带着乐意和愉悦去做。实践智慧关注人如何活得好的问题，而人活得好有一条重要的标准就是理性和欲望是一致的，二者处于和谐状态。

五、实践智慧与伦理德性

亚里士多德的实践智慧不是伦理中立的。他十分明确地将实践智慧与聪明（deinotes）区分开来。在 1144a25 中亚里士多德说，聪明有一种能力，"这种能力能够让人有效地行动，这些行动可以促进各种目的的获得和实现"。可聪明在伦理上是中性的，能用于任何实践领域，用于各种高尚的、普通的、甚至卑鄙的目的。如果目标是好的，聪明就值得称赞。如果目标是坏的，聪明就需要被谴责。一个聪明的坏人所造成的危害更大。以前我们在讨论功能论证时提到过，幸福所依赖的不仅仅是理性的简单使用，而是理性的正确使用，体现德性的使用。

实践智慧是理性的一种德性。有实践智慧的人首先一定是聪明的，而且这种聪明一定是用到好的目标上的。简言之，实践智慧是聪明加上好的目的。有实践智慧的人一定不会做坏事。

可这样一来，问题就出现了：实践智慧的这种好的目的是从哪里得来的？这大概是我们在理解实践智慧时，甚至是在读《尼各马可伦理学》时最为困难的问题。困难不是在于亚里士多德没有回答这个问题或者他的回答不清楚。

我们在上一节论述"欲"与"思"时提及了答案。问题在于人们接受不了这个答案，在于如何理解他的答案所牵涉到的更多的问题。

在 1144a7－9 中亚里士多德说：只要我们有实践智慧，有品格德性，就实现了人的功能。德性使目标正确，而实践智慧则使趋于目标的事情正确（ta pros touta）。类似的说法在下列文本中多次重复：1111b26－30，1112a30－1113a2，1140b11－20，1144a20－22，1145a4－6，1151a15－9。ta pros touta 在传统上一向被理解为是"实现那个目的的手段或途径"。于是伦理德性和实践智慧之间的分工就变成：伦理德性提供一种正确的目标，而实践智慧寻求如何达到该目标的手段。

许多评论者觉得亚里士多德的这一观点难以接受。这有三方面的原因：第一，如果实践智慧的作用只是为一个已确定目的找出手段，那它只是工具性的。它无法确立人生的目的自身，在伦理上就不那么重要。第二，近代西方哲学界的一个根本信念是，人是自由的，能选择或确定他或她自身的生活目的。理性是目的王国。人应该是目的，而不是手段。亚里士多德的实践智慧不能建立目的，所以否认了人的这种根本自由。在康德伦理学中作为目的的理性，在亚里士多德这里却成了达成目的的手段。第三，由于实践智慧的目的是伦理美德提供的，而伦理美德源自社会传统，所以亚里士多德的实践智慧论使得对传统价值的批判变成不可能。

许多人因而试图重新解释亚里士多德的观点，努力在其中找到个体的自主性，让理性也能决定人生的目的。影响最大的一种解释是，ta proa ta kelē 这一短语不应当被理解为"关于目的的手段"，而是应当更宽泛地被理解为"有助于目的的事物"，不仅包括"手段"，而且包括目的的组成物与成分。按照这种解释，德性确实提供了目的。但德性提供的只是一个大的目的。这种大目的即是关于幸福的一般概念。我们并不去思辨是否应追求幸福或一种好生活，但我们会思考构成幸福的成分或有助于获得幸福的事物。这样一来，实践智慧就不只是工具性的了。因为目的的具体内容却要实践智慧来填补。

在我看来，这一理解固然没有错，但还是没有完全把握住亚里士多德对传统的重视。当亚里士多德说"目的是由伦理德性提供"时，他的意思并不只是指伦理德性提供了幸福概念。根据他的习惯化理论，伦理品性出自传统习俗与价值。一个人在道德成长过程中，在父母和家庭的培养中逐渐地内化了社会价值，将这些社会价值变成了自己品质的一部分。正是这些价值影响一个人的视角，为理性思考提供了始点。

亚里士多德也说过，要想成为他的学生，必须有很好的教养。因为有很好的教养就意味着拥有了学习伦理学的良好起点，知道什么是应该做的，什么是不应该做的，比如不应该偷盗，不应该欺骗，等等。而像不能偷盗、不能欺骗这些价值都是很具体的价值，这些很具体的价值也都是在一个人的道德成长过程中潜移默化地形成的。重温一下亚里士多德下面这段话：

> 希望自己有能力学习高尚与公正即学习政治学的人，必须是已在成长中养成良好习性的人。因伦理事实（facts，to hoti）本身就是（伦理思考）的始点。如果它们是足够明白的，他就不需再问"为什么"（reason，to dioti）。而受过良好伦理教育的人就已经具有或很容易获得这些始点。（1095b2-8）

这里，"伦理事实"（to hoti）应该是指诸如"不要偷窃"、"不能打人"、"要有节制"等伦理信念和价值观。这些事实被灌输给了那些被良好抚养起来的人。如果没有这些被灌输的价值观，教育就变得徒劳。因为教导必须从它们开始，并继而解释为什么正确的行动是正确的。同样道理，人的理性发展，人们看问题的方式必须以适当习惯为前提。

我想，这应该是亚里士多德说的"德性使目的正确"的意思。拥有实践智慧的人是在他成长范围内所接受到的价值中生活，并在传统范围内获得实践智慧的。理性是某种传统中的理性，因为德性是一种中庸状态，而中庸状态是相对于"我们"而言的。对于不同的社会来说，中庸状态都是不同的。无法要求有一种普世的实践智慧适合所有的文化。即使对于同一个文化传统而言，其在不同的时期也有不同的实践智慧的标准。

现代很多人不理解或不愿接受亚里士多德的观点，一个很重要的原因在于我们常常是戴着近代伦理学的眼镜审视亚里士多德的伦理学。近代伦理学通过展开理性自律、寻求建立普遍和跨文化道德原则，把实践理性从传统价值观那里分隔开。我们这些受到近代伦理学影响的人，心中总是拥有一种对普世价值和普遍理性的憧憬与渴求。人们希望运用这种普遍理性能够获得具有普世意义的价值和美好生活。这样就意味着，理性要与传统脱离。因为传统总是区域性、地方性的。而一旦将传统价值和传统文化纳入进来的话，就会被认为将导致相对主义，无论是文化相对主义还是道德相对主义。

与之相对立，亚里士多德的伦理学则认为实践智慧是包含在传统之中的。伦理智慧的根源是历史性和文化性的。近代伦理学会认为这否定了人的自由与自主。可亚里士多德在强调"人是理性动物"的同时又认定"人是政治的动物"。人不是孤立的原子。只有在社会中，在法制伦理体系中，人的实践理性功能才能实现。伦理智慧并不单通过个体自律的手段来决定它的目的。相反，一个人是在传统之内，发展出一个什么是好生活的总体概念的。

如果上面的讨论合理，那么这是否说一个人对自己成长于其中的文化价值的批判不可能呢？这个问题极为复杂。以苏格拉底为例。他是激进的社会批评家，终日与人讨论雅典伦理，揭示雅典价值观中的不一致。他也声称自己是上帝派遣的牛虻，来警醒沉沦的雅典民众。可是他的做法可接受吗？

雅典民众显然不高兴，所以他们把苏格拉底送上法庭，罪名就是引进新神和腐化青年。他们甚至判了他死刑。古希腊民族是一个十分推崇理性的民族；雅典社会是最民主的社会。可是，一个推崇理性和民主的城邦却判处了一个同样坚持理性到极致的苏格拉底死刑。这本身就很值得人思考。读过阿里斯托芬的喜剧《云》的人大概不会忘记其中对苏格拉底的刻画。虽然阿里斯托芬是个喜剧家，但是他的喜剧里的人物不可能完全是虚构的，还是会有些人物原型的影子的，不然的话，喜剧效果就没有了。在《云》中，苏格拉底办了一个思想研究所。在这个研究所受训练和教导的年轻人最后违背了社会的传统道德和传统价值，因而这个思想研究所最终被学生的家长烧掉了。如果按照他的学生的家长的看法，苏格拉底的理论就是邪说。

即令是亚里士多德，也不会简单认为苏格拉底是有实践智慧的人。有实践智慧的人是文化楷模和英雄，是受社会敬重的。亚里士多德如此重视传统习惯，重视家庭社会教育，重视品格在接受教育中的作用，都隐含着对苏格

善[agathon]是一切事物都追求的东西。

人 文 大 讲 堂

lecture

拉底纯理智主义伦理学的批判。与苏格拉底对传统价值持批判态度不同，亚里士多德说："对有经验的人、老年人和有实践智慧的人的说法与意见，即使未经过证明，我们也应当尊重它们，就如同它们已经得到了验证一样。因为经验给了他们能看得正确的慧眼。"（1143b11-14）这和我们中国人说的"不听老人言，吃亏在眼前"的意思差不多。

可见，亚里士多德对社会价值的批判似乎远远没有苏格拉底积极，甚至显得很保守。他确实没说过实践智慧可以拒斥社会习俗的价值观，并独立发展出一个目的。从他对习惯化的论述看，他会相当怀疑实践智慧能独立于现行社会价值，构建自身目的。这算不算是一种不足？不同的人会得出不同的结论。重要的是，我们在评论时，不能攻击一点，不及其余，而应该将他的论点与他的习惯化理论、他的"人是政治的动物"的命题相联系。另外一点是，我们也不能先入为主地认定社会批判一定是绝对的好事。亚里士多德的论点引发我们思考，有没有纯粹的批判理性？不受传统限制的理性在批判时的出发点和依据从哪里来？我们又如何评判批判本身的价值？

问题还没有结束。即使我们能理解亚里士多德为什么说伦理德性为实践智慧提供目的，他的这一论点也在他的伦理学内部引起了一个重大困难。回顾一下《尼各马可伦理学》第二卷第 6 章对德性的总定义。德性是一种能作出选择的品质，是一种中庸，是由理性决定的。换句话说，伦理德性自身要求实践智慧去决定。而现在亚里士多德又说，伦理德性为实践智慧提供目的。这不是陷入"循环论证"了吗？

有意思的是，亚里士多德自己也意识到，他的"目的来自于德性"的观点会遭到人们批评。在第六卷第 12 章 1143b21 中，亚里士多德预示到下面这样一个挑战：如果基于习惯的德性为实践智慧提供了目的，我们就已经在具有实践智慧之前就是善的了。而如果一个人能在不具有实践智慧的情况下是有德性的，那么实践智慧看起来对使人为善没什么用处。这不就意味着：实践理性是可有可无了吗？"我们为什么需要它呢？"

为了回答该问题，他先指出实践智慧内在地具有价值，并且其自身也是值得欲求的。它是有理性那个灵魂部分的德性。拥有它和实践它有助于幸福。

但他更重要的回答是对德性分了等级，并以此说明实践智慧对德性的完全发展是不可或缺的。"正如在形成意见的方面灵魂有聪明与实践智慧两种状态，在伦理德性方面也有两种状态：自然德性与完满的德性。完满的德性离不开实践智慧。"（1144b15）

德性有两种：自然德性和完满德性。"自然德性"（natural virtues, aretē phusikē, 1144b3、b16）是各种德性品质的天生秉性。人们天生就有的自然秉性就是人的自然德性。比如有的人天生就很大度，有的人天生就很小气。人的自然德性对于人以后的发展是很重要的，但是也有可能误导人生。如一个人不知大方的度，把自己的财富捐得精光，而导致自己无法正常学习与工作。德性按照亚里士多德的说法必须能使自己活得好。只有当自然德性与理性结合在一起时，才会变成"完满德性"或"严格意义的德性"（aretē kuria）。没有实践智慧，是得不到完满德性的。而完满德性一定是经过长期修炼的，最终和实践智慧关联在一起。实践智慧对完满德性而言必不可少，但对于自然德性则不然。在完满德性中，实践智慧和伦理德性是整合的："离开了实践智慧就没有完满的善，离开了伦理德性也不可能有实践智慧。"（1144b31−32）

奇怪的是，亚里士多德在此处没有提及基于习惯的伦理德性。一种伦理德性通过习惯化形成，并因而与一种自然德性有所不同。亚里士多德在其他地方实际上对两者进行过区分（1151a17−18）。显然，存在三种层次的德性：

(a) 我们生而有之的自然德性；

(b)《尼各马可伦理学》第二卷所讨论的受训或实践的德性；

(c) 混合了伦理德性与实践智慧的完全德性。

自然德性发展为伦理德性并继而发展为完全德性的过程，也是一个实践理性能力自身逐渐转变为实践智慧的过程。人从自然德性开始修养，在家庭和父母的教导中培养自己的德性。如果德性有不同档次的话，实践智慧也应该有一个发展过程，从而也有档次的区分。伦理德性和实践智慧以一种相互补益增强的方式共同发展。在习惯化的过程中，一方面品格德性在发展，另一方面人的实践理性也在发展。而这两种发展不是各自独立进行的，而是相互影响、结合在一起的。当亚里士多德说一个人没有实践智慧就不能有德性时，他的意思是那个人不能具有完全的德性。完全德性并不是由实践智慧与一个业已习惯化的伦理德性的外在结合产生的。如果说这是循环，也必定是良性的循环。这个过程是很复杂、也很漫长的。至于二者究竟是如何交融在一起的，这是当代道德心理学重要的研究内容。

第六讲　特殊德性与正义

按照我们在上一讲开端的说明，这一讲的主题是《尼各马可伦理学》第三、四、五卷所讲的特殊德性与正义。我将首先简要综述第三、四卷中的特殊德性，然后讨论总体德性与各种特殊德性的关系。后者属于"德性统一性"的问题。但这一讲的重点是第五卷中的正义。正义是一种特殊德性，也是一种中庸，可它却成为独立一卷的主题。这种章节安排本身说明了正义的重要地位。如同"正义"在今天有多种用法——政治的、法律的、道德的——一样，亚里士多德在《尼各马可伦理学》第五卷中认为"正义"有广义（普遍）和狭义（特殊）之分。广义的"正义"就是指守法。在这种意义上，亚里士多德说"正义"是与他人有关的美德或德性的总和。而狭义的正义又分为"分配性正义"与"矫正性正义"，分别关涉社会资源的分配与对坏事的惩罚。

这一讲分成以下部分：一、特殊德性；二、德性的统一性；三、广义正义，法与完满德性；四、特殊正义。

一、特殊德性

《尼各马可伦理学》第二卷第 1～6 章论述伦理德性的一般定义（除理性

方面以外）。在说明了德性的一般概念之后，亚里士多德转而研究各种特殊德性。他说："我们不仅应当讨论德性的一般定义，而且应当把它应用到具体的事物上去。在关于行为的陈述中，尽管那些一般性论断适用性较广，那些具体陈述却更真实些。因为行为关乎那些具体的事例，而且我们的论断也必须同这些事例相吻合。"（1107a28-32）在第 7 章中，他提出了一系列的德性。它们在第三卷第 6 章到第四卷末得到了详细阐发（第三卷第 1~5 章讨论意愿与责任问题）。亚里士多德确定其特殊德性名单的过程如下：他首先对人类涉及的感受和行为的生活领域进行定位，并表明，在每一领域里我们都有一种使我们恰当地感受、选择和行动的品质。通过运用其中庸学说的三一结构，他认为，在这些领域的每一个里，都有一种中庸德性，同时也有过度与不及这两种恶。

亚里士多德随后说道："让我们从图表中逐一地讨论这些特殊德性。"（1107a32-33）此处，他所指的肯定是在其教室黑板上的图表。我们在第一讲中提到过，这句话常用作清晰证据，证明《尼各马可伦理学》这本书（至少其第二卷）是一部讲稿。图表自身并未在文本里有所记载，但根据他在第二卷第 7 章中的叙述，以及他在第三、第四卷中对各种特殊德性的分析，这张表大致应当是这样的：

领域	品质		
	过度	中庸	不及
恐惧	怯懦	勇敢	［无名］
自信	鲁莽	勇敢	怯懦
快乐和痛苦	纵欲	节制	麻木
金钱（取得）	挥霍	慷慨	吝啬
金钱（开支）	吝啬	慷慨	挥霍
大开销	铺张	大方	小气
大荣誉	自负	大气	自贬
小荣誉	野心	［无名］	无野心
脾气	暴躁	耐心	不暴躁
讲真话	夸口	诚实	羞怯
交谈	滑稽	机智	笨拙
社会行为	谄媚	友善	争吵

除此之外，还有第五卷所论的正义。即使在第二卷第 7 章末，亚里士多德也说："在这些之后，我们会讨论正义，因为它不是一个简单的观念。我们会区分其各种类，并说明为何它们每一个都是一种中庸状态。"（1108b-9）最后，还有一些不是德性的中庸状态，例如惋惜和正当愤慨，以及第四卷第 9章讨论的羞耻。

在上述伦理德性目录中，涉及情感的德性主要有勇敢和节制，涉及外在善的德性主要有慷慨、大方（magnificence）、大气或豁达（magnanimity），涉及社会生活的德性是温和（mildness）、诚实、机智和友善。我无意对上表中所列的特殊德性一一作具体讨论，只是大略地作一介绍。

勇敢（andreia），英译为"courage"，"bravery"或"manliness"，在第三卷第6～9 章中有详细论述。它是使一个人坚定挺立在危险中的品质。但它所关涉的不是任意一种危险，也不是所有的危险，而主要是对死亡的恐惧，尤其是在战争中的死亡威胁。这种品质的根源在于它是"为了高尚"（tou kalou heneka）。勇敢的人珍惜生命，可也准备为了更高的价值而放弃生命。它涉及两个不同的感受：恐惧与自信。亚里士多德的勇敢概念引起了不少争议。评论者们困惑于为什么他把一个单一的德性，放置到恐惧和自信这两个不同的领域之中。

节制（sōphrosunē），英译为"temperance"，"moderation"，意为自我控制，在第三卷第 10～12 章得到详细讨论。它关涉快乐与痛苦，但不是非生理上的快乐，也不关涉一切生理上的快乐。它是关于触觉与味觉快乐的正确品质，尤其是诸如吃、喝和性这类特殊快乐的自我控制。它们是必要的，但应限定在必要的程度上。相应的恶是不节制，过度是纵欲，不足是麻木。

慷慨（eleutheriotēs），英译为"generosity"或"open-handedness"，其字面意义预示着自由（eleutheria），特别是财产方面的自由支配。它是关于支出（给予）与获取财富的正确品质，并且主要是关于支出（给予）而非取得。即使获取，也是为了给予。它是第四卷第 1 章的讨论对象。慷慨者乐善好施，但不是不加区分地给予。其过度之恶是浪费，挥霍；其不足之恶是吝啬。

大方（megaloprepeia）在第四卷第 2 章得到讨论，也是关于金钱的正确品质。但与慷慨相比，它关系到的是大规模的花费与支出。富有的雅典公民有义务进行公共服务，如招待外国使者，安排庆典上的悲剧或喜剧，提供并维修战船，等等。在这种场合就会体现出一个人是否能以合适的（prepon）大度（mega）来做这些事。大方就是一个富有的雅典公民在尽这些义务时表现出的一种德性。它不但要求慷慨地花钱，而且要求把事情做得高雅漂亮。

大气或豁达（megalopsuchia），英译为"pride"或"the greatness of soul"，与重大荣誉有关，是关于一个人自己的价值或优点的德性。亚里士多德在第四卷第 3 章中讨论它。具有这一德性的人明白自己配得上重大荣誉，不会矫情。他亦具有其他美德，但体现的程度更高。他不会为一般人的风评所左右，在大灾难面前不易动摇。中文里的宠辱不惊、大气凛然与这一德性的境界相近。

和善脾气（praotēs）、讲真话（aletheutikos）和机智（eutrapelia），是关于社会生活的德性。第四卷第 5 章讨论和善脾气，第四卷第 7 章讨论讲真话，第四卷第 8 章讨论机智。

在第二卷第 7 章列举有一特殊德性叫 philia，（110828），但那不是在第八、第九卷中所讨论的 philia。区别在于，第二卷中的 philia 是谄媚与尖酸的中间点，是社交生活中的一种令人愉悦的品性；而第八、第九卷所讨论的友爱必须涉及他人，是一种关系。我把前者译作友善，把后者译作友爱。亚里士多德自己说，友善与友爱相似，但"不包含对所交往的人的感情"（1126b20-23）。

我们习惯于认为，不同的文化传统有不同的德性清单。在什么品格特征可算作德性这一点上，中西文化有不同看法。这在一定程度上是有理的。亚里士多德的上述清单与我们中国文化传统中的美德有相当大的差异。如儒学的孝、礼在这里没有位置。亚里士多德认为机智风趣是一种德性。有机智的人不仅幽默，而且明白与什么样的人在一起才能开玩笑。而孔夫子觉得："巧言令色，鲜矣仁。"（《论语·学而》）"君子欲讷于言而敏于行。"（《论语·里仁》）

不过，我们也应该认识到，特殊德性表并不仅仅是由总的文化传统决定的。文化背景肯定扮演了一个可观的角色，但德性表并不只是简单地罗列为各种传统钦慕的品格特征。相反，它们是文化背景与哲学见解的联合产物。这以下两点为理由。第一，亚里士多德与柏拉图有着相似的文化背景，但他的名单与柏拉图的不尽相同。在柏拉图的对话录里，德性的标准清单是由四种习惯上被称为"主德"的德性构成的，即智慧（wisdom，sophia 或 phronēsis）、正义（justice，dikaiosunē）、勇气（courage，andreia）和节制（temperance，sōphrosunē）。柏拉图从未解释他是如何建立此清单的，而且他对每一德性都给予了不同的解释。而亚里士多德没有简单地重复同样的清单，他加上了许多内容。第二，按亚里士多德自己的解释，他的清单或德目表是基于他对人类生活各领域的心理的理解。亚里士多德的德性清单是按照与中庸理论相应的方式呈现的，而中庸理论是他自己的理论发明。不仅如此，他的清单上有一些德性是没有名字的（例如关于较小荣誉的德性）。有些他自己命了名。"许多事例是无名称的。我们必须像在其他那些地方所做的那样，自己尽力提供名称，以便使讨论明白易懂。"（1108a17-18）这些无名德性的引入清晰地表明了它们在雅典社会中并不盛行，而是亚里士多德自己的理论见识。由于文化差异，德性伦理学一直面临一个问题，即能否提出一份对所有人都适用的德性清单。亚里士多德的做法至少为我们提供了一些希望。

二、德性的统一性

人的优秀品格或品质是由诸多德性构成的一个整体。亚里士多德说："正如良好的体质由各部分的德性构成一样，作为目的的灵魂的德性亦如此。"（《优苔谟伦理学》，1220a2-4）人的总的品质好，就是一个有德的人。反之，人的总的品质坏，就是一个坏人、恶人。好的品质是"整体德性"或"全体德性"，而特殊德性是其一部分。

那么，究竟一个人要具有多少这些特殊德性，我们才能说他或她具有优秀品格呢？多种特殊德性之间又是什么关系呢？如果这些特殊德性之间彼此矛盾和冲突该怎么办呢？这些问题归属于"德性统一性"问题。亚里士多德在《尼各马可伦理学》第六卷第 13 章中涉及这些问题。

"德性统一性"问题在苏格拉底那里就已经存在了。苏格拉底认为德性是统一的，只要拥有一种德性，也就拥有了德性的总体。原因在于，所有的德性都是关于什么是善和恶的知识。人的各种德性最终不过是关于善和恶的知识的不同体现。因此，德性的问题最终就是知识的问题。苏格拉底的德性统一论显得很强硬极端。亚里士多德批评苏格拉底的这种观点。在 1144b18 中，亚里士多德说："有些人讲所有的德性都是实践智慧的个例。这也就是为什么过去苏格拉底的研究在一方面是对的，而在另一方面是错的。他认为所有的德性都是实践智慧的个例，在这方面他错了。但就所有的德性都需要实践智慧来说，他是对的。"这中间的差别在于，亚里士多德说德性除了实践智慧之外，还要将情感和欲望纳入其中。而苏格拉底伦理学把情感和欲望放在一边。用亚里士多德自己的话说："苏格拉底过去认为德性就是理性，因为他认为所有德性都是知识的形式。而我们则认为，德性涉及理性。"（1144b28—29）

尽管亚里士多德批评苏格拉底的德性统一论，他自己却也发展出了另一版本的德性统一论。在 1145a2 中，他说："如一个人有了实践智慧并且只有在具有了实践智慧时，他就有了所有的德性。因实践智慧是单一的状态。"亚里士多德把德性看做是相互不可分的。德性不彼此孤立存在。一个主体不能获得一种德性却没有得到其他的一种。如果一个人具有实践智慧，他就获得了所有的德性。苏格拉底认为所有德性都存在于一种状态即知识之中。而亚里士多德主张德性由于实践智慧而互相关联。他的德性统一论比苏格拉底的弱得多。

不过常识告诉我们，德性之间常常冲突，并不统一。比如有的人很大方，但却可能很胆小。这样他虽然有慷慨的德性，但却没有勇敢的德性。反过来说，有的人可能很勇敢，但却很小气。我们在日常生活里经常发现一个宽厚的人其实是一个性虐狂，或一个温和的人其实很不节制。人们的品质不是缺这个，就是缺那个，很少有人能同时拥有所有的德性。亚里士多德自己也意识到了这个问题。他举了许多这方面的例子："有些人在战场上怯懦，在使用钱财上却很慷慨、很有信心。"（1115a20-21）同样，一个人能够拥有诸如慷慨这样的小尺度德性，却没有诸如大度和豁达这样相应的大尺度德性。（1122a-1123b）人们往往并不能完全占有各种德性，而是要么缺这一种德性，要么缺那一种德性。既然有这些例子，亚里士多德怎么能够继续主张德性是不可分和相互的呢？他自己没有处理这一问题。学者们对亚里士多德这个论点的有效性一直有争议。

可另一方面，在人们的头脑中，德性统一论的意识还是很强烈的。因为当我们听到一个好人做了一件坏事，我们便自然地为他感到惋惜。例如，当克林顿被爆出与莱温斯基的事情时，大家对克林顿深感惋惜。为什么人们会这么认为呢？因为在我们的意识中有个潜在的倾向，认为他在某个方面很出色，那么他在其他方面也应该很好。在现实生活中，当某个我们比较喜欢的人犯了错，我们就会千方百计为他开脱辩护。这说明，我们头脑中关于人的评价有很强的整体感。这种感觉需要说明。它反映在理论上就是各种版本的德性统一论。

亚里士多德自己为这一理论所给出的理由是，如果人有了实践智慧就有了所有的德性。正是由于有了实践智慧，各种德性才不是彼此独立性地存在的。实践智慧的获得使所有伦理德性的拥有成为可能。要理解他的观点，就必须理解为什么实践智慧有着如此一种影响力。亚里士多德的回答是，它是一种单一状态或品质（1145a1-2）。这又是什么意思呢？

在亚里士多德看来，实践智慧是关于总体生活的（1140a25-28）。作为慎思的始点，它是作为整体的好生活的一种真正概念。这样一个概念形成了为各种德性所追求的最终善。这一善是不可继续分隔的。作为实践智慧的共同前提，它在各种特殊德性那里也起作用。每一种德性有关人类生活的一个领域，并因此有其特殊的善。但各种德性的实践智慧必须考虑一个人的整体生活，并解释这一特殊德性怎样有助于一个人的总体目的。对人类生活中一个领域的好坏的考虑不能与其他领域分离。对于亚里士多德而言，人类生活的总体善有赖于许多特殊善的关系。为了知道在一个领域里真正的善是什么，一个人就必须知道在总体善之中各组成部分的位置。然而，为了知道其他各组成部分，一个人就不能缺少其他各种德性。这样一来，没有德性能孤立地成为一种德性。因为在那种情况下，一个人就不能拥有对总体生活的恰当观念。德性虽不能被简化为实践智慧，但实践智慧却是它们所有的原因。这就是为什么亚里士多德一方面主张苏格拉底认为"所有德性都是实践智慧的形式"是错的，但另一方面，他也承认苏格拉底"离开实践智慧所有的德性就无法存在"这一论点是对的（1144b18-20）。

如果这是亚里士多德持有其德性统一论的理由，那一个人怎么会在一个领域有德性但却在其他领域不是那样呢？要理解这一点，我们仍需要回到实践智慧与伦理德性的关系上。对亚里士多德而言，只有在一种完全德性的状态，实践智慧和伦理德性才能得以联合。相似地，他声称德性的不可分与相互性只适用于完全德性。也就是说，只有具有完全德性的人才同时也拥有其他所有德性。

有人争议说，同一个人不可能自然地具有所有的德性；他可能获得了某种德性，可没有获得另一种德性。这样的情况对自然德性是可能的。但对于使一个人成为完全好人的完满德性来说，是不可能的（1144b33-1145a1）。

自然德性是彼此可分的，而完全德性则不能被分割。此外，还有介于自然德性与完全德性之间，亦即受训的或基于习惯的伦理德性。这一类型的德性是彼此可分的吗？一种习惯化的德性是处于一种达至完全德性途中的德性，它涉及三个方面：内化的社会价值观、感情以及实践智慧。在朝完全德性发展的过程中，基于习惯的德性经历了一个过程，在其中，这三个方面以一种相互增强的方式发展，并愈益紧密地结合为一体。完全的德性必定是它们彻底相互交织为一个有机整体的完美融洽状态。

然而这样的完全德性，只能在主体的实践智慧业已完全领会了生活的总体善以及理解了善等级里的这一德性的位置时才能获得。只有在那样的状态中，一个人才能既取得完全德性，又具有所有其他特殊德性。如果一种德性仍在发展过程中，那么实践智慧也同样处在领会幸福的正确概念以及理解生活整体的善的过程中。处于此阶段的一种德性仍可从其他德性那里分离出来。按照这样的看法，当亚里士多德承认一个温和的人可以是个胆小鬼、一个能够拥有小范围德性的人却没有大范围德性时，他就不是在自相矛盾。当这类情况发生的时候，一个人的品格特征还不具有一个完全的德性，而是仍处于发展之中。只有在完全德性的最高级别，一个人才不可能成为在一个领域有德性、而在另一个领域为恶的人。完全德性也是一种在其间各种德性不相互冲突的状态。如亚里士多德断言的："一种德性不会与另一种德性相对立。因为它的本性乃是服从理性，所以，理性指向哪里，它就朝向哪里。这正是所选择的更好状态。如果没有智慧，其他德性便不会生成，如果没有其他各种德性，智慧也不会完满，在某种意义上，它们彼此相助，跟随着智慧。"（《大伦理学》，1200a5-11）

一种发展完全的德性是完美的伦理品格。由于一个完全的单一德性的获得需要其他德性，当一个人获得一种完全德性时，他也就获得了所有完全德性。不过，对于亚里士多德来说，任何单一的完全德性对一个主体都是极难获得的，如果它有可能被获得的话。完美的品格也是这样。实际上，亚里士多德认为一个完全德性只是对于所谓的"完全的好人"（1145a1）才有可能。这表明，我们总是处于既关于特殊德性也关于总体德性的修养和完善的路途上。一个完全的单一德性与一个完美的品格只是伦理的理想。在修养的过程，我们趋向它们，德性程度越来越高。"愈是德性，就会愈是中庸；所以，德性在增大时不会使人变坏，而会使人变得更好。"（《大伦理学》，1200a31-34）然而，德性修养是个毕生的过程。只在青年时期受到正确的哺育和实践还不够，人在成年后还要继续这种学习并养成习惯。德性是有档次的，有自然德性，习惯性的德性，乃至完满的德性。实践智慧也是有档次的，一个人在不断地锤炼之后也会在实践智慧方面日益完善。当一个人取得了比较完满的德性之后，实践智慧也会逐渐完满。但实践智慧只有一个，是一种状态。一旦有了真正的实践智慧之后，人就会对生活中应该需要哪些价值比较清楚了，并且对于哪些德性会提供这些价值都已了然于胸。如果缺乏某些德性的话，实践智慧也不完满。当然，对于人来说，能将德性修炼得完满、登峰造极，达到实践智慧的顶点毕竟是件不易之事。这意味着，统一的德性与完满的实践智慧更多的是人们的理想目标。

三、广义正义，法与完满德性

在当代哲学中，"什么是正义"乃是最复杂、最麻烦的问题之一。"正义"有多方面的意义。第一，它可以是社会正义或政治正义，指一个社会的制度是否公平合理。可什么是社会正义又引起诸多重大争议。在国内大有影响的美国政治哲学家罗尔斯（Rawls）的正义论与诺齐克的正义论都属于这一范畴。第二，正义也可以是法律正义，指法律上是否公平合理。当一个罪犯被绳之以法时，我们会说："正义得到了伸张。"正义的第三种含义是伦理含义。我们常说"他是一个正义的人"，或者"这是一正义之举"。作为伦理概念，正义又扯出许多问题。如它究竟是指人还是指行为？如二者都是，它们的关系是什么？在现代伦理学中，正义与权利相关。可权利概念至少与正义概念一样复杂。

亚里士多德的《尼各马可伦理学》第五卷是其正义理论的主要源泉。他认为"正义"有广义和狭义之分。我们这一节先讲广义正义或普遍正义，到下一节再讲狭义（特殊）正义。广义上的正义，根据亚里士多德的观点，有两个主要规定：

> 正义是遵守法律；
> 正义是与他人相关的德性的总和。

这两个规定都不是很清楚易懂的。如果正义是遵守法律，大家可能马上会问，法本身有好坏之分，有些法是恶的，是不正义的，所以正义怎么可能与守法等同？此外，正义明明是特殊德性之一，为什么又会成为德性的总和？让我们一一解释。

在古希腊语中，正义是 dikaisunē，与 dike 有关；不正义是 adikia。dike 起初指宇宙中永恒的定律和规则，这些规则连希腊众神之王宙斯都是要遵守的。在希腊神话中，包括宙斯在内的奥林匹斯山上的神们并不是全能的。他（她）们也被命运所控制。这种意义上的命运就是 dike。对人而言，如果一个人的行为不违背宇宙中的基本规则和定律，他就是正义的或公正的（dikaios），是一个正直、正义的人。后来，dike 的含义有所扩大，也指城邦中的社会风俗和法。作为社会风俗和法的 dike 又和古希腊语中的另外一个词——nomoi（法）结合在一起。而 nomoi（法）是从 nomos（约定俗成的、规范的）来的。这样，"正义的人"（dikaios）的含义就逐渐地从遵守宇宙自然规则的人扩展到遵守社会习俗、遵守法的人。而不正义的人（adikaios）便是违背法律的人。这是"正义"在古希腊的基本用法。

在其原意上，nomoi（法）即是指一个社会所认可、所信奉的东西，一个社会或社区所认为是合适的行事方式。这样，一条法的存在意味着至少有一群人认可它、遵循它。显然，希腊人对法的观念比现代人要广泛得多。在他们的观念里，法不仅仅是成文的条例法规，也不仅仅是法庭的判决裁定，而且也包括一般意义上的社会约定与风俗习惯。那么，这种意义上的法怎么与正义挂钩呢？亚里士多德说了两个理由。第一，法褒奖德性，禁止邪恶。一般而言，法律的制定是为了禁止人们损人利己。法要求我们按德性，而不是按邪恶生活（1130b23-5）。法要求我们效仿勇敢的人，不逃离战场，法要求我们做节制的人，做脾气温和的人，等等。第二，只有遵循法的行为，尤其是那些促进社会共同利益的法的行为，才能够产生德性。如果德性在相关于他人的情形下得到了发挥，那么它的主体一定是在守法。亚里士多德这里的思想是与其关于伦理德性的习惯化理论相联的。

把普遍正义与守法等同也是亚里士多德"人是政治的动物"这一论点的体现。这一正义概念反映了人们由于风俗法则而联系在一起，而且他们的幸福又通过社会规范而得到最好的促进。这一立场是亚里士多德伦理学的一条主线。在《尼各马可伦理学》一开头，他就认为政治学的主要功能之一是关注风俗与立法，所以是最高的、居统治地位的科学。政治学的目的即是人类的善，并指导别的科学关注伦理行为，"对什么必须做，什么不应该做进行立法"（1094b6）。在第二卷开头，亚里士多德又指出，伦理德性来自习俗，是从习惯中培养出来的。"立法者通过影响公民的习惯而使他们变成善。这是每个立法者的愿望。如果他未能这样做，他就错失了目标。"（1103b4-6）立法者们在公民的德性培育中的作用在第十卷第 9 章得到进一步的阐述。由于德性是从习惯发展出来的，所以城邦必须关注公民的成长与教育，并且力求做好。而城邦关注公民德性教育的手段即是立法（1180a35）。正是由于对立法的关注，亚里士多德在《尼各马可伦理学》的结尾处强调伦理学与政治学的连续性。一个政治制度的好坏，最重要的指标就是它是否促进公民的德性。

但是，这世界上毕竟有许多不公正的法律存在。亚里士多德自己也非常清楚这一点。他在《政治学》中嘲笑一些古代社会中的野蛮法律（1268b-1269a）。他把政治体制分成三对，其中有缺陷的、偏邪的三种，即民主治、寡头制、专制，皆有不公正的法律。正当政治体制的法是为了社会的共同利益，而偏邪政治体制的法是为了统治者的利益。他说："法要么是瞄向共同的善，要么是瞄向有权的或与此同类的人的利益。"（1129b14-17）他还说："有些法是正确地制定的，而有一些法则设想得很草率。"（1129b25）可是，不公正的法律的存在意味着守法并不能为正义提供标准，不能规定有德性的行为。如果是这样的话，亚里士多德为什么要把正义定义为守法？

在 112911-14 中，亚里士多德说了下面这两句话：

（a）由于不守法的人是不公正的，而守法的人是公正的，很显然，每一合法的事在某种意义上都是正义的。

（b）为立法知识所确定的事都是合法的，而且我们说它们每一个都是正义的。

这两句话似乎构成了矛盾。第一句话似乎是说，一切为现存的法所要求的都是合法的，因而也是正义的，即存在的都是合法的。第二句话似乎又说，只有理想的正确的法才是合法的、正义的。立法科学指的是立法系统的研究，是在充分理解人类幸福及政治现实的基础上所制定的法律系统。

对前一句，亚里士多德明明知道有恶法存在，他为什么还要这样说？一种可能的解释是，亚里士多德在这里讲两种守法与正义的关系情形。第一是指在理想的城邦中，第二是指在现存城邦中。在第一种情况下，理想城邦中的法是由理想的政治领袖所制定及实施的，而法的制定是基于立法科学之上。立法科学的产物当然可以被称为是合法的、正确的，这一点不难理解。好的法所规定的行为是体现德性的行为。困难在于第二种情形，即现存城邦所实施的法。我想，亚里士多德的意思大致是这样的。从理想社会的角度看，现存法律会有许多不足。但如果着眼于它们的一些正面特征，它们也可以说在某种意义上是合法的、正义的。亚里士多德认定，一切法律系统，不管其有多大缺陷，都能在某种程度上为一个政治社区保存并产生幸福（1129b17-19）。在这一意义上它们具有一定程度的正义。只要一个城邦有一套稳定的法制在规范社会生活的各个方面，那么，与无法、无序的社会相比，它对整个社区，总是一件好事。在柏拉图对话《克力同篇》中，这也正是苏格拉底不逃离监狱的主要理由之一。

当然，在声称"每一合法的事在某种意义上都是正义的"这一论断时，亚里士多德很小心地加入了"在某种意义上"。这正是为了表明现存法或许是有着相当的不正义的。进一步，守法不是指被动地遵循法规，而是要具有实践智慧（114430-2）。对有实践智慧的人，有一种稳定的规则体系，总是可以带来更大的益处。当一个守法的人服从一条他认为是坏的法律时，他这样做的理由并不是因为这一条法。他的想法可能是，尽管这条法没有建设性，可是法制系统作为整体是能在一定程度上促进社会的善的。可是除非公民愿意服从法，否则法制系统不可能存在。广义的正义不是为了促进某一人的幸福，而是要促进整个社会的幸福。它所指的守法不是为守法而守法，而是旨在促进整个社区的善。同时，有实践智慧的守法者也会明白，法规总是一般性的，不能面面俱到地顾及与各种特殊情形相关的例外与复杂性。他能根据自己的特殊处境与情况，去调整法的应用。即令是陪审员也要求有德性，使其能够纠正由于法的一般性所引起的不足与缺陷。但在理想的情形下，法的制定应基于立法科学之上。遵守那样的法律才真正是正义的。

关于广义的正义的另一个重要规定是，正义是"完整的"或"完美的"德性（1129b25-6）。不过，亚里士多德马上又限制说，这一"完整"不是绝对的，而是相联系于其他人而言的。每一德性皆有两方面，与他人相关的方面（他向性）及与自身相关的方面（自向性）。例如，你去参加一个派对，如果主人准备的食物数量很充足，那么你不加节制地猛吃，便会有损你自己的光辉形象，并因过量进食而损害自身的健康。如果主人不是太客气，准备的食物很有限，那么你不加节制地猛吃便会影响到他人。这样，同一种"节制"的德性（或"不节制"的恶）在前一种情况下是自向性的，而在后一种情况下则是他向性的。正义是所有德性的他向性方面的总和。

由此可见，说正义是德性的总体，并不是说正义是其他德性的组合，而是说，一切与他人相关的德性总是预示着、隐含着正义。正义是其他德性的基础，并贯穿于它们之中。所以，广义的正义与社会人际关系紧密相联。德性、勇敢等德性行为，当它们的应用是为了社会之善时，就不仅仅是一节制行为或勇敢行为，而且也是一种正义的行为（1129b17-9）。按照"自向德性"与"他向德性"的区分，人可以分成好几等。最差劲的人不但没有他向性的德性，连自向性的德性也没有。他不肯帮人，而自己又不努力。往上一个层次的人具有自向性的德性，即能够为了自身利益与福祉发挥德性（如为自身健康而不多吃），但却很难去发挥他向性德性，一切从对我有利出发。只有在不影响自己利益的前提下，或许才肯为他人着想。我们周围这类人较多。再往上一层次的人是那种既能发挥自向性德性又能发挥他向性德性的人。还有一层次是光有他向性德性的人，绝对的大公无私者。雷锋大概属于这样的人。不过，这种境界已经超出正常人所能及的范围，是圣而不是人了。

亚里士多德总结广义正义与德性的关系如下："德性与正义是一样的，可是它们的'是什么'又不相同；就德性这种状态与他人相关而言，是正义，而同一状态，如不加限制，则便是德性。"（1130a11-14）同样的事物可以有不同的属性，相应于不同属性，便有不同的定义（定义是揭示"是什么"的）。正义与德性涉及同样的品质与行为。同一种好的品质。它在涉及其他社会成员时是正义，可从它既与他人又与自身的关系看，是德性。具有普遍正义的人在行为时，尊敬他人，遵从法律。

为更好地理解亚里士多德的广义正义，我们最后提一下它与柏拉图《理想国》中的正义观的关系。《理想国》的副标题是"论正义"（peri dikaiou, on justice)。它的中心主题是"什么是正义"以及"正义的人与不正义的人哪一个活得更好"。什么是正义？柏拉图的理解是，正义是每个人做其自己的事情，拥有他该拥有的东西。在城邦的层面上，正义是统治者、保卫者与劳动者三个阶层之间互不干预，每个阶层各做与其本性相适应的那一份工作；在灵魂的层面上，正义是理性、情感、欲望三个部分各做与其本性相适应的那一份工作。亚里士多德在讨论正义时一直没有直接提到柏拉图，但是柏拉图的论点无疑萦绕在亚里士多德的脑际中。

首先，与柏拉图一样，亚里士多德也把正义看做是德性的总体，看做是贯穿于其他美德中的一般原则。在《理想国》中，正义依赖于其他德性。一个城邦是正义的，只有当其统治阶级是智慧的，保卫者是勇敢的并且劳动阶层是心甘情愿地听从统治阶级的时候，才能实现。一个人的灵魂是正义的，只有当其理性是智慧的，情感是勇敢的并且其欲望是顺从理性的时候，才能实现。现在亚里士多德也同样认为正义具有这样的特定地位。它依存于其他德性，是其他德性的"他向性"方面。正义不是孤立的德性，其实施与发挥总是与至少其他一种伦理德性相关。我们是在发挥其他德性的他向性方面时展现出正义。

其次，柏拉图的正义观是要回答《理想国》第一卷中色拉叙马库斯的问题，即如果正义是对他人有益的，那我们为什么要正义？按照他的理解，正义是道德主体与他人的关系，涉及的是他人的利益。在色拉叙马库斯的表述中，行正义之人不仅不能比别人多占多拿，不能损人利己，而且要为他人的利益服务，甚至有的时候要牺牲自己的利益。因此，正义之人在色拉叙马库斯看来就是愚蠢的。格劳孔在第二卷开始重述色拉叙马库斯的问题时，说正义是一种契约。而契约则意味着要尊重他人的利益并限制自己的行为和欲望。因此，每个人行正义或道德就不是自愿的，而是不得不做。总之，无论是色拉叙马库斯还是格劳孔，在他们的看法中，正义所关涉的是我与他人的利益关系。这是日常生活中大多数人关于正义或道德的看法。

亚里士多德显然非常熟悉色拉叙马库斯的问题，在说明了正义是他向性德性之总和的观点后，他在 1130a4－7 中说："这就是为什么正义是唯一的一种似乎是为了他人之善的德性，因为它联系到他人，做那对他人有益的事。这里的他人，要么是指统治者，要么是同一社区的其他成员。"在1134b5中，他又一次提及"他人之善"。在1129b14-17中他谈到，法要么是指向共同利益，要么是指向有权者的利益。在这里，色拉叙马库斯的影子亦很明显，因为色拉叙马库斯也认为正义是强者的利益（《理想国》，338c）。不过，亚里士多德对色拉叙马斯库的问题的回答与柏拉图不同。柏拉图强调个人正义是灵魂内部各部分间的关系，是灵魂的一种和谐状态。而亚里士多德把正义看做是守法。正义是不同个体间的联系，个人与社会的关系。正义确实是他人之善，但这是因为真正有德行的人出于本性，必须考虑他人的利益。这是一个人能"活得好"的必要成分。伦理生活不可避免地涉及对一个人所处社会的规则及约定的遵守。

四、特殊正义

希腊人一方面把正义与守法相联，把一切违法的事与人看做是"不正义"（adikia），可另一方面，又把公正或正义与"贪多"（pleonexia）联系在一起。pleonexia的字面意思是"要占有更多"。一个不公正的人贪婪，想比别人占有得多，想得到那自己不应得、不配得的东西。"手伸得太长"，"捞得越过了线"。这种日常语言上的模糊与含混成为亚里士多德区分普遍正义与特殊正义的根据之一。普遍正义是守法。而特殊正义，按亚里士多德的用语，是指ison或isotēs。它既可以被翻译作"公平"，也可以被译成"平等"。对于亚里士多德来说，"这一论点即使没有论证，对每一个人也显得是真的"（1130b13）。特殊正义的特征是公平与合比例性，而特殊意义上的不正义（anisos）是不公平与不合比例。总之，不正义与获利联系在一起。这种贪欲是特殊或狭义的不正义的动因。而广义上的不正义则不是"贪多"，而是不守法，如在战场上逃离岗位的人。

特殊正义与不正义只与某些种类的"善"（即"好东西"）相关。这些

"好东西"包括荣誉、钱财与安全（1130b3）。把"安全"列在这里有些奇怪。大概是指有人在该做危险的工作或上战场时退缩，让别人多承担风险。在1130b31，亚里士多德说分配是关于"荣誉，钱财以及其他可在分有同一政治体制的人们中所划分的东西"。这更像是特殊正义范围的适当表述。

总的说来，特殊正义所关涉的对象的共同特征是：它们都是人们想要多占多拿的。可它们又是一定量的，供应有限的。如果某一方拿多了，另一方便会拿得少。这样，不正义便意味着要损害别人的利益，所以是"不公平"。进一步，这种意义上的不正义是一种特殊的恶，因为它不仅想多拿不该拿的东西，不惜牺牲他人利益而多得，而且会还对获得这样的"所得"感到快乐（11304），完全不顾及他人由于他的"得"而遭受痛苦。特殊正义的对象其实也是其他许多特殊德性的对象。不过，特殊正义始终与他人相关，涉及他人的利益。

特殊意义的不正义与其他恶不同。如果出于恐惧而逃避军役是怯懦，不肯帮助在钱财上有困境的人是小气，那么怯懦小气是恶，是（广义上的）不正义，可是却不是"贪多"（狭义的不正义）。再以通奸为例。假设A通奸是为了获利，获不正当之利，而B通奸只是为了满足色欲，不但不能获利，而且还需要破费钱财去到达这一目的，那么A是不正义，而B则是不节制。"一切为了谋取不正当之利"这一特征使得不正义与不节制相区别。需要强调的是，不正义不仅仅是"贪多"，而且这多的部分是他不应得的，属于别人的东西。只有在这种情况下，一个人才是（狭义）不正义的。如果一个人是得他应该得的，那么无论他渴求多少荣誉与钱财，他也不能是不正义的。例如，如果一个人已得了一次诺贝尔奖，但还想得第二次、第三次，你能说他是贪多，是不正义吗？

特殊正义等同于公平，平等。有两类事情可以做平等处理：一是数量，二是比例。故正义或者是数量上的平等，或者是比例上的平等。据此，亚里士多德将特殊正义划分成两大类：

(1) 分配性正义，

(2) 更正性正义。

二者都涉及财产，荣誉及其可分享的东西。它们分别是第五卷第 3 章、第 4 章的讨论对象。

权力，荣誉及公共的善在公民之中如何分配，这是亚里士多德在讨论分配性正义时主要关心的问题。不同的政治体制都同意公正分配的重要性。而分配如果要公正，就必须依据接受者的某种优点（axia，merit 或 worth）。公正的分配不等于是平等的分配，不是绝对的平等。它是让平等的人得到平等的对待。在亚里士多德看来，分配性正义是比例性的，是比率上的几何学平等。在几何学上，整体与整体的比例等同于部分与部分的比例（1131b17－18）。如果有 A、B 两方要将一份财富分成 C 与 D 两份，而 A 与 B 是不平等的，则 C 与 D 亦不平等。A 高于 B 的程度，即 A 所收到的 C 大于 B 所收到的 D 的程度。如果 A 等同于 B，则 C 应当等同于 D。优点平等，所得亦应平等；优点大的所得亦应多；优点小的，则所得应少。分配善与恶，既在自己与他人之间，亦在他人与他人之间。一个正义的人，在自己与他人之间，不会把太多的好东西留给自己，也不会给别人给得太少。在他人与他人之间作分配时，他也不会偏袒自己的亲友，而是会根据比例性的平等给以每一方。反过来，不正义则是不合比例。一个不正义的人在分配好东西时，为自己分得太多，给别人分得太少；在分配不好的东西时，则为自己分得太少，而给别人太多。他在为他人之间作分配时，也不会按照每一接受方的优点比例，而会一味倾斜于与自己亲密的人。

那么，如何在分配前确立每个接受方的优点呢？亚里士多德非常清楚，不同的人对这一问题有不同的立场。"大家都同意分配中的正义行为应当体现一种优点；可人们对什么算优点则看法不同。"（1131a26）不同的政治体制对此也有不同的标准。民主制是自由公民资格，寡头制以财富多少论人等。亚里士多德在《政治学》第三卷提出他自己的看法，说在理想的情况下，分配者考虑优点的重心是怎么样才能使公民"活得好"。德性应当是标准。他把公正分配与个人的优点或价值相联系，无疑是很有价值的思想。这与希腊传统思想中"正义是一个人得到应得之物"这一观念相一致。把分配与优点联系，是对什么是"应得之物"的一种说明。

更正性正义是当一个人损害了另一个人时去恢复他们间原有的平等。它与人的优点无关，不管当事人的德性如何，而只涉及伤害的程度（1132a2－6）。它进一步分成两类：一类是自愿的交易，另一类是不自愿的交易。自愿的交易是交易各方同意交换的，如买、卖、借、租、储存、雇佣等；而不自愿交易乃是一方发起，但并未取得另一方的同意。这又有两种情况：一种是发起方秘密地做的，不同意的一方根本不知道，例如偷盗、下毒、谋害、诱使奴隶、作假证、拉皮条；另一种情况是发起方动用暴力与强力，不同意的一方虽然知道但为压力所迫而不得不屈服，例如袭击、监禁、抢劫等。

亚里士多德的分类有些奇怪。首先，如果交易是自愿性的，如买和卖，那又何必有"更正"的必要？在1131a5－6中他说："自愿性交易之所以得此名，是因为它们的开端是自愿的。"这似乎意味着，所谓自愿性交易只是在交易开始时的事情。在此后的发展中，有一方不愿意遵守开始时达成的协议了，这当然需要"更正"。不过，亚里士多德在随后的讨论中几乎不涉及这一类更正，他的焦点是不自愿性交易中的更正性正义。初看起来，"不自愿的交易"这一说法自身便成问题，既然"不自愿"，又怎么能被称作"交易"？这里需要联系到当时雅典的社会实践。他们把一个公民对另一个公民的冒犯看做是人际间的交易关系，而不是对公共秩序的冒犯。这种交易必须得到更正，是因为冒犯者打破了原初的平衡或平等状态，从受难者身上拿了不该拿的东西。

更正性正义的实质，按亚里士多德的理解，是要更正错误，回复到原初的状态。而不正义是原先的平等状态的破坏，即冒犯者得利，而受害者失利。"利"与"害"在这里是在广泛的意义上使用的，不仅是指财富，而且也指身心方面的伤害。亚里士多德明确说，在这种意义上使用"利"，只是在大略的意义上的。争吵的双方将纠纷诉诸法官。法官被认为是正义的活生生的体现（1132a21）。而法官把双方看做是平等的，其作用是要恢复双方开始时的状态，让冒犯者放弃不应得的利，将其返还给受难者。也就是说，他把施加不平等的那一方（即冒犯者）所多得的部分减去，然后加到受害者的那一方去，这样做的结果是双方都既不多得，也不少得。在希腊文中，法官一词是

dikastes，出自 dicha（分半），其原意是"分成两半者"（1132a30-31）。法官不是专业的，而是大陪审团成员。法官在裁定时把交易（或争吵）双方看成是完全平等的，不理会他们在权力、财富、教育等方面的差异，不理会他们性格上的善与恶，他所依据的只是由伤害所造成的差异。这便构成了与分配性正义的差异。分配性正义涉及双方的优点或价值，而更正性正义则只着眼于伤害的程度。两种特殊正义都是比例性的平等，不过分配性正义是几何学意义上的平等，而更正性正义则是算术上的平等。

亚里士多德这里对更正性正义的讨论显然有一个问题，他只讲归还、赔偿，但不讲惩罚。可他所指的"非自愿性交易"中的行为相当于今日的民事侵权行为以及刑事犯罪。因此，光讲归还、扯平是不够的。你偷了我的电脑，被逮住了，你当然要还我电脑，可仅仅归还就算是达到正义了吗？总得再有些惩罚，使得冒犯者不敢再犯吧？

在《尼各马可伦理学》第五卷第 5 章开头，亚里士多德提到，从毕达哥拉斯派以来，传统上对交互性正义的理解是"以牙还牙"，"血债血偿"。交互性正义也要求人们报答以前所受到的恩惠。他认为，交互性正义既不是分配性正义，又不是更正性正义。亚里士多德对交互性正义的兴趣更多地在商贸经济领域。但他对这类正义的讨论引发了两个问题。第一个问题是，他明明在第五卷第 1 章说特殊正义有分配正义及更正正义两类，这里却又冒出第三类，这反映出他对正义问题的思考缺乏连贯性。第二个问题与我们对更正性正义的评价有关。传统对交互性正义的理解很适合于一般人头脑中的更正性正义，可亚里士多德却说它们无关。这正是因为他的更正性正义不是惩罚意义上的，如果冒犯者得到惩罚，可却没有返还受难者的损失，这在亚里士多德看来就是没有回复到原先的平等状态。当然，亚里士多德的观点也不是没有合理之处，A 杀了 B，成了杀人犯，A 被枪毙了，我们说正义得到了伸张，可是 B 得到了什么呢？他拿回了他本该不失去的东西了吗？

第五卷一开头就设定正义是一种中庸，进而说明它是什么样的一种中庸，居于什么样的极端之间。到第五卷第 5 章结尾部分，亚里士多德回到了这一话题。他说他已经定义了正义与不正义，"很清楚做正义处于做不正义与遭受不正义之间，因为做不正义是'过多'，而遭受不正义则是'过少'"（1133b31-4）。可是，他又接着说："正义是一种中庸，可又与其他德性作为中庸的方式不一样。"（1134a1）为什么正义作为中庸的方式不同于其他德性呢？亚里士多德自己说得不大清楚。大致的意思是这样的，对于其他德性，两个极端都是恶，可对于正义来说，只有一个极端是恶，遭受不正义的那一端是由于受到不公正的对待才变得太少，其不足状态是由另一方的过度引起的，它自身并不是恶。这样一来，正义是中庸，可不是两恶之间的中庸。这是对他的标准的中庸模式的一种偏离。不过，以上对中庸的说法只适用于特殊正义。亚里士多德从未解释普遍正义为何是中庸。为什么他不谈普遍正义的中庸？一种可能的解释是，普遍正义包含许多特殊德性。由于特殊德性都是中庸，那么普遍正义也应该是。

在第5章结尾，亚里士多德说："以上是关于正义的性质及不正义的性质的讨论，亦是有关一般性的正义与不正义的讨论。"（1134a15-16）第五卷对正义的讨论似乎到此就该结束了。可是，在《尼各马可伦理学》第五卷第5章之后，还有整整六个章节。到第11章结尾，我们又读到："以上是我们对正义及其他伦理德性的定义。"这样，第五卷似乎有两个结尾，说明该卷不是一有机整体。

第五卷大致可分成两部分。第1~5章为第一部分，讨论正义德性，并把正义区分成普遍正义与特殊正义。第6~11章为第二部分，讨论了许多问题，都与正义相关，可是它们结构混乱，论证简约，并不构成系统的讨论，与前5章的关系也不大清楚。我们在这里将其中所涉及的主要问题归结一下，作一简单的介绍：

第6章开头引入了不正义行为与不正义品格之间的区分，但马上转入了对政治正义的讨论。不正义行为与不正义品格间的关系在第7章结尾处被重新提及，而在第8章才得到较完整、较慎思的讨论。正义德性当然是从行为中形成的，但它涉及意愿性与状态。这在《尼各马可伦理学》第二卷中已经详细讨论过了。第6~7章的主体部分讨论政治正义。所谓政治正义，亚里士多德是指法制城邦中自由公民之间的关系，是对法的尊重。政治正义需要法的统治来防止统治者的不义。因为没有法的话，统治者总是容易给他自己过度的好处。但很显然，只有在好的政制中，政治正义才有可能。在坏的政制中，臣民们没有自由。政治正义区别于城邦中那些不平等成员间的关系，后者包括主人与奴隶、父亲与子女、丈夫与妻子的关系。它们不涉及政治正义本身，虽然在某些方面与政治正义比较类似（1134a29）。关于亚里士多德对这些不平等成员的记述，可以参阅《政治学》第一卷的有关章节。由于政治正义与法相关，它似乎与此前讨论过的普遍的或广义的正义紧密相联。可亚里士多德在这一点上又比较混乱，因为与政治正义相应的不正义与贪婪相联，而贪婪则是特殊的不正义。

第 7 章在讨论政治正义时引入了自然正义与法律正义的区分。在公元前 5 世纪，正义是自然的，还是约定的，一直是人们激烈争论的话题。自然正义普遍适用，不取决于人们如何思想（1134b18-20）。由于法在各个城邦都不同，不少人相信一切法都是约定的，不存在什么自然正义。但亚里士多德认为，有些法确实纯粹是约定的，如在献祭时是用山羊还是绵羊；可有些法是出于人性而言，在任何地方都是最好的（1135a6）。人们可以平等使用双手，可除了左撇子以外，一般人使用右手比使用左手更随意。同理，人类社会能够在许多种类的法与正义概念中生存，但这不排除有一种法是最合乎人的善的，尽管并不是每个城邦都应当取得它，或能够得到它。据此，自然正义即是那能够最理想地治理我们生活的法与规范。这是指在《政治学》第七、八卷中讨论的理想政制。

第 8 章也零碎地涉及了自愿性，非自愿性与反自愿性问题，而这乃是第三卷第 1~5 章的主题，我们会在下一讲专门讨论。第 9 章对正义与不正义提出了一些问题，如有没有可能一个人自愿遭受不公正的对待？遭受一个不公正的行为是否就是遭受不公正？分配不正义中谁是不义的主体？第 10 章讨论正义与公道（epieikeia，equity 或 decency）间的关系。法的制定是普遍的，所以不可能对无穷多的特殊情形一一做出规定。当立法者未能预见到的情形出现时，便需要公道这种品质来纠正法。第 11 章又问了两个问题：一个人是否有可能不公正地对待自己？行不义与遭受不义，哪个更坏？这些问题本身很有意思，但亚里士多德的答案常常不是十分确定，理论意义不大。

第 10 章打断了第 9 章与第 11 章间的讨论，可又与第 6～7 章较接近。故有些学者主张把第五卷第 6～11 章分成两组，第 6、7、10 章为一组，第 8、9、11 章为另一组。

第七讲　伦理责任与品格

　　上面几讲讨论了伦理德性的定义，成分，形成及特殊德性。亚里士多德在《尼各马可伦理学》第三卷第 1 章中讨论行为的伦理责任问题。在什么条件下一个人必须对自己的行为负责，接受称赞或谴责？亚里士多德在回答这一问题时引进了"自愿性"理论。大家可能会问，亚里士多德的伦理学是关于德性的，那他为什么要研究行为的责任这一问题？在第三卷第 1 章开头，亚里士多德自己说明了理由："由于德性涉及情感与行为，由于赞扬与谴责都是指向那自愿的事物的，而宽恕，有时甚至怜悯，是指向不自愿的事物的，故研究德性的人应当区分自愿与不自愿。"（1109b30 - 35）我们通过行为知道一个人是否有德性，通过赞扬一个人的行为而赞扬其德性。可是要知道一个行为是否值得赞扬或谴责，就必须讨论赞扬或谴责的条件，也就是其责任。亚里士多德还认为，这一研究对立法者颁发荣誉、实施惩罚也很有用。

　　这表明，在亚里士多德伦理学中，伦理责任问题并不只是针对行为的，更是关于德性与品质的。伦理品质自身也是称赞与指责的对象，也是需要有人去负责任的对象。这是因为，伦理品质是通过好与坏的行为形成的，而且是体现在行为之中的。行为是品格或品质的标志。我们是通过行为去知道品格的，而且有德性的行为是由稳定的品德发出的。根据亚里士多德的习惯化理论，一个成长中的儿童在道德教育上依赖于其父母以及其他教育者。这便引出了下述问题：一个人品质的养成应该由谁来负责？进一步，品质养成后能够改变吗？如果可能，又如何改变？

这就是我们这一讲所要讨论的主要问题，所要研读的主要文本是《尼各马可伦理学》第三卷第 1 章与第 5 章，但也包括亚里士多德散见于其他地方的有关论点。对这些问题的探讨将使我们对亚里士多德伦理德性理论的理解更为丰富与完整。本讲分为三节：一、自愿与不自愿；二、谁为一个人的品质负责？三、品格能改变吗？

一、自愿与不自愿

我们通过称赞与谴责来评判伦理行为。那么评判行为的条件是什么？亚里士多德的观点是，当我们要赞扬或指责一行为时，我们必须确定这一行为是否是有意的或自愿的。只有当一个行为是自愿的，它才可以被考虑作是称赞或谴责的对象。只有当一个行为是自觉自愿地做的，做这一行为的人（即行为主体）才对该行为负有责任，才可以受到奖励或者惩罚。

现代哲学讨论责任问题，总是与自由意志与决定论的问题相关。只有自由的行为才有责任。可人真的是自由的吗？即使有，又有多少？自由，尤其是主动选择的自由，意味着你可以在不同的可能性与选项中选择，并由此去开始一种行为。而不自由则意味着一个人的选择与行为是预先确定的，或者是由他所无法控制的力量决定的。我们设定人有自由意志（free will），即人有选择做某事的能力。你们上完这节课后去食堂吃晚餐，看到毛氏红烧肉很吸引人，但也知道它太油腻。你犹豫了一下要不要点它，或是买份较为健康的菜。最后你还是决定买一份红烧肉，并且津津有味地把它吃进肚里。可第二天起来一称体重，多了，且肚子更大了。于是你深为后悔与自责，自己嘀咕说，昨日要是不买红烧肉吃就好了。当你在这样想时，你认定买不买、吃不吃红烧肉完全是你自己能决定的事。也因为你觉得这是你自己决定的事，所以你觉得现在胖了，你也得自己负责。

可是你真的是自由的吗？有诸多理由让人怀疑这一点。举两个主要的理由：第一，如果你是信神的，那么你就得承认神是全知全能的。于是，你的一切皆在神的掌控中。你哪有自由可言？第二，如果你不信神，你总得信科学。而科学的前提是设定一切现象由自然规律决定或引起。正是因为宇宙中的一切有规律有原因可循，科学才有可能。可是，如果一切现象与行为受自然规律控制，我们又怎么可能是自由的？

哲学上对自由有三种最一般的理论。每一种又有诸多版本。第一种是"硬决定论"，它认为意志自由是幻觉。第二种是"非决定论"，它认为世界不是封闭的，不是一切都是由以前的原因决定的。世界是开放的，是永远处于创新过程中的。人类可自由选择并为自己的行为负责。第三种是"相融合论"或"软决定论"，它相信在宇宙因果性与自我决定之间是可以协调的；行为是两者相结合的产物。至于如何结合，则各有各的说法。

亚里士多德在《尼各马可伦理学》第三卷第 1 章对行为的自愿性理论一直被认为是责任理论的开创性论述。但他虽然讲责任，却并没有用"意志"这一概念。他的做法是说明一个行为在什么条件下是自愿的，在什么条件下是不自愿的。这样的条件把自愿与称赞/指责相联系（1109b31）。能从事自愿的活动，是道德主体的标志。"自愿"的希腊词是 hekousion（形容词，hekōn），英译有"voluntariness"、"willingness"等。中文亦可译作"意愿"。自愿地做某事是说我要做它，我愿意或乐意做它。"不自愿"的希腊词是 ak-ousion（形容词，akōn），英译有"involuntariness"、"unwillingness"等。中文亦可译作"无意愿的"。不自愿地做某事即是我不要做它或不情愿做它。

自愿与不自愿只适用于指那些由人为的缘故引起或造成的事物。而只有由人造成或引起的事物才是赞扬与指责的对象。我的选择是我这样行为的原因，所以我对它负责。"原因"与"负责"在希腊文中都是 aitia。aitia 比现代意义的"原因"要广得多。严格地说，它更是 because（因为），指的是与事物的存在相关的各种因素。亚里士多德有名的"四因说"讲的是四种"因为"，四种条件或责任性因素。找行为的原因是找行为产生的各种"因为"，各种解释性的条件。

亚里士多德的研究策略是从"不自愿"的条件入手。他的主要观点是，如果一种行为（1）是在外在压力强制下做的，或者（2）是"由于无知"而做的，那么它便是不自愿的。而如果一种行为不是出于这两种方式之一而做的，那它便是自愿的（1109b35）。这样，"自愿"也就有两个条件。第一个条件是说，动机必须出自行为主体自身，而不是由于某种外部力量。做与不做取决于主体自身。第二个条件是说，行为者必须知道他在做什么。亚里士多德在《尼各马可伦理学》第三卷第 1 章中分析了这两个条件。他对无知的各种方式的讨论尤为详尽。让我们一一考察。

（1）出于强制（bia 或 anagkē）。

如果一个人屈从于外力引发了运动，即运动的起源（archē，亦译"原则"）在于外部，不是由于他自身的贡献，这样的行为是"不自愿的"，可免于受指责。不自愿的行为是违背一个人的意志的，是让主体感到痛苦的。在这种情况下，做了这种行为的人经常会说，"我没有办法"，"我是被迫的"，"不是我左右得了的"。而别人亦会以同样的说辞替他开脱。

不少"被迫"的行为既不是完全自愿的，也不是完全不自愿的，而是自愿与不自愿的混合。如一个暴君控制了你的家人，然后威胁说，如果你不帮他去陷害某一忠良，他就会杀害你的家人。陷害忠良是坏事，是你在正常情况下绝对不会做的。再例如，你是一条运货轮船的船长。船在航行中遭遇风暴，为了救船上的人，为了不翻船，你不得不扔掉满船的货物。

这样的行为是混合的。一方面，陷害忠良是通过这个人的手去做的，货是这个船长下令抛扔的。在这一意义上，行为之源仍在于这个主体自身。他是行为的实现者。如果他愿意面临别的后果，他也可以选择不去做（1110a16）。但另一方面，虽然他的行为是出于他自身的选择，但如果没有外力压迫，没有不得已的困境，没有人会有意地选择去做这样的事（1110a18-9）。在这一意义上，他又不能说是有意愿的。

在亚里士多德看来，这些混合的行为并不是可谴责的行为，虽然人们对此类行为常持不客气的态度。因为在当时那种情况下，那种行为是可以理解

的。行为者面临两难困境，只能两害相权取其轻。行为者做一些坏事，承受
一些屈辱与痛苦，只是为了换取较大较好的结果。在这种情况下，行为者应
获得"原谅"，甚至在某些情况下还应予以赞许（1110a19-20）。

当然，如果行为者所选择做的事不是两害中的轻，或者换取的结果不足
以弥补其行为的恶，那么他的行为就应受到指责。他不该为一点蝇头小利而
选择做伤天害理的事。在那种情况下，我们甚至很难说他是"被迫的"。举例
说，如果暴君以你家人的性命要挟，要你去陷害忠良，你按要求做了，这属
于"可原谅"的范围。但如果暴君以不升你的官职要挟，要你去陷害忠良，
你竟然也照做，那你就是不可宽恕了。光说某种选择是在压力下做出的，是
不够的。如一个人要以"不得已而为之"作借口为自己的行为开脱，那么应
该确定他当时在两难之间作了正确的选择。如选择正确，我们会宽恕他，放
他一马，并表示同情（sungnōmē，1110a24），而不再在道德上揪住他不放。

再者，你被迫去做的事一定是你对之感到反感或不痛快的事。在亚里士
多德看来，如果做某种行为是为了快乐，或为了一高尚目标，你总不能说你
的行为是为快乐所迫，或为那高尚目标所迫。一个酒鬼可以说，他其实也不
愿酗酒，可好酒太多了，他挡不过，只好猛喝。如果这种道理也成立的话，
那就什么都是被迫的了。再例如在国内被提拔去做领导。那被提拔的人常说：
"我是被逼得没有办法，推脱不掉，不得不做这个官。"这里的"被迫"恐怕
也不能当真。

还有一种情况是，在两种选择之中，有一种选择虽然远为高尚，但非人
力所及或所能承受（1110a23-6）。这时如伦理主体未能选择它，其行为不应
受到指责。例如，一个人（A）的财力有限。他自己的儿子生了重病，可他也
想捐钱救济非洲的饥饿儿童。他只能选择其中之一。最后他还是把为儿子治
病放在首位。我想大家不太可能去指责他。与此相联，如果一个人为了一种
更大的善去做了违背人性的事，则他不是在做人所做之事，而是在做神应做
的事。这时，他的德性高于人的德性，不是我们大多数人能遵从的榜样。例
如，上面提到的那个人，A，如他要用有限的钱救济非洲的饥饿儿童，而不给
自己的儿子治病，我们或许会赞上几句，但心中肯定很不以为然。行为评判

应在正常的人的生理心理承受范围之内。一种违背人性的行为在亚里士多德看来并不表达伦理素质，哪怕这种素质也是通过习惯性获得的。

（2）无知。

不自愿行为的第二个条件是无知。这就是说，由无知引起的行为也是不自愿的。行为主体会替自己辩护说，"我不知道是这样的"，或者"要是知道是这样的，我就不会做了"。我们也常说，"不知者不罪"。

亚里士多德又以"后悔"与"不后悔"为标准，对由无知引起的不自愿行为作出区分。一个人由于无知做错事，如果他后来后悔了，则是"不自愿"。如明白后并不觉得后悔，不感到痛苦，甚至还会感到高兴，那么他的行为既不是自愿的（voluntary），也不是不自愿的（involuntary，counter-voluntary，1110b20—21），而只是"无自愿的"（oukhekousion，non-voluntary）。如一位驾船漂游的人睡着了，醒来时发现船的方向很正确，而且能更快地抵达目的地；于是这位漂游者也就不后悔自己睡着了。如果是这样，他睡着这一行为就无所谓自愿不自愿。因为"不自愿"的标志是土体后米意识到自己的行为后感到痛苦与后悔。应当注意到，亚里士多德对"无自愿"的用法有些乱。他在上面用它来指无知行为的一个属类。可有时他又用它来指一切由无知引起的行为。

进一步，亚里士多德又区分了"出于无知"（di'agnoian，throughignorance）与"在无知之中"（aganon，inignorance，1110b24—7）。前者属于不自愿，而后者属于自愿。"出于无知"中的无知是与行为的特殊事实相关的。它的原因是外在的，并且事情的发生与行为者的意图不相一致。例如，李四口渴；张三好意递给李四一瓶饮料喝，却不知这瓶饮料已变质有毒。再如，张三拿枪与李四开玩笑，以为枪中无子弹，却不知枪是上膛的，一枪把李四打死了。据说李小龙先生就是这样离世的。在这两种情况下，张三的行为都是"出于无知"。他不应具有伦理责任。"在无知之中"的无知是指行为者在醉酒，盛怒等情形中的作为。那时他并不真的知道自己在做什么。这些情形也构成了一种无知状态。但在这种情形中的行为是应当受到指责的。原因在于，人应当控制自己不进入这种状态（1110b28—31），不应让自己喝醉，不应

朋友像一面镜子，
可以让我们了解自己。

人 文 大 讲 堂

lecture

失去理智。一个人应当为自己进入这种状态负责。

还有一种区分是普遍的无知与对特殊情况的无知（1110b28-1111a2）。如对法律的无知是一种普遍的无知。这种无知不可原谅。因为主体应该知道什么能做，什么不能做。可对特殊物的无知则情有可原。如一个人或许不知道开车时打手机也属于违犯行为。

总结一下，亚里士多德关于伦理责任的最后结论是：

> 从正面说，如果行为者在做某事时，（a）行为的动机在于他自身之中，（b）他也知道事情的特殊情况，那么他就是自愿地在做某事。

> 从反面说，如果行为者做某事（a）既不是由于外在强力压制，（b）也不是由于无知，则他是在自愿地做某事。

亚里士多德的具体论述是通过对（2）的阐明来解释（1），而不是直接对（1）进行分析，不是对责任行为的共同特征进行分析。这是他之所以能避开自由意志的关键，是他的责任理论的一大特征。

亚里士多德在第二卷讲到德性行为必须满足三条件：做的人知道在做什么，是自己选择去做的，而且是出于一种恒定的品德去做的。这三个条件中的第一个即是自觉，第二个是自愿。这正是行为自愿性的两大条件。要明白主体如何自觉自愿，就要理解德性是一种什么样的选择与决定（prohairesis）品质。亚里士多德在《尼各马可伦理学》第二卷第2～4章中讨论"选择"。由于这部分内容与第六卷对实践智慧的论述紧密相联，我们已将其放在上一讲中论述了，此处不再重复。

二、谁为一个人的品质负责？

上面说到，判定自愿性行为的最重要的依据之一是行为的动机在主体自身之中。对于"在主体自身"，我们还需多说几句加以界定。我们一定要注意到，"在我之中"不等于"为我控制"。如一个人心智失常，那么就算行为起源于其自身，也无所谓自愿或不自愿（而是一种"无自愿性"状态）。如果起因在其自身，他又控制不了，也不算。如，我每天打不少喷嚏，其原因当然在于我自身，可我并不是自己愿意打喷嚏的，更不是我选择要打的。相反，我自己也很恼火，可又没有办法。所以，"在主体自身"与决定或选择相关，是指行为是主体有意识地引起的，是处于他的控制之中的。只有出于理性选择的行为才是"在自身之中"，才需要负责任。

了解这一点很重要。不然的话，会有下面这个麻烦问题：

（1）如果行为者 A 做某事 T 是自愿的，那么 A 对 T 负责，为此受到表扬与谴责。

（2）动物与儿童的行为是自愿的（1111b8—10）。

结论是：（3）动物与儿童亦应对其行为负责。

以上三个论点构成矛盾，不可能三者都正确。（3）明显有问题，因为我们从不要动物与儿童对它们的行为负责。可（3）是（1）与（2）的逻辑结果。要解除这一矛盾，出路在于区分"广义的自愿行为"与"狭义的自愿行为"。广义的自愿行为是一切出于自身欲求的行为，而狭义的自愿行为则只与理性选择有关系，只适用于人类行为。狭义的自愿行为才是第三卷第 1 章分析的对象。动物与儿童的行为是出于自身欲求，却不是出于选择与决定（prohairesis）。"儿童与动物分有自愿性行为，可却不分有选择。"（1111b8）这里所指的自愿性活动当然是广义上的，不是狭义上的。动物与儿童不是责任主体。亚里士多德对责任的讨论主要是针对成人而言的。

同样道理，"行为"（action）也有广义与狭义之分。广义的行为指一切活动，而狭义的行为是道德意义上的。从广义的宽泛的意义上说，动物与儿童当然在行为，但它们的行为不是狭义的道德意义上的。后者只与理性相关。真正的行为是由理性引起的行为。动物与儿童有生理欲求，有情感，但没有理性，所以也没有严格意义上的行为（1139a18—20），不能够做体现德性的灵魂活动（1099b32）。由于幸福只与理性行为，与狭义的自愿活动相关，故动物与儿童也不是幸福的对象（1099b32）。我们平常说"幸福的儿童"其实只是指"快乐的儿童"。

可是，这马上就引出一个重大问题，即谁应该对品格的形成负责？

根据《尼各马可伦理学》第二卷，习惯性的行为构成了品格。那么，构成品格的行为是广义上的自愿的，还是狭义上的？这个问题很重要，因为不同的回答导致对"我是否要对自己的德性负责"这一问题的不同结论。

（1）如果构成品格的行为是广义上的自愿的，我不必对自己的德性负责。

（2）如果构成品格的行为是狭义上的自愿的，我要对自己的德性负责。

按照《尼各马可伦理学》第二卷，（1）是亚里士多德的立场。而按照《尼各马可伦理学》第三卷第5章，亚里士多德又认为（2）是对的。这成了我们理解他的伦理学的一个难题。

先回顾一下《尼各马可伦理学》第二卷的立场。亚里士多德说过动物与儿童的行为是在广义意义上的自愿活动。那种行为是不需要负责任的。可我们正是从童年时代开始习惯化，开始养成品格或品质的。他强调一开始做什么样的习惯性动作，便养成什么样的品格。好的行为养成好的品格，而坏的行为出于坏的品格。所以小时候的环境十分重要（1103b25）。可问题是我们自己决定不了进入什么样的环境，不能选择决定小时候接受什么样的价值。那纯粹是道德偶然，道德运气。在习惯化的过程中，我们一开始并不知道为什么要这样做，也不是自己选择去做的。过程一开始是由父母、教师及社区中的其他人所主导的。我们是从他们那里学习什么是正义，什么是节制等各种德性的。在第二卷第3章，亚里士多德也明确指出，养成品性或品质的行为不同于出自品质自身的行为。因为前者是在他人指导下做的。由于他人的引导，我们在养成正义的德性之前就可以做正义的行为。

根据这样的理论，一个人就不应对自己的品格负责。如果我们开始时做的动作不由自己决定，那么由这些行为所养成的品质也不应由我们负责。我们开始时做的动作与动物的行为一样，只是广义上的自愿性行为。如果这样，怎么能说我们的品格是取决于我们自己的呢？

可是到了《尼各马可伦理学》第三卷第5章，亚里士多德似乎改变了立场，认为德性与恶在我们的掌握中：

德性是取决于我们的，并且恶也同样。取决于我们的行为也取决于我们而能不行为，反之亦然。故而，如果去做高尚的事情是由我们掌控的，那么去做卑下的事情也是由我们掌控的。可是，如果做不做高尚与卑下的事都是由我们掌控的，而做不做高尚与卑下的事正是什么是好或什么是恶，那么成为有德的人还是成为恶人，取决于我们。(1113b7-14)

形成品质的行为取决于我们，就是说，品质是由有决定和有选择的行为养成的。好的行为取决于我们，坏的也一样。而我们如何行为，是做高尚的事还是卑下的事，导致了稳定品格的形成。因此我们是有德还是缺德，取决于我们自己。如果"德性的形成取决于我们"，那么，品质或品德便不是被动的结果，而且养成德性的行为是狭义的自愿性行为。结果是我们对自己的德与恶负责。亚里士多德因此反驳苏格拉底的立场。后者说，无人有意作恶。但亚里士多德认为，如果恶的行为不是自愿的，那么由它们形成的坏的品德也不是自愿的。

除了上述理由以外，亚里士多德还列举了下面的论证来说明品质是自愿的。

第一，如果我们否认人们做坏事是自愿的，那就等于说，做坏事不用负责。也等于是说，人不是运动原则，不是其行为的生成者。可如果行为的生成原则在我们自身，即形成品质的行为起源于我们自身，是依赖于我们的，那么这种行为是自愿的（1113b14-22）。

第二，我们的奖励惩罚制度也是以"德性与恶是取决于我们的"这一论点为前提的。我们去惩罚某些种类的无知，把它们看做是为我们所决定的（1113b22-30）。这种做法设定奖惩可以影响人的第二本性的发展方向。立法者及其他教育者通过奖惩，力图说服受教育者做好的事物，避免做不好的事物。他们还通过鼓励人们去做这类那类的好事，从而成为好人。奖励惩罚制度是伦理训练的重要的一部分，而它们是应用于自愿性行为的。再者，我们不光是因为某种行为而受罚，而且亦为某种导致恶行的无知而受罚。这意味着无知也是我们自己的责任，也是取决于主体的（1114a2）。无知构不成借口，因为我们不应当无知。

　　第三，如果一个人粗枝大叶，糊里糊涂，放荡不羁，那又是谁之过错？只能是他自己。因为他自愿地不注意自己的生活方式，把自己发展成这样的状态，让这成为其第二本性。"他自己要对变成这样的一种人负责，因为他活得不认真。同样，一个人要为自己变成不正义的人负责，因为他一直欺诈，要为自己成为不节制的人负责，因为他一直酗酒，等等；每类活动都产生相应种类的人。"（1114a5）

　　只有完全没有脑子的人才会意识不到习惯成自然的道理。对自己稍有关心的人都知道不断放纵会使自己无法节制，都明白终日游手好闲最后会懒惰成性。由于我们不是被迫放纵，被迫游手好闲，那么我们养成这种品性就是自愿的，不能怪罪于别人。

　　第四，如果某人身体上的缺陷是由他自身的过失造成的，如贪吃不运动造成太肥胖，我们会指责他。如果某人由于懒惰成性而变得贫困，我们也会指责他。这是因为我们认为是这个人不断犯这样的错而造成这样的性格（1114a21-31）。同样道理，品质上的缺陷亦是由自觉自愿的活动造成的，是自己不注意修养的结果。所以我们也谴责一个人品格上的缺陷。

　　在以上这些论证中，第一个论证不十分令人信服。我们在上文提到过，"在我们之中"不等于"为我控制"。它可以有几种含义。不过第二至第四个论证比较有说服力。在《尼各马可伦理学》第二卷与第三卷，亚里士多德都拒斥了品性天生的观点，都承认品格是习惯养成的。但如我们在上面看到的，这两处文本对养成习惯的行为的自愿性却有不同说法。两种观点似乎都很有道理。一方面，我们无法否认生长环境对我们品格的构成性影响；另一方面，我们确实称赞德性，谴责恶。这就意味着伦理品性是（狭义）自愿的。不对德性与恶作伦理评价，不让人对自己的恶行负责，似乎很难让人接受。如果一个人不必对自己所养成的品性负责，他也就不必对出于品性的行为负责。反之亦然。

　　在1114b1-5中，亚里士多德似乎意识到了问题。他作了一调和性的论述："除非一个人在某种程度上（tis）对他自己所进入的品质负责。……不然的话，就没人对恶行负责了。"展开一下，这是说，人要为自己的行为负责，但不是全部，而是"在一定程度上"。品质的构成不完全是自愿的，也不完全是不自愿的。

这种折中的立场虽然不够详细明确，但比较合理。习惯性过程既不完全是一个被动接受的过程，也不完全是主动的过程。在我看来，它是一个从广义的自愿性行为发展成狭义的自愿性行为的过程。孩童在成长过程中，其理性能力也逐步得到发展。他或她一开始是被动接受指导，受灌输，随后慢慢开始理解行为背后的原因，逐渐地明白道理，意识到该怎么做。习惯化过程是一个习性与理性同时发展的过程。在《尼各马可伦理学》第二卷中，亚里士多德强调环境传统的影响。在《尼各马可伦理学》第三卷第1～5章中，他又强调理性选择的作用。真理似乎在两者的结合中。在人们的道德品格的形成过程中，到底多少因素在起作用，各种因素又起着什么样的作用？这些问题至今仍是心理学、伦理学研究的重大主题。亚里士多德虽然没有给出十分确定的答案，但他的研究确定了问题的所在及其复杂性，对研究人的品德有永恒的启发。

三、品格能改变吗?

现在我们进展到下一个问题。品格一旦形成或成形，还能不能改变？

按亚里士多德的说法，人在养成品德的过程中有自愿性。但一旦品格养成，就不易变动了。"在开始时不正义的人与自我放纵的人可以选择不变成那样的人。可一旦他们已经是那样的人了，他们就不再可能不是了。"（1114a22-24）这就是说，一旦坏人已经养成习惯，哪怕他们很愿意不再不公正，情况也由不得他们了。亚里士多德以健康为例。身体是否保持健康一开始取决于个人的努力。可一旦得病，再想回归健康就不再是这个人自己可以决定的了，至少是很难的。有些坏人到了一定时候会很讨厌自己的品格，很想脱胎换骨重新做人，可却发现深受第二本性的限制，心有余而力不足。在讨论友爱时，亚里士多德生动地描绘了邪恶之人对自己的憎恨（1166b7-29）。这意味着人的品质如过河的小卒子，不能再回头了。越是经常以某种方式做某事，便越有可能继续以那种方式行事，就越是难以打破那种习惯。

亚里士多德的这一论点有其一贯性。《尼各马可伦理学》第二卷把德性定义为是在长期的习性中养成的根深蒂固的品质（hexis）。在另一地方，亚里士多德又把德性描述成第二本性。"习惯很难改变，因为它像自然本性"（1152a31-2）。根深蒂固的习性会变成人的一部分。在《范畴篇》中他也说："正义，节制以及其他德性似乎不是容易改变的。"（8b35）

可是这一观点又引起了伦理责任的问题。因为它会导致"性格决定论"。按照亚里士多德的观点，真正有德的行为是从恒定的品性发出的行为。真正恶的行为亦同样。那么，我要对出自固定品质的行为负责吗？如果你相信一个人不需要对自己所养成的品性负责，那他也不必要对出自固定品性的行为负责。可即使你相信一个人要对自己所养成的品质负责，如果品质不能改变的话，岂不是就没有办法纠正坏人做坏事了？你可以指责他为什么会养成这样的坏品质，但他的品质已经这样了，骂也没用。要改变这样的人，就必须改变他的已经成形的品质。可是，如果性格不能改变，那又怎么办？一个不断做坏事的人会为自己辩解说，"不是我乐意做这事，我也想改。可我就是这么一个人，怎么改也改不了。"性格决定命运。他实在不想做坏事，但性格使然。他有些身不由己。别的人也会说："算了算了，他就是那样的人。"

亚里士多德自己意识到这一问题，所以他有时又修正自己的观点。在《尼各马可伦理学》第九卷第 3 章中，他承认一个有德的人可以变成不再是有德的（1165b13-22）。在《范畴篇》9a2-4 以及 13a24-31 中，他也说："对于一个坏人，如果他被介绍一个新的生活方式、新的思维方式时，他便可以有些改进，也许进步甚微，但他一旦有了进步，即使进步很小，他也可能完全改变，或有更大进步。因为尽管在开始时进步微乎其微，但人总是更容易倾向于德性。如若此过程不断进行，最终会把他带入完全不同的状态中，假如时间允许的话。"在《政治学》1332b9-10 中，他又说："如果理性劝导他们做他们应当做的，那么人们就会做很多事去对抗习惯与天性。"这些文本所表达的观点显然不同于第三卷第 5 章所说的："一旦他们已是那样的人了，他们就不再可能不是了。"（1114a122-24）后面这一立场真的太过强硬。

按照这一修正的观点，亚里士多德的最后立场应该是，品质具有坚定性、连续性与稳定性。一个养成习惯的品格不会轻易离人而去，已经养成的品格，不会在一夜之间消失。但亚里士多德没有排除品格或品质改变的可能性。他把这种可能发生的改变的原因放置于人的理性上。如果人听从理性的召唤，痛下决心，痛改前非，经年恶习也可以被打破。

但这不会是一件容易事。理性可以使人接受劝说，改掉坏的目的，或自己明白人生目的的错误。可亚里士多德不是苏格拉底，不认为德性仅仅是知识或信念。德性也是对情与欲的部分长期进行训练的结果。它是一种品味，养成不易，改变亦不容易。即使能改变，也是一个漫长的过程，不会是一朝一夕的。这也就是为什么邪恶之人即使自我憎恨，也无法立即改变的原因。修炼一种德性需反复练习，去掉一个恶习亦是如此。不过，只要改变是可能的，那么具有不良品格的人就应该去根除恶习，而不是顽固不化或自暴自弃。"浪子回头金不换"，这句谚语倒是概括了这里的思想。

亚里士多德没有就这个问题说更多的内容。我们可能会觉得亚里士多德说得不够透彻，不够让人满意。可是他显然明确地意识到了问题，并指出了研究的大致思路。人们都会认同人的品格有一种恒常性的东西，可是这种恒常性的东西究竟能保留在何种程度和范围呢？仔细想想，我们拥有以下两种日常观念：

(1) 江山易改，本性难移。

(2) 脱胎换骨，重新做人。

这两种信念都显得有理，可是相互冲突，构成张力。它们在很大程度上与亚里士多德的考虑是一致的。我们应该想想，我们在多大程度上能调和它们，能比亚里士多德说得更多一点？值得一提的是，最近西方学界有一种有影响的关于品质的争论。亚里士多德认为，人们有一个固定的、稳定的品质。按照他的思路，如果了解了一个人的品格，那么就能够对这个人在相同情形下会做出什么样的事情做出大致不错的推测。可有的学者根据实验心理学的一些实验结果，怀疑我们到底是否有一个固定的有特定倾向的品质。在他们看来，人们所做的许多事情是由他所处的环境和情形决定的，而不是出于其品质。这可以说是关于品质或德性的怀疑论。有兴趣的读者，可阅读 J. 多利斯（Doris）的 *Lack of Character*（2002）。这场争论尚处于开始阶段，远未定论，即使会有定论的话，用若干实验去否定一个哲学理论始终是困难的。我的意见是，知识论中的怀疑论并不能使我们停止对知识的追求，事实上反而促进了知识论的发展。同样，关于品质的怀疑论并不能使大多数人去否认品质的存在，但它能使我们更好地理解品质，尤其是品质的稳定性、固定性的程度。

第八讲 意志薄弱

迄今为止我们一直在讲德性及其对立面，即邪恶。可是人的品质除了德性与邪恶外，还有别的状态。亚里士多德列举了另外两对：一对是意志坚强与意志薄弱，还有一对是超人的德性与兽性。兽性是指那种能让人做出诸如吞噬自己的孩子等耸人听闻、令人发指的行径的状态。当我们说一个人"兽性大发"时，这个人在那时就不再是正常的人了。超人的德性是指丝毫不关心自己，绝对大公无私，一心一意、全力以赴为他人而活着。这是一种圣德。兽性低于正常人性，而圣德又高于正常人性。亚里士多德认为这一对品性不是常见现象，所以只是一笔带过。可他对意志薄弱/意志坚强这一对品性状态却作了深入分析，尤其是对"意志薄弱如何可能"这一问题。这一分析是《尼各马可伦理学》第七卷第1～10章的内容，也是我这一讲的主题。

本讲共分三部分。第一部分描述意志薄弱现象，尤其是苏格拉底在这个问题上的看法。苏格拉底断然否认意志薄弱现象的存在，而柏拉图则用理性与欲望的冲突来解释这一现象。它们是亚里士多德讨论这一问题的背景。第二部分"意志薄弱者的知识"是要展现亚里士多德的思路与分析。正是在讨论意志薄弱时，亚里士多德对"拯救现象方法"作出了最明确的阐述。他对这一问题的分析是其应用拯救方法的典范。亚里士多德讨论的重点是要保留苏格拉底立场中的真理性因素。我们还会比较亚里士多德的立场与现代哲学对意志薄弱问题的讨论。第七卷第 3 章是关键，是本讲的第二部分内容。在其余各章节中，亚里士多德谈及了与意志薄弱相关的一系列问题，最主要的是意志薄弱与不节制的关系，它们构成了本讲的第三部分内容。

一、意志薄弱的现象

什么叫"意志薄弱"？亚里士多德自己的正式说法是：行为主体对目标有理性思考并得出了一个人应该做什么的结论或做出了相应决定，可是却未能按这一决定行动，而是放弃了它。而意志坚强者则是能贯彻理性的决定（1145b11—2）。用更简明的话说，一个意志薄弱的人明明知道什么是应该做的，却不去做或做不到，或者明明知道他在做不应该做的事，却停不下来。此等现象比比皆是。例如，明知应勤于锻炼把难看的啤酒肚去掉，但就是慵懒不动；明知抽烟有害，却戒不掉；明知不应该再看电视，而应当努力读亚里士多德的书，可就是从沙发上站不起身来；明知吃极辛辣的食品对身体不好，可还是要吃，并且越辣越好；等等。

意志薄弱的希腊文是 akrasia，其中 a 是"不"，而 krasia 指"控制"、"掌握"、"主宰"等，直译应为"不能控制"或"失去控制"。这种无法控制是对于某个人来说，明明知道自己应该做某件事情，但是控制不住自己去做，反而选择做那理性认为是不好的事。它有多种英译，包括 incontinence，weakness of the will，lack of control 等。用中文表述的话，"未能自制"，"缺乏自我控制"，更接近原意，虽然原文中并无"自我"一词。严格说来，"意志薄弱"不是合适的翻译，因为亚里士多德还没有"意志"这一概念。我们在讨论伦理责任时说过，正因为没有"意志"这一概念，亚里士多德对责任的理解有别于今日哲学的"自由意志论"。但是，"意志薄弱"这个术语传达了亚里士多德要讨论的现象，并且作为一种现象，它是大多数人都熟悉的。在日常语言中大家至少含糊地知道它指的是什么。要是说"未能自制"，大家会有些费解。所以思考再三，我觉得在这部讲演录中还是使用"意志薄弱"来讲亚里士多德的 akrasia。

在一般人的想法中，缺乏自我控制是坏事。看看贪官们被审判时痛哭流涕的忏悔，无一例外都是说他们在声色犬马中抵挡不住诱惑，迷失了自己。不过，意志薄弱虽然是一种重大性格缺陷，却不是邪恶。意志薄弱不是道德问题。上面的许多例证并不属于通常理解的道德范围。事实上，如果一个人的判断是错误的，意志薄弱还可以产生好的结果。最近大家在讨论一位张先生的绿豆养生论。不少人想按照这种理论做，可受不了苦，坚持不下去。结果张先生的理论被认为没有多少科学依据。这样一来，原先未能坚持下来、半途而废的人或许会感到很庆幸。亚里士多德自己也以希腊悲剧家索福克勒斯的《菲罗克忒忒斯》（*Philoctetes*）为例说明意志薄弱也可以是好的（1146a18-21，1151b9-21）。征讨特洛伊的希腊大军在战斗中迫切需要菲罗克忒忒斯的弓与箭。菲罗克忒忒斯在来的路上因为被蛇咬伤而被希腊人抛弃在荒岛上。奥德修斯与那波托勒姆斯奉命去岛上把菲罗克忒忒斯及其弓箭带回战场。那波托勒姆斯答应奥德修斯去欺骗菲罗克忒忒斯，但行将得手时又于心不忍，未能贯彻理性的决定。

当然，意志薄弱也不是美德。有德性的人是具有实践智慧的人。有德性的人是不会受到诱惑的，不会为生理上的低等的快乐所征服（1146b4-9）。但意志薄弱的人肯定不是有实践智慧的人。有实践智慧的人是不会有意识地去做坏事的。

与意志薄弱相对立的是意志坚强（enkratia）。一个意志坚强的人在作出决定后，会进一步按自己的决定行事，贯彻自己的决定。意志坚强也不是德性。德性具有正确的目标，而意志坚强是一种固执，也可以是邪恶的人所具有的性格特征。

邪恶的人既可意志薄弱，又可意志坚强。如果他虽有坏的选择，却未能贯彻这坏的选择，不能按这种选择行事，那么这个坏人的意志是薄弱的。反之，如果一个恶人能一心一意、不折不挠地贯彻自己的选择，追求自己的目标，那么他/她便是意志坚强的。意志坚强的坏人肯定比意志软弱的坏人更有破坏力，更不好对付。好人知道什么是善的，并以此行动。坏人根本不知道什么是善的，也谈不上以此行动。而软弱的人则明知什么是善，却不起而行之，不去实现它。

意志薄弱是重大的伦理学、哲学问题。人类往往自称是理性动物。但是如果人类虽然有理性，却控制不住自己的行为，又如果人们可以完全不按照理性来规划、设计自己的生活并且不能够用理性控制自己、指导自己的行为，那么，说人是理性的动物又有什么意义？所以理解意志薄弱现象与理解人类实践理性究竟是如何运行的，具有很密切的关系。

一般来说，我们以为，在判断与行为之间有着必然的内在联系。一个人想什么、信什么与他做什么是内在地联系在一起的。我们常常从一个人的信念与欲望中去寻找他为什么如此这般行为的理由。可是要搞清楚他到底有什么信念与欲望，我们又必须观察其有意愿性的行为，即俗话所说的："听其言，观其行。"正是有意识、有意愿性的行为揭示了一个主体究竟认同什么样的价值。信念欲望是解释行为的充分条件。个人的行为应当是从主体的信念与欲望来看非常合理的行为。

可是在现实生活中，我们却经常见证到，并且经验到下面这种现象。即一个人可以作出很理性的决定，能够很清楚地判定什么是最好的行为以及什么是他应该做的，然而他却不能够据此去行动，不去做他所判定的应该做的事。这便是意志薄弱的现象。

这种现象在生活中大量发生。它的存在严重威胁人们作为理性动物的形象。如果人是理性的，如果他是可自由选择的，那么他既然已认为 A 比 B 是更好的行为，为什么还要去做 B？意志薄弱现象似乎割断了信念欲望与行为之间的联系，使人们解释行为的传统模式变得颇有问题。于是，如何解释这一现象便成了理解人类实践理性的一个核心问题。

按一般人甚至是绝大多数人的见解，意志薄弱现象的存在不是问题。一个人会悖逆他自己的正确判断，不去做那自己知道是正确的事，或者去做那自己知道不该做的事。大家常常会有这样的体验。问题是如何解释它如何是可能的，是怎样发生的。这个问题甚至是人类自古至今都需要面对的。有很多伟大的文学作品都是以此为题材和主题的。

与大多数人的观点相反，苏格拉底否认意志薄弱现象是一种真实的存在。在他看来，所谓的意志薄弱现象不过是一种幻觉。亚里士多德提到，苏格拉底否认人们会故意不去做好事（1145b23-4）。如果一个人明显地违背自己正确的判断而行事，那必定是因为他实际上缺乏这种知识，并不知道什么是最好的。

苏格拉底有什么理由与人们的常识唱反调？在柏拉图的对话《普罗泰戈拉篇》的352b-357e处，他给出了否认意志薄弱现象存在的理由。其要点如下：如果有两个行为，A 与 B，可供人选择，其中，A 是好的、道德的，B 是坏的，但能给人带来快乐。在一般人的理解中，虽然人们知道 A 是好的、道德的，是应该做的，可是却无法抵挡 B 的诱惑去选择 B。就是说，人们往往用快乐及痛苦等欲望来解释软弱现象。可苏格拉底认为这种解释是无法成立的。因为当我们欲求某个东西 A 的时候，肯定是因为我们认为 A 是好的。如果 A 是不好的，我们是不会去欲求它的。而我们认为好的东西是能带来快乐的。故我们之所以去欲求 A，是因为它看来是快乐的。这样一来，当我们欲求 A 的时候，A 亦是能给人带来快乐的。我们不可能在欲求 A 时被另外一个快乐的东西 B 所吸引。如果这种事情确实出现了，只能是因为人们的快乐概念或者好的概念错了。

以此为基础，苏格拉底认为，当我们认定某物是好的时候，我们不会选择与这一信念相对立的东西。当我们有机会既可以做 A，也可以做 B 时，我们不会一方面相信 A 比 B 好，另一方面却选择 B。所谓的意志薄弱现象的出现并不是因为人们对快乐的欲求战胜了人们对好或善的欲求，而是因为人们根本不知道什么是好，没有关于好的真正的知识。所以，当人们以为出现意志薄弱的情况时，其实是犯了无知的错误。苏格拉底因此宣称德性即知识、无人有意作恶。如果有人作恶的话，原因也并不是因为人们意志薄弱，而是因为他并没有关于好和善的真正的知识。真正有知识的人是不会像奴隶一般被拖来拖去的。

不难看出，苏格拉底的立场取决于两个前提：

人所欲求的是好的东西。这是因为人人都欲求幸福。幸福是人类生活的最高目的。我们的欲望依赖于"这是好的"这样一种信念。一旦我们放弃这一信念，欲望也就随之消逝。

如果人们欲求 A，而 A 是好的，那么，A 也必然是快乐的。

可是，苏格拉底的理论虽然有它的道理，毕竟无法与我们在日常生活中所经验的事实相一致。常人可能不知道怎么驳倒苏格拉底，却总是觉得不甚信服。在《理想国》中，柏拉图运用其灵魂三分理论提出了一种更为接近常识的解释。实际上，柏拉图的灵魂三分学说与意志薄弱问题有很大的关系。灵魂有三个部分：理性，激情，欲望。三部分间存在着冲突。当理性占主导地位，控制欲望时，灵魂是和谐有序的。一旦欲望占主要地位，控制理性，一个人就会按欲望行事，即使其理性能判定什么是好的。这时，意志薄弱就产生了。

为反驳苏格拉底否认意志薄弱的立场，在《理想国》438a-b 中，柏拉图提出了"有限制原则"。以知识为例。知识本身是关于一切可学的东西的。如果要限制什么是可学的东西，那么也就对知识进行了限定。比如关于造房的知识就是关于如何造房的，关于做饭的知识就是关于如何做饭的。一旦知识是关于一类特殊事物的，则这种知识也变成了特殊知识。但知识自身是没有限制的。同样道理，喝东西从本性来说就是为了解决渴的欲望。渴本身没有限定一定要喝什么。一旦对喝的内容进行了限制，比如要喝热的或者凉的东西，那么，就立即对渴和喝有了限制。此时欲望就不只是想喝，而是变成了想喝热汤的欲望或者想喝冰镇啤酒的欲望。总之，渴本身作为一种欲望，就是为了喝（439a），不一定非要喝好的东西或某种特定的东西。这也就是说，欲求的东西不必然与好的东西相关。如果要想喝好的东西的话，那么，欲望就有了限制，即变成了欲求喝好的东西的欲望。

据此，欲望不必然与好的、善的对象相关。于是，苏格拉底否认意志薄弱现象的第一个前提就不成立了。由于欲望不一定是为了善，并不自动地从属于我们关于善的概念，而激情部分又不是为了整体的善，一旦它们联手战胜理性，意志薄弱的现象就可以发生。一旦柏拉图驳斥了苏格拉底对意志薄弱的否认，他也就拒绝了苏格拉底"德性即知识"的理论。如果德性涉及灵魂的各个部分的话，就必须要涉及对灵魂中激情部分的培育。因而，在柏拉图看来，仅有知识对德性的构成是不够的。美德的形成当然需要有真正的知识，但同时也需要对情感的培育。正因为如此，《理想国》才会在第二卷至第四卷用长长的篇幅来谈论对保卫者情感的培育。灵魂在接受真正的理性指导之前需要有正确的痛苦与快乐感。真正的美德仅仅靠教给人知识是不够的，必须通过长时期的教育修养过程。

以上是亚里士多德讨论意志薄弱问题的理论背景。

二、意志薄弱者的知识

我们通过上面几讲已经知道，亚里士多德与柏拉图一样，其德性理论不是纯理智主义的。他也同意柏拉图的看法，即苏格拉底忽略了道德情感教育的重要性。按照这种基础，在意志薄弱问题上，亚里士多德似乎更应该倾向于柏拉图的立场。其实不然。亚里士多德承认意志薄弱现象的存在，也非常清楚苏格拉底的立场与常识相悖，与大多数人的体验相矛盾（1145b28），可他并不认为苏格拉底的立场是荒唐的或者是可以轻易抛开的。

正是在《尼各马可伦理学》第七卷第 1 章，在讨论意志薄弱的语境中，亚里士多德阐述了他的"拯救现象"的方法（1145b4－8）。"现象"是人们有关某一问题的观点，而不只是经验现象。该方法包括三个步骤：一是搜集确立他人的观点，二是分析这些观点的冲突以及它们所引起的疑难，三是作出一种结论，它既能表明各方观点的缺陷，又能保留各种观点中的真理性成分。我们在第一讲中介绍亚里士多德伦理学方法时讨论过这一方法的普遍意义。在这里，我们可以通过亚里士多德对意志薄弱问题的讨论具体地看到他是如何应用这一方法的。

亚里士多德在处理意志薄弱问题上的独特贡献正是要"拯救"苏格拉底的观点，要留住后者那看似荒唐的立场中所隐含的真理性成分。苏格拉底的立场确实与常识相悖，可与常识相悖并不意味着荒唐。一个立场是否荒唐，取决于它能否为论证所支持，而不在于它是否与大多数人的意见相吻合。正如那么多人相信上帝，并不等于证明了上帝一定是存在的。其实，即使"荒唐"这一词语的英文 absurd，其原来的意义也不过是"不适合于这个地方"或"不合时宜"。然则不适合于这个地方，不合时宜的事情或感受可能在别的时间空间十分合适。一个人的垃圾可能是另一个人的宝贝。

亚里士多德从以下这一角度着手。"拥有知识"是个含混的字眼，可以表现为多种不同的方式。人们都认定意志薄弱者知道他应该做什么。如果这是正确的话，那么他到底具有什么样的知识？"知识"应该有多种含义。苏格拉底否认意志薄弱现象的存在，是因为在他看来，一个人做一个较差的行为 B 乃是因为他并不真的知道 B 是较差的行为。苏格拉底的信念是，真正的实践知识有一种力量。这种力量必然能够促使主体去做正确的行为。这种力量使得主体不可能自愿地偏离正确行为。所谓的意志薄弱行为，其实是出于无知。亚里士多德相信苏格拉底这一观点的大方向没错。他自己的研究途径就要通过对意志薄弱者的认知状态的分析，来确定究竟在什么意义上意志薄弱主体知道他应该做的事，或者知道他正在做的行为是不对的。如果说他处于无知的状态，那么这种无知状态又是以什么方式体现出来的？"我们必须研究这样的人所经历的变化；如果他这样做是由于无知，我们必须找到这是一种什么类型的无知。"（1145b27-29）"一个意志薄弱主体究竟在什么意义上判断正确？"（1145b21-2）"我们必须首先考虑，意志薄弱的人在行为时究竟是知还是不知，是以什么方式知？"（1146b8-9）

亚里士多德最后得出的结论是，意志薄弱主体，既有知识，又处于无知状态。换言之，他既具有又不具有知识。一方面，主体确实获得了有关知识；可另一方面，他所具有的知识由于某种原因在当时未能启动或者失效了。亚里士多德的讨论要引导出这样一个结论，即意志薄弱主体的知识与他的无知是并存的，相容的。因此，亚里士多德的立场是接受苏格拉底的思路，但修改限定后者的结论。

在第七卷第 3 章中，从 1146b31 到 1147a34，亚里士多德引入了三种细致区分，说明意志薄弱者在逻辑上完全有可能既"知"又"不知"。他以这三种区分展现"具有知识或理解"的不同含义，表明了意志薄弱者究竟"具有"或"缺乏"什么类的知识。他的讨论很简短，含混，相当晦涩，引起了不少争论。我们可将其基本立场概括如下。

区分一：使用与不使用（1146b31-5）

说某人"知道"，可以有两种含义。第一种含义是说一个人"拥有"知识，虽然他在当下并没有在使用这种知识。第二种含义是他在使用这种知识。这里的"使用"并不一定是指依据此知识而行动，而是只要在想着这种知识，意识到这种知识就可以。在前一种含义中，这个人是"潜在地"知道；在后一种含义中，这个人是"现实地"知道。一个人拥有某种知识，可在当下没有想到它，没有意识到它，那他便只有"潜在地"拥有那种知识。例如，一个人知道某个字或某句话的希腊文怎么说，可在某种场合他临时想不起来了。这时他的状态就可以说是既知又不知。按照这一区分，一个人之所以做那他知道不该做的事（即意志薄弱），乃是因为他那种知其不该做该行为的"知识"，在那种场合下没有被注意到，没有发挥作用。

区分二：普遍与特殊（1147a1-10）

导致行为的实践推论会至少涉及两个前提，一是普遍的（如坚果是健康食品），一是特殊的（如核桃是坚果）。如果一个人具有这些知识，并能把它们结合起来，那么很难想象他会不去选择核桃。亚里士多德认为，意志薄弱者在这一推论中出现了差错。简单来讲，其差错有二：一是该主体知道普遍性的前提，但是未能意识到特殊前提。就上例来说，他不知道核桃是坚果。当然，他也可能不知道大前提，即普遍前提。可如果没有大前提，他也就彻底没有知识了。动物没有意志薄弱现象，正是因为它们不知道大前提。所以亚里士多德在把行为推理分解成普遍前提与特殊前提之后，把意志薄弱者的无知放在小前提中，认为特定行为是由小前提而不是大前提所引发的。如果行为主体知道大前提，那么对推理的特殊前提的知识会引导向正确的行为。可关于特殊前提的信息，意志薄弱者要么是没有，要么是不能理解，于是他便不能做正确的行为。可由于他又知道大前提，所以我们不能说他没有知识。

按照希腊知识论的主流观点，真正的知识必定是普遍的。意志薄弱者的第二个差错是他知道大前提，也知道小前提，可是却未能把大前提与小前提结合起来。例如，他知道，"不能多吃那带来快乐的东西"；他也知道，"甜的东西是快乐的，而这是甜的东西"。基于这些信息，有实践智慧的人会得出结论，"不能多吃这一甜的东西"。可意志薄弱者却未能在这里把大前提与小前提结合起来，得不到正确的结论。为什么会发生这样的情形？亚里士多德在这里诉诸情欲。意志薄弱者的情欲导致了他对特殊事实的忽视与无知，也导致了他推理的大小前提间的断裂。

区分三：醉与醒（1147a10-24）

亚里士多德也把意志薄弱者的心智状态与醉汉、睡觉者甚至是处于疯狂状态中的人的心智状态相比较。而意志薄弱者陷于这种状态的原因是由于强烈的愤怒与欲望。这一主体本来已经获得了相关知识，可他一旦处于这种状态，那他就不再能够使用他已经拥有的知识。当然，处于盛怒中的人，或者为欲望所主宰的人，一旦从此种状态中清醒过来，仍能发挥使用那原来具有的知识。意志薄弱之所以发生，乃是因为欲望或其他相关的情感阻止了这个人"提取"使用已具有知识的能力。说得具体一点，是他的情欲瘫痪了他将看到的相关事实与头脑中的普遍知识相结合的能力。他为情欲所困，不能冷静镇定地确立在当下环境中该做什么或不该做什么。

有人可能会反对说，有些意志薄弱者的心智状态不同于醉鬼，也不同于为情欲所烦扰的人。他们能够很清晰地、很认真地表达那亚里士多德声称意志薄弱者不能现实地发挥使用的知识。对此，亚里士多德回答说，这类人就如同有的演员（tous hupokrinomenoi，背诵者）。他们在舞台上能够流畅地背诵台词，但这并不表明他们真的理解、把握、领会了自己在说什么，这样的演员就如同老和尚念经，有口无心。意志薄弱者也有点像初学者，初学者往往不能领会他们在谈论的东西。要想让所学的东西在心中扎根，变成自身的第二性质，是需要时间的（1147a20-23）。意志薄弱者只是能谈论伦理德性中的"道理"。可这类"道理"未能在他们的灵魂深处扎根，并未真正为他们所领悟或贯通，未能变成他们品格中的一部分。

通过区分各种"知"的不同含义，亚里士多德认为他说明了意志薄弱者为什么能够同时处于"知"与"不知"这两种状态。这样的人确实具有知识，如依据那样的知识行动，就会成为意志坚强的人，或者节制的人。可是，一旦情欲侵入，这样的知识便不能再起作用。大家应该能看到，亚里士多德这里的分析与他在《尼各马可伦理学》第三卷第 1 章对行为责任的讨论是有联系的。

以上便是亚里士多德对意志薄弱现象所给出的诊断。基于这一诊断，亚里士多德的结论是："由于最后的前提不是普遍的，其认知水平也不同于普遍前提，故苏格拉底所寻求的结果是可能出现的。"（1147b3-5）大多数人的观点并不是完全对的，而苏格拉底的观点也不是完全错。在他看来，在意志薄弱中，知识确实被欲望克服。这承认了柏拉图观点的意义。按照古希腊知识论的主流观点，真正的知识必定是普遍的。可是在意志薄弱中，欲望所克服的不是普遍知识，而是有关特殊情形的直接的知觉知识。如果一个主体的普遍知识是活跃的，他不会不按此行为。为情欲所拖曳的，不是真止的知识，而是基于知觉基础上的信念。欲望确实在起作用，但欲望不是笼统地与理性相对立，而是打断了理性的进程。这样一来，亚里士多德通过区分"知识"的意义，拯救了"现象"，使每一立场都得以在一定范围内获得尊重。

为什么亚里士多德要坚持采用苏格拉底的思路？他为什么要认为意志薄弱者的行为虽然不是完全缺乏知识，但归根到底还是一种无知？亚里士多德自己没有解释这一思路，而他的听众似乎也没有质疑他的思路。我想下面两个原因是主要的。第一，他与苏格拉底一样坚信理性的力量。在 1145b24-5 中，他赞同性地引用了苏格拉底在《普罗泰戈拉篇》中的话："如果知识在一个人之中，而别的东西却能够主宰这种知识，并能像拉扯奴隶一样把它拉来拉去，这会是很奇怪的事。"换言之，他不相信真正的理性知识能被欲望所克服。

第二，亚里士多德的幸福主义与苏格拉底的伦理学分享一个共同的基本前提，即我们都希求那善的东西，即幸福。幸福是每个人所寻求的最终目的。由此出发，如果我们知道什么是善的话，便一定会去做，因此，如果我们没有去做那善的事，那一定是由于我们缺乏真正的知识。这正是苏格拉底立场的第一个大前提。从这一前提出发，把意志薄弱的行为看做是无知的行为就变得很自然了。

总结一下，亚里士多德的思路是，意志薄弱者出于无知而行为。在这一点上，苏格拉底是正确的。可这样的人其实也知道要做更好的事，不做他所不应该做的事。苏格拉底的观点未能抓住并阐明这一点。他完全否认了意志薄弱者有知识，所以也否认了意志薄弱的可能性。亚里士多德没有完全拒斥苏格拉底，而只是想纠正其偏颇之处。他要做的是确定"知"与"无知"有不同意义，把一个人应该做却没有做的行为分析成不同的成分，然后确定无知出现在哪一个成分上。他在确定"知道"的不同种类时，也确定了"无知"的种类。意志薄弱者既有又没有知识，既"知"又"无知"。这便是第七卷第3章的主要论证。

亚里士多德按苏格拉底的思路所做出的发展，是一种模范性的哲学分析。可在相当程度上，他的分析依然不能让人完全释然和满意。亚里士多德自己其实区分了两类意志薄弱。一类是"冲动"（propeteia, impetuosity），即理智受到蒙蔽而不能清楚地判断自己应该做什么；另一类是"软弱"（astheneia, weakness），即由于软弱而放弃去做那该做的事（1150b19-23）。"冲动"是由于理智受到干扰未能透彻慎思，而"软弱"则是未能贯彻慎思的结果。严格地说，前者是"不能自制"，而后者才是"薄弱"。

亚里士多德的分析大致说来比较适合于"冲动"，而不大适合于"软弱"。冲动的人其行为才是由于一种无知、一种知识的失败。他的问题是必须让自己冷静下来，好好地去想清楚。如果他冷静下来，想清楚了，其行为或许就会不相同。可是，"软弱"给一般人的印象不同。一般人更容易认为，"软弱"是由于主体未能控制住欲望，而不是如亚里士多德所言，是欲望打断了推理的进程，阻止了知识的结合。

再者，如果欲望的作用使知识打断推理的过程的话，那么意志薄弱的人便不会有自我冲突的意识，不会经验到内部冲突与自我挣扎。可是，亚里士多德又经常强调意志薄弱的人多意识到他们所做的是错的（1136a31-6），他也常常断定他们内心充满纷争（1136a31-b9，1150b19-25，1166b6-8）。正是亚里士多德自己对情欲作用的一种依赖（1145b2-14，1151b5-6），使柏拉图以欲望与理性的冲突来解释意志薄弱的路数一直很有影响。

现代哲学对意志薄弱现象的哲学兴趣丝毫未减，而且与行为哲学，实践理性，伦理判断的性质等重大问题联系在一起。行为哲学（philosophy of action）的一个中心问题就在于理解人类为何有意志薄弱的现象。原因就是因为这种现象完全违背了人是理性动物的信念，会使得人类失去对理性自我的信心。现代伦理学的出发点是，人是自由选择的行为主体。作为自由主体，人们的行为反映了他们对各种可能希望的优缺点的综合评价。如果这样，一个人怎么可能违背自己的评价结论去行事？如果他真诚地认为行为 A 优于行为 B，他怎么可能不按照这一判断行事，怎么会不去做 A？

在现代哲学中讨论意志薄弱问题影响最大的两位哲学家，一是 D. 戴维森（Davidson），一是 R. 海尔（Hare）。两人的立场很不相同，可是他们在总的趋向上更接近苏格拉底与亚里士多德的思路。他们都是要保持行为中理性评价判断的中心作用，倾向于拒斥意志薄弱。海尔认为，如果一个人真的以为他应当做 A，那他不可能去做 B。这与他对评价性判断的态度相关。评价性判断的职能是指导行为。指导行为意味着要回答"我会要做什么"这样的问题。这种回答构成了一种"命令"，对自己的命令——"让我做 A 吧。"由此看来，一个人的选择与行为体现了他的评价性判断。如果他认为 A 是最好的行为，他便去做 A。如果在生理上和心理上许可的话，每个人总会做他认为该做的事。实践理性应当是能指导人们的行为的。不然的话，人们就必须怀疑道德及其他评价性判断是否真的能指导人们的行为。作为理性的动物，我们依据理性行为，依据我们对各种可能性的分析估价而行为。割断评价性判断与行为之间的关系是极其困难的。

可是，怎么看待意志薄弱现象呢？海尔的观点是，要么是因为这个人实际上由于身体或心理上的原因做不了 A，要么是这个人并不真的以为 A 是好的。他或许只是觉得大多数人是这样认为的。所以，"应当做 A"对他自身而言并不是评价性判断，他并不真的接受这种价值，只是在表面上附和大多数人的意见。在海尔看来，我们面临一种选择：要么接受道德原则不能指导人们的行为，要么放弃苏格拉底的有关意志薄弱的结论。显然，放弃前者的困难要大得多。更何况，如果道德原则指导不了人们的行为，我们又有什么必要对意志薄弱的现象感到困惑呢？

戴维森 1970 年发表了《意志薄弱如何可能》这一经典论文。在该文中，他指出否认意志薄弱这一现象存在的人们主要是由于两条原则：第一，如果该主体更愿意做 A 而不是 B，并相信自己可以自由地选择做 A 或 B，那么他会有意向性地做 A。第二，如果该主体认为做 A 好于做 B，那么，他更会要做 A 而不是 B。由于我们的评价性判断是一种行为动机，所以如果将这两个原则相结合，意志薄弱就似乎是不可能。可戴维森仍认为意志薄弱是可能的。他把意志薄弱这一现象表述如下：

> 一个主体有意向性地做某一行为 B。
>
> 他相信他亦可以做另一不同行为 A。
>
> 他断定，如果把所有因素考虑在内的话，做 A 要比做 B 好。

实践推理的结构是有条件的，有联系性的，而不是无条件的。"把所有因素考虑在内"这一特征是很重要的。做 A 优于做 B 是相对于某一考虑而言的。但这并不意味着 A 全面地优于 B。说 A 当下优于 B，并不意味着 A 总是优于 B。所以，即使人们知道在当下 A 优于 B，但人们还是会选择 B。这便是实践理性的性质。在开始时，总是确定由于某一因素，一种选择优于另一种。可是要使实践推理充分，那么所考虑进的因素要增加，并在那种基础上比较 A 与 B。意志薄弱者的 A 优于 B 的判断正是由此而来。意志坚强的人会说，如果一件事 A 在一切可能因素都考虑进去的基础上是好的，那就应当做 A。可意志薄弱者不同。他把一切因素考虑进去后，仍不能确定 A 绝对好于 B。他的理性有缺陷，看不到由于他的一切考虑都指向 A，他便没有做 B 的充足理由。他自己都不能明白自己的行为。故戴维森的结论是，意志薄弱者是可能的，但却是非理性的。因这样的人不依照自己所做的关于什么是好的行为的判断，故从他自己的角度看也是没有道理的。如一个失业的人终日酗酒，他知道他不应该消沉，而应该积极去争取工作，可他就是沉湎于其中不能自拔。

意志薄弱是实践非理性的样本。

戴维森的结论引起了人们对实践理性的重大兴趣。可人们仍不认为他完全说明了意志薄弱的可能性。因为，按照他的观点，只有在该主体的好的判断被理解为只是条件性的当下的判断时，一个人才在违背好的判断而行动。如果是无条件的评判性判断，则是不可能的。现在人们的兴趣是，如果一个人违背自己的无条件的好的判断，那么这一行为的可能性及理性地位是什么？很有吸引力的解释依然是承认主体对自身选择的评价与其行为动机间不甚一致。这又接近于柏拉图灵魂三分中的思想。不难看出，对意志薄弱的讨论还是限于古希腊哲学的框架中。

三、意志薄弱，不节制与德性

第七卷第 3 章是亚里士多德讨论意志薄弱的核心章节。此外，他在第 1 章后半部分与第 2 章列举了各种关于意志薄弱的疑难。在第 4 至第 10 章中，亚里士多德考察了这些问题。这些疑难包括：

(1) 意志薄弱的范围，其一般形式与其他众多特殊形式的关系；

(2) 意志薄弱与不节制的关系；

(3) 意志坚强与节制的关系；

(4) 意志薄弱与实践智慧的关系；

(5) 意志薄弱与德性的关系。

大致来说，第 4 至第 6 章是回答 (1) 的，第 7 至第 8 章是回答 (2) 的，第 9 章是回答 (3) 的，第 10 章是回答 (4) 和 (5) 的。这些章节只是松散地联系在一起，其中重复、零碎、不一致之处甚多。

第 4 章至第 6 章要区分纯粹的意志薄弱与其他特定种类的意志薄弱。这涉及第七卷第 1 章开头的问题，即意志薄弱与意志坚强的范围。意志薄弱关涉的是每一类快乐与痛苦，还是其中的某一特定种类？"纯粹的"一词在希腊文中是 haplōs，亦可译作"无条件的"，"单纯的"，"不加限制的"等。纯粹的意志薄弱是指不是以这种或那种特殊的有限的方式，也不是在某一特定方面的意志薄弱，而就是严格意义上的意志薄弱自身，或者是意志薄弱的主要表现方式。意志坚强与薄弱都跟快乐与痛苦有关。有的能产生快乐的事物是肉体上或生理上所必需的（如食物，性等）；而另一些事物不是必需的，但自身即是值得追求的。它们只是有可能"过度"地被追求（如利润，荣誉，胜利，钱财等）。纯粹的意志薄弱涉及相关于肉体的快乐与痛苦。它是指当一个人未能抵制肉体方面的过度欲望而放弃正确的理性判断。与此相对照，如果一个人不听理性召唤，过度地追求那些不必要的快乐事物，那样的意志薄弱就不是无条件的或纯粹的。它们必须被加上修饰或限制的形容词，如一个人在荣誉方面意志薄弱等。说他们意志薄弱只是在一种相类似的意义上讲的。他们不见得要受到谴责。

　　亚里士多德对意志薄弱范围的限制与他对肉体快乐的观点相关。他一向认为，肉体快乐是必要的（1150a16-17），因为我们也是动物。不过，纵情于其中却从来不是高尚的。不能不顾理性劝导，过度地去追求肉体快乐。亚里士多德对这一范围的窄化是有理由的。按他的观点，道德品格多多少少是道德训练的产物。教育者的第一任务是"培养"少年儿童，对他们的"第一本性"进行教化，熏陶。而这种"教养"的第一课就必定是要求他们不要为肉体欲望所征服，不然的话，人作为人的功能，即人的理性能力就没有机会得到发展和实现了。

　　进一步，意志薄弱只能应用于一般意义上的善行、善举，有些善行要求太高，如把每月的工资都捐给慈善机构，而自己则一日三餐吃面包、喝冷水，我们在理性上当然知道这类善行最为崇高，但我们达不到这样的境界，做不出来。这种情形不能算是意志薄弱，因为这种要求太"超人"。人的德性是可以从一般人类生活中获得的。如果要求每个人都去做最崇高的善行，那么就不会有多少人可以被称作是有德性的。意志薄弱的地方也必定是一般人的德性能体现的地方。意志坚强的情形亦同样。

　　在第5章，亚里士多德又指出，单纯的意志薄弱状态必须与兽性或病态相区分。如果一个人由于人的自然状态的原因不能贯彻理性规定，如果克服他的那些欲望在性质与强度上是非人性的、病态的，那么这种现象就不属于意志薄弱。这种由于兽性或病态而不能自制的例子如孕妇撕开自己的肚子吃婴孩，烧活人吃，吃泥土，易子而食等。它们已经超出了伦理评判的范畴，不再能以恶或性格去评判，就如同我们不会以伦理去评判野兽一样。意志薄弱所关涉的事情只是那与自我放纵或节制相关的事情。它们自然地是快乐的。那兽性或病态所关涉的事物自然地并不是不快乐。兽性现象不是由于理性被克服了或败坏了，而是理性完全消失了。有些人对老鼠等动物过度惧怕，亦是一种病态。

第 6 章说明，单纯的意志薄弱与由激情所引起的意志薄弱也是不同的，而且比后者更差。单纯的意志薄弱与理性较远。激情的代表是愤怒，激情是柏拉图灵魂三分中的第二部分，与欲望近，不易感到羞耻。而相关于激情的意志薄弱似乎在听从理性，可却听错了。如同粗枝大叶的仆人错听了主人的命令。单纯意志薄弱是为欲望克服的，而关于激情的意志薄弱则不然。再者，由激情引起的意志薄弱亦更值得原谅。盛怒之下不听理性的召唤，做出蠢事固然不好，但相比于沉湎于欲望，明知故犯更易让人宽恕。

在这方面，亚里士多德似乎与我们现代人的看法有差异。我们或许会说，严格（即与生理快乐相关）的意志薄弱与其他种类相比，可谴责的程度要低。人们一般容易原谅且更同情那遵从自然欲望的人，因为它不涉及计谋。亚里士多德却一直认为，纯粹的意志薄弱是一种更坏的状态。它不只是一种性格缺陷，而且在某种程度上也是一种道德上的畸形（1149b20）。这是因为他所关注的是意志薄弱对灵魂所造成的差异。他衡量这一缺陷的标准，不是它所造成损害的程度，甚至不是其相应行为可能引起的不正义的程度。从这一标准出发，对官位、财富的过度欲求所引起的意志薄弱其严重性就不如那由生理快乐与痛苦所引起的意志薄弱。因为前者与理性更为接近。前者是经过算计的，是为另一种理性结果所克服，而后者只是为欲望所克服。而我们现代人更倾向于认为，对官位、财富的过度欲望所引起的意志薄弱即使不从其后果来考虑，也是更让人指责的。因为这种心态有意地去破坏他所理解的系统。说明这一差别的一个理由是，他要把意志薄弱的领域与不节制的领域等同。

对于亚里士多德来说，意志薄弱的典型例证是这样一种状态，在其中，行为主体虽然完全是理性的，可却堕落至原初的状态。重要的不仅仅是因为这个主体违背他的正确判断所以在非理性地行为，而更是因为在做这样的行为时，他所追求的目标正是那完全理性的动物所追求的目标。

意志薄弱所涉及的欲望是我们作为人应该有的。所以要解决这一现象，不是要去根除这些欲望，即使那是可能的。如果根除这些欲望，那么我们在解决了意志薄弱现象的同时也摧毁了人类德性的可能性。

对亚里士多德来说，纯粹意志薄弱所涉及的对象与那只在类推意义上的意志薄弱相区别，可却与不节制的范畴相同。由于纯粹意志薄弱涉及肉体方面的快乐与痛苦，它与节制放纵的领域是一致的。也就是说，相应于意志薄弱的德性是节制，而相应的恶是不节制，放纵。不节制的人是追求快乐到极端而不顾及合理量度的人。他是决定了要追求快乐的，为追求快乐而追求快乐，而不是出于别的原因。他也不会为自己的行为后悔。而不后悔的人是无可救药的。有些人可能在某方面的肉欲并不如何强烈，可他为了避免一点点痛苦，还是决定放弃理性判断。这种人相比于那种有着强烈欲望的人来说，更加不节制。设想一下，一旦这种人亦有了强烈的欲望，那他岂不是更不顾理性了？

意志薄弱与不节制的差别在于它们处理快乐与痛苦的方式不同。不节制的人认为他所追求的东西是他应当获取的。他错误地认定了一个人就应该去追求当下的快乐。他是在按他的观念行事。而意志薄弱者并不认为那是他应该追求的东西，不过他还是奔那个方向去了。意志薄弱者向过度的欲望让步，放弃或违背了自己的正确认知。不节制者没有经受到意志薄弱者的内心冲突，不节制的人并没有意识到他是不节制的。

第8章要回答第2章提出的这样一个问题，即不节制是否要比意志薄弱差。自我放纵的人不会后悔，而意志薄弱的人会，而且可以改正，可以被说服。与此相对照，不节制者则不大可能得到改正。不节制者是遵循自己的恶性而行为，而意志薄弱者则违反自己正确的理想而行为。按照亚里士多德的观点，意志薄弱者就优于不节制者，因意志薄弱者还保留着自己的理想部分，尚未毁掉第一原则（大前提），而不节制的人则已经毁掉了大前提（在成长过程中内在化的伦理价值）。于是，如果意志薄弱的人思考得好一些的话，他或许会明白他不值得为了快乐而放弃他的理想决定，这为他得到改正留下了可能。由于这一缘故，在两类意志薄弱中（冲动与软弱），冲动要好于软弱，因后者是故意放弃理想原则。不节制的人，没有意识到自己是恶的，而意志薄弱者则明白自己是意志薄弱的。意志薄弱者放弃理性决定，而意志坚强者坚持理性决定。那么意志坚强者是遵守所有的理性决定，还是必须坚守正确的理想决定？同样，意志薄弱者所放弃的是所有的理性决定，还是放弃了那必须是正确的理想决定？按照亚里士多德的观点，除了在偶尔的意义上之外，意志坚强者所坚守的及意志薄弱者所放弃的是正确的理想决定。

意志坚强应当与固执相区别。固执的人死守他们的信念，强词夺理，很难被说服，不撞南墙不回头。他与意志坚强的人相比就如同大手大脚的人相比于慷慨的人。固执的人为情欲所动摇，而意志坚强的人则不会。亚里士多德认为，固执的人固执己见，死不认账，其实更像意志薄弱者。意志坚强的人与节制的人一样，不会因为肉体快乐而违背理性。可他们又有不同：意志坚强的人有恶的欲望，而节制的人则没有。节制的人在那违背理性的事物中找不到任何快乐，而意志坚强的人还可以从中找到快乐，只是不被它们所引导而已。可在亚里士多德看来，德性并不只是获得好的行为结果。他在第二卷第6章中讲到有德性的人的三要素时就提到，只有当好的行为是由于恒定的品格时，才能称得上是有德性的行为。德性是理性灵魂与非灵魂部分的和谐，是这两部分灵魂的优秀状态的结合。德性是正确训练的结果，是不会有意识地放弃根植于品格中的价值的。这就是为什么意志薄弱，即使其结果是无害的，甚至是善的，依然不能算作德性。按照亚里士多德伦理学的观点，理想主体是能够受到诱惑的，那么怎么让他不受到诱惑呢？亚里士多德的观点是，我们的本性中虽然有欲望，可是也有听从理性劝导，认识到什么是善的并依据对善的认识而行为的能力，而成功的道德训练能够使伦理主体发挥这些能力，抵制随欲望行事，成为优秀的人。有些人或许会说，意志薄弱或许也会是德性，即当行为主体选择了坏的事情，可又未能贯彻其选择和决定的时候，其结果反成了好的。

　　一个人能否既具有实践智慧，又是意志薄弱的？这成了第 10 章的主题。亚里士多德的回答是，意志薄弱者没有实践智慧，第一是因为智慧与伦理美德结合在一起，第二是因为具有实践智慧的人不光具有知识，而且也时时发挥和使用知识，而意志薄弱者恰恰是放弃了这种知识。意志薄弱的人有可能是很聪明的。可聪明不同于实践智慧。聪明作为一种理性能力服务于各种目的，而不一定是正确的目的。

第九讲　友　爱

　　《尼各马可伦理学》第八卷与第九卷都是讨论友爱的。"友爱"在希腊文中是 philia，英文一般译作 friendship。从英文 friendship 看，人们会把 philia 译成"友谊"。我使用"友爱"而不是"友谊"，是因为 philia 这个术语在古希腊的用法十分广泛。"友爱"首先是一种"爱"，与"哲学"（philo-sophia 爱智慧）中的"爱"同一词根。作为一种"爱"，它有别于 eros（性爱）与 agapē（神爱）。它不仅涵盖今日"友谊"所指的情感关系，而且也包括家庭成员之间（如父子、夫妻、兄弟等）甚至社会成员之间的互相喜欢，互相爱护。后者在英文中被称为市民友情（civic-friendship），有点类似于我们中文中所讲的"四海之内皆兄弟"的"兄弟之情"。

　　友爱，即使是局限于朋友，也是人生中极重要的一部分。我们每个人都应该有一些朋友，从中小学的发小，大学里的死党闺友，工作单位上的伙伴拍档，到生活中有共同爱好、"谈得来"的友人，等等。有的朋友帮助你提携你，给你温暖；有的朋友欺骗你背叛你，给你伤害。可在伦理学历史上，这样的一种情感关系很少进入思考领域，即使是我们通常所指的"友谊"，也很少为伦理学家系统探索。孔夫子《论语》的第一句即为："有朋自远方来，不亦乐乎？"朋友是儒学五伦之一。可在中国哲学中，很难找到对友谊的性质、种类、目的、动机等进行系统深入分析的著述。在西方近代伦理学中亦不乐观。西方近代道德哲学以理性为基础，强调平等、公正与权利，对涉及情感的特殊关系的道德没有太多的理论资源去处理。康德的义务论更是明确拒斥友谊及家庭关系的伦理价值。

亚里士多德则不同。《尼各马可伦理学》共十卷，其中有两大卷（第八卷、第九卷）是关于友爱的。可见这一题目在他的德性伦理学及幸福论中的重要性。我们在第六讲中讨论了正义。广义的正义是守法，是利他德性或他向德性的总和，所以极其重要。可在亚里士多德看来，正义与友谊是将城邦联系在一起的两条不可或缺的纽带。如果正义依赖法，那么友爱则依仗情感。友爱至少与正义同等重要，甚至更为重要。他明确地说："友爱可以使正义变得不必要。"（1155a26-7）原因在于，正义涉及不同个体间的资源分配，需确立各个体的优点与长处；可是朋友与家庭成员间一般不会过于计较谁该得多少，谁欠谁多少等。所以亚里士多德要求立法者不仅要关注正义，也要关注友爱，促进公民间的爱心。社会需要法，但更需要情感，友爱。只有社会成员间的同心同德才能实现社会的真正和谐。生活在一个充满爱心的社会，对人的幸福是重要的。

人们对友爱问题有种种争论。例如，究竟什么是友爱？友爱有许多种类吗？坏人之间也有友爱吗？友爱的基础是彼此相同还是相异？很多人认为，同类相斥，异类相吸。在前苏格拉底哲学家中，赫拉克利特主张对立面构成统一与和谐。可是恩培多克勒则认定同类相吸，认为"爱"把宇宙万物联系在一起。哪种理论更能解释人际间的友爱呢？这些都是亚里士多德要讨论的问题。当然，最重要的问题是友爱对幸福的贡献以及友爱与德性的关系。正是友爱对德性、对幸福的重要性才使得它成为亚里士多德伦理学的中心内容。

按照古希腊幸福主义伦理学的观点，每个人都寻求自己的幸福。自己的幸福是一切理性行为的目的。所以，希腊幸福主义伦理学被认为是利己论，亚里士多德的伦理学也不例外。由于近代伦理学的中心是如何控制自己的情欲，照顾他人的利益，所以，一种普遍的看法以为，古代伦理学与近代伦理学的主要区分之一即在于利己论与利他论之间的区分。在他的友爱伦中，亚里士多德强调，在最好种类的友爱中，一个朋友出于对朋友自身的考虑，而为后者行为，这显然是利他论。友爱论是幸福主义伦理学的一部分，这样一来，亚里士多德的伦理学不应只是利己论的。有的学者以此认为，友爱论改变了幸福论的利己主义的形象，是对以前各卷理论的总趋势的一种修正。有关古代伦理学与近代伦理学之间的区别似乎难以成立。于是，学者们一直在争论，亚里士多德的友爱理论是否确实是利他论的。

亚里士多德关于友爱的论述虽然分为第八、第九两卷，可这两卷间的界限并不分明，其划分没有什么学理根据，是外在的。大致上说，这两卷可分成四部分内容：

第八卷第1~6章，友爱的种类及它们间的关系；

第八卷第7~12章，不平等者之间的友爱，主要是家庭成员间的友爱；

第八卷第13章至第九卷第3章，现实生活中友爱的种种复杂情况，如朋友间的冲突，友爱与公正，友爱的终止，朋友的数量，朋友间的共同生活，朋友与逆境等；

第九卷第4~12章，友爱的性质，即友爱与自我的关系，友爱与幸福的关系，这部分的讨论并不连贯，核心章节是第九卷第4章及第8章。

各部分之间重复之处甚多，尤其是第三部分内容比较零碎。我把这部分分别纳入到其他相关讨论中，所以把这一讲分成三节：一、友爱的种类；二、家庭友爱；三、朋友作为另一个自我。在第三节中我们会回应亚里士多德伦理学究竟是利己论还是利他论的争论。

一、友爱的种类

第八卷第1章开头说："友爱是一种德性，或者相随于德性。"（1155a4）如何理解这句话？友爱到底"是"还是"不是"德性？亚里士多德说话的方式表明他自己对这一点似乎也不甚确定。从第八、第九两卷后面的内容看，真正的友爱是建立在德性的基础上的，只发生在有德性的人之间。由此看来，他的观点应该是德性先于（真正的）友爱。友爱虽然也是德性，可预设了其他德性，以其他德性为前提，这应该可以解释他为什么说友爱"相随于德性"了。

在说了"友爱是一种德性，或者相随于德性"之后，亚里士多德接着说："再者，它是我们生活所必需的。"在稍后几项（1155a30）中，他又说："友爱不仅仅是必要的（anagkaion），而且也是好（kalon）的。"这后一句话是对前一句话的完善，说明了友爱的两种性质：既是必要的，又是好（善）的。把友爱与德性相联，就是要说明它是必要的、善的，是自身即可取、可追求的事物。

柏拉图在《理想国》中对"必要的"与"善的"（好的）作了区分。《理想国》的主要问题即是：正义（道德）究竟只是"必要的"（即人们害怕后果而不得不做的），还是自身即是善的、可追求的。大多数人认为我们之所以讲正义，讲道德，只是出于必要，出于对后果的考虑，而不是因为它本身就是好的。而柏拉图（苏格拉底）要证明，即使不计较后果，道德自身也是善的。我们做好人好事，不只是因为怕警察，怕在社会上有坏名声。现在，亚里士多德把友爱看做既是必要的，又是善的，这说明他在这里的讨论有柏拉图思想的背景。这也说明他对友爱的讨论不仅仅是由于它是人生的必要，而且更是因为它自身即是幸福生活的不可或缺的内容。正是由于友爱与德性及幸福的关系，才使得他对友爱如此重视。

大家都能明白友爱为什么是人生之必需。做人需要朋友。得意顺风时，人需要朋友来共享、赞同与认可，来给他表现慷慨大方、助人为乐的机会；失意落难时，人需要朋友的劝慰、鼓励与帮助。人是社会动物，是有情感的动物，连一个朋友都没有的人肯定不太正常，即使正常，他的人生也是极孤单的人生。在日常语言中，关于友爱的说法极多，有雅有俗，如"朋友如手足"，"为朋友两肋插刀"，"高山知音"，"益友"，"多个朋友多条路"，"酒肉朋友"，"狐朋狗友"等。这就意味着，友爱有许多类，不是所有种类的友爱都与德性相关。

亚里士多德把友爱分成三类，他划分的依据是友爱所导向的客观对象，即把朋友们联系到一起的可爱之物。可爱之物有三类：（1）能带来快乐的；（2）能带来好处或功利的；（3）善，即好的品格或德性。相应地，友爱亦分成三类：

（1）快乐友爱；

（2）功利友爱；

（3）品格或德性友爱。

快乐友爱多出现在年轻人（或许要加上有闲暇的退休族）之间。这样的朋友聚集在一起，共享快乐时光。我们现在所说的"酒友"，"棋友"，"牌友"，"球友"等皆属这一类。功利友爱多出现在成人之间。这样的朋友寻求互相给予方便，实惠或利益。我们现在所说的各种"关系户"，生意上及其他方面的合作伙伴等都属于这一类。而建立在良好品格或德性上的友爱则是出于情投意合，互相仰慕对方的人格。这样的朋友彼此有大致相同的信念与价值观，具有相类似的德性。所谓的"良师益友"或"知音"是要在这样的朋友中寻找的。

快乐友爱及功利友爱可以存在于所有人之间。它们既能在坏人与坏人之间找到，也能在坏人与好人之间找到。但德性友爱只能产生于两个好人之间。因为这样的朋友双方都必须是有德之人。我们经常说，物以类聚。从一个人的朋友圈能看出一个人的品格，检查自己的朋友圈有助于认识自己。我建议读者们花点时间，把你们的朋友分分类，看哪类朋友居多。

不管是哪种友爱，两个人要成为朋友，必须满足一些条件。在第八卷第2章中，亚里士多德列举了以下条件：

第一，如果 A 与 B 是朋友，则 A 对 B 有善意，希望对方活得好，为对方祝福。而且，对于一个朋友，你必须因为他自己的缘故而希望他好（1155b30）。如果你希望一个朋友晋升或发财，只是为了这个朋友能提携你或者得经济上的好处，那就不能算是朋友了。在《修辞学》1381a1-6 中，亚里士多德为友爱提供了定义性的说明，其中"希望朋友自己好"成为一核心条件。他说："我们可以把对他人的友爱情感描述如下，希望对方拥有你认为是最好的东西，不是为了你，而是为了他自己，并乐意尽你的能力去帮他得到这些东西。你的朋友是这样一种人，他分享你对好的东西的快乐，分享你对不快乐的东西的痛苦，只是为了你，而不是为了其他原因。"

第二，这种好意是相互的。如果 A 与 B 是朋友，A 希望 B 好，B 也得希望 A 好。爱意是必要的，但不是充分的。一个人对自己所不认识的人也会有善意。我们都敬爱亚里士多德，可他不认识我们。所以我们可以声称与古人神交，但不能说他们是朋友。一个粉丝对自己崇拜的明星有爱意，但如果明星不认识这个粉丝，你不能说他们就是朋友。你可能很喜欢戴安娜王妃，可戴安娜不认识你，你就不能称她是你的朋友。不能得到回应的善意，称不上友爱。同理，你不能说对酒有友爱，虽然你喜欢喝酒；你也不能说对一所房子有友爱，虽然你可能很喜欢那所房子。

第三，这种双方互相的爱意必须是双方都意识到的。A 知道 B 喜欢他，B 也知道 A 喜欢他。这样大家才能成为朋友。不然两方都可能是单相思。亚里士多德在第九卷第 5 章也强调了这一点。

第四，在第八卷第 5～6 章，亚里士多德又加上了另一个条件，即朋友应当生活在同一地方，能够一起从事许多活动。如果多年不见，或者长时间不联系，原先的朋友就会变得陌生，互不了解。这一点应不难理解。例如，长时间不见面没联系的老同学在一起聚会，一开始很激动，可打招呼后，大家有时会觉得没有多少话可谈。彼此的话题与兴趣都不再相同了，只能依靠拼命回忆过去大学生活的种种经历或拼命劝酒来保持气氛的热烈。由于现代生活时间上忙碌，空间上阻隔，最好的朋友，常常只能打个电话互通消息，报个家事平安，也就淡淡如水，渐行渐远。不在一起的朋友守住一份多年前的情谊并不容易。

友爱有三类。那么它们之间又是什么关系呢？亚里士多德的观点是，德性友爱是完美的友爱（1156b7），而功利友爱及快乐友爱则不是。但它们之所以被称作友爱，是因为它们与德性友爱有若干相似之处。"完美的"（teleion）亦是幸福的一个标准。这里使用"完美"，是因为德性友爱集中了朋友应当具有的种种属性，是其他两类友爱得以判断的标准。再者，德性友爱是"无条件的"，"第一的，最完满的"，"主要的"（1157a-1158b6），而其他两类友爱则是"偶然的"，"低程度的"。亚里士多德甚至说，其他两类友爱"既是又不是友爱"。

是什么造成了德性友爱与其他两类友爱间如此重大的差别？概括起来，亚里士多德提供了三种理由：其一，在德性友爱中，朋友之间因朋友自身的缘故而爱对方，是由于朋友这个人（1156b10）。而在另外两类中，朋友间的友爱不是由于对方自身，不是由于对方是什么样的人，而是由于对方所能带来的好处或快乐。如商场上的朋友多是由于那种关系使彼此有利可图。而一个人能否带来快乐，是否有用，只是一个人作为人的偶然属性，故在其他两类友爱中，朋友所爱的是对方的偶然属性（1156a17）。其二，德性友爱是持久的，而另外两类友爱一旦对方不能引起快乐或者带来好处，其作为朋友的理由就不再存在，友爱就会随之消失。其三，德性友爱既是有用的，又是令人快乐的，而其他两类则不必然（1156b13）。

这三种理由都需要解释。德性友爱的用处与快乐在第三节会涉及。这里集中讨论前两个理由。

第一个理由引入了"由于朋友自身"与"由于朋友的偶然"这一形而上学的区分。功利友爱及快乐友爱被说成不是出于爱朋友是什么样的人，而是把朋友当作快乐或功利的源泉。这里引出了另一个问题。前面提到过，友爱四条件中的第一个是朋友间互有爱意，因朋友自身之故而祝愿他，希望他过得好。这被说成是传统的朋友概念中的核心要求（1155b31-2）。可现在，快乐友爱与功利友爱却被说成不是出于爱对方自身，那这两类友爱岂不是不满足友爱的第一个条件了吗？亚里士多德似乎在这个地方陷入了不一致。

我的理解是，亚里士多德并没有自相矛盾。实际上，"由于朋友自身"与"由于朋友的偶然"这一区分使前面所提及的友爱四条件中的第一个更加明确。"爱对方自身"有不同含义。在德性友爱中，爱对方自身真的是对方本身，而在另外两类友爱中，爱对方自身其实是对方自身中的偶然性，如能带来好处或快乐的能力。其实，在1167a13-14中，他明确否认快乐友爱与功利友爱涉及真正的爱意。

　　这里又有另一个问题。在德性友爱中，"A 喜欢 B 是由于 B 自身"，真的是 B 本身。这"真的是 B 自身"又是什么意思？通常的理解是乐朋友之所乐，忧朋友之所忧。可亚里士多德把 B 自身与"B 是什么样的人"相等同。"B 是什么样的人"是 B 之"所是"，即 B 的本性。说"A 喜欢 B 是由于 B 自身，而不是由于 B 的偶然性"，等于是说，"B 自身"是指"B 的本质（恒是）"。而在德性友爱中，A 与 B 是朋友是由于对方共同的德性，是由于彼此钦慕对方的品格。这样一来，"B 自身"等于"B 的本质"，又等于"B 的德性或品格"。

　　可是，把品格等同于本质属性显然会引起争议，难道一个人失去了其品格，就失去了其本质了吗？就不再是他自身了吗？亚里士多德正是这样认为的。我们在第三节讨论朋友与自我的关系时会回到这一点。不过，由于"自身"等同于"本质"，等同于"德性"，我们便很容易理解亚里士多德所提供的第二个理由，即德性友爱是长久的、稳定的，因为德性是长久的、稳定的品质（1156b10）。本质（恒是）是一物之所以成为一物的根据，只要一物的本质未变，则该物在本质上未变。

　　毫无疑问，按亚里士多德的理解，真正的朋友必定是很少的。这样的人必须是善良的、有德性的，坏人之间没有真正的友爱。由于品格的好坏需要时间来认识，故这样的朋友应当住在同一地，经常分享经验与活动。快乐友爱可以来得快，去得快，青年人可以在一日之内就相爱，又在一日之内分手。可德性友爱则不然。"对友爱的希望来得很快，而友爱却不是。"（1156b31）亚里士多德的这一观点应当是合理的。毕竟，交上一个真正的朋友并不容易。古典小说中的英雄好汉常常才相聚，就要结为兄弟。如《三国演义》中的刘关张，相识不到半天，便桃园结义，立誓要"同年同月同日死"。这听着很豪爽，很过瘾，其实很草率。所以不断有兄弟反目成仇的故事。即令是刘关张也并没有真的实现"同年同月同日死"的誓言。关羽张飞死后，刘备还要先登基再报仇。亚里士多德对友爱提出如此严格的要求，是受到了其伦理学的总框架的影响。他要为友爱在幸福中找到一席之地。幸福在于德性与德性活动，故只有以德性为基础的友爱才会成为幸福生活的一部分。幸福是友爱的目的与意义所在。

在第八卷第 13 章到第九卷第 3 章，以及第九卷第 5～7 章等处，亚里士多德简要地讨论了现实世界中友爱的各种问题，它们反映了社会生活的复杂。我在这里择其要者叙述一二。

（1）友爱中的给予与接受。

很多人希望被爱，喜欢被别人恭维，授予荣誉。但亚里士多德认为，友爱的伦理价值更在于爱，而不是被爱（1159a28）。"给予爱"而不是"接受爱"才使友爱更有价值，更有荣誉的方面。因为给予爱是灵魂的一种活动。相反，被爱则不是。由于幸福在于活动，故"给予爱"离幸福更接近。给予者会有成就感，会觉得是对自身的一种实现，体现了自身的努力与价值，而接受者意味着被动与依赖。

（2）友爱要求平等。

朋友相处，彼此之间的地位，彼此所能提供与付出的快乐、用处，彼此间的道德水准都应大致平等。一旦这种平等失去了，友爱亦会失去。亚里士多德很坦诚地说："很清楚，如果人们在德性与恶，在财富方面，或其他方面出现了重大差距，那么，他们便不再是朋友，甚至不再希望是朋友。"（1158b30-3）本来是朋友，可由于地位变迁，贫富差距或兴趣性格变化，友爱逐渐变淡，变味。即使是德性友爱，如果有一方的品格变了，原先的平等不再存在了，友爱亦会随之消失。这种情形我们都不陌生。本来的好朋友，如一方平步青云，而另一方则依然是小老百姓，那两人之间哪怕都想保持关系，关系也免不了变味。就算位高者依然诚挚，位低者也不免自卑或信心不足。

（3）朋友间的争吵。

朋友间如果所得的结果低于自己的期望，便会争吵。功利基础上的友爱最容易出问题，因为在这样的朋友关系中，双方都对自己是否得到应得的利益不确定。这类朋友间讲究平衡，需要对等数量的回报，较为计较。可究竟什么是对等数量的回报，又不十分明确。猜忌，怀疑，愤懑于是自然产生。从我们今天的情形看，必然要礼尚往来。A 对 B 做了件好事，B 就欠 A 一个情。这个情早晚要还，而且一定得还。如果 A 接连对 B 做了几件好事，而

B在能帮A时却未能伸出援手，则A与B的友爱就差不多完结了。A宴请B，B应当回请。如果老是A请B，B从不回请，A与B间的友爱也不易保持。以快乐为基础的朋友较不易争吵。因为快乐是双方同时享受的，如果他们乐意结伴的话。在一同享受快乐时，朋友间一般不会斤斤计较（1158a20）。以品格为基础的朋友会竭力互相帮助，比较淡然，一般不会发生争吵。

（4）友爱的中止。

第九卷第3章的问题是，友爱什么时候应结束或中止？亚里士多德的回答是，一旦双方不再相等，也就是分手的时候了。对于快乐友爱及功利友爱，一旦引起快乐与功利的原因消失，友爱便不再存在。对于德性友爱，当一方变坏了，首先应尽力挽救他的品性，如果无法挽救，就应与之分手（1165b22）。如果一方不变，另一方在德性上变得远为发达，他们也不大可能再成为朋友。当然，如果朋友间是好离好散的，那么昔日共度的美好时光便成为美好记忆。"由于以往的友爱，我们应对昔日的朋友有所照顾。"（1165b37）

（5）友爱的界限。

上述（2）与（4）可引出一个问题，即如果友爱要求平等，那朋友间怎会希望对方获得巨大进步或者取得重大成就？因为一旦朋友高升，差距拉大，友爱岂不随之消失？亚里士多德的回答是否定的。人们希望自己的朋友高升，获得善，但不会希望他达到高不可及的地步，不能连个人的本质都变了。"朋友会乐意见另一方成为上帝吗？"（1159a7）

（6）朋友的数量。

第九卷第10章涉及一个人应有多少朋友的问题，朋友是不是越多越好？亚里士多德的观点是，快乐友爱与功利友爱的朋友数量可以有很多，而德性友爱朋友应当限于那能经常在一起生活的。"就完善的友爱而言，一个人不可能是许多人的朋友。"（1158a9-10）朋友多了，交往应酬便会花去许多时间精力。如果你想静心读书思考写作，朋友过多肯定有不便。

二、家庭友爱

　　上面讲到的三类友爱是在地位平等的社会成员之间的。这样的朋友享有相同的政治利益，互不从属。此外，亚里士多德认为，不平等的社会成员间亦有友爱。这些不平等的关系包括统治者与被统治者，老人与年轻人，但主要是指家庭成员间的关系，如父母与子女，夫妻间，兄弟姐妹间等。第八卷第7～12章专门讨论这些不平等成员间的友爱。

　　解释亚里士多德伦理学的学者对这一部分一般不予重视。这有两方面的原因。一是因为亚里士多德对这一题目的讨论比较琐碎，有意义的理论亮点不多。二是由于西方伦理学传统对友爱这一主题一向不重视，对研究家庭成员关系更是兴趣索然。最后这一点是非常令人奇怪的。在当代西方伦理学中，争论最激烈、最持久的中心论题大约要算堕胎与安乐死。堕胎是关于未出生的人的地位与权益的，安乐死是关于已走到生命尽头的人的福祉的。此外，动物的权益，环境的权益，也是伦理学关照的中心。可是，家庭关系，尤其是老年人的权益，却很少引起关注。至少在美国，子女并无赡养父母的义务，对父母的孝顺也不是占重要地位的道德要求。也就是说，在成年子女与年迈父母之间既无法律义务，亦无道德职责。这给人的感觉是，年迈父母的福祉比不上未出生的胎儿，比不上垂死的病人，甚至动物、环境亦比老年人的权益更值得讨论。

　　1979年，美国学者简·英格里希（English）发表了一篇题为《成年子女欠他们父母什么》的文章。文章的论点是，子女对父母不存在直接的孝道义务。成年子女与他们父母之间的关系也不可能用"亏欠"（owe）或"受恩惠"这样的词来描绘。说A亏欠B，是因为A请求B的帮助。而婴儿自己没有要求被生出来，也就不"亏欠"父母自愿为其成长而付出的爱与牺牲了。根据英格里希的观点，子女与父母是一种友爱的关系。成年子女可以出于友爱去帮助父母，但这不是义务，不能作强行要求。父母的付出并不隐含着回报。

不然的话，生育子女就变成投资了。当友爱存在时，不必算计互相奉献的量。随着友爱的中止，这种帮助也可以中止。1986 年，克利斯提娜·桑谟斯（Sommers）发表了一篇题为《孝顺道德》的文章，对英格里希的观点提出不同意见。桑谟斯认为，子女与父母间的关系不是一般的友爱关系。朋友可聚可散，子女与父母则始终联系在一起。失去了这种联系，一个人也就失去了自己的一部分。所以，不管父母是否宣称，成年子女一定有照顾赡养年迈父母的职责，而父母亦应该有受照顾的权利。可惜的是，这场争论未能继续。

受儒学传统影响，我们中国学者不论到哪里大概都会比较关心这一问题。刚到美国不久，一次在给学生讲"伦理学导论"这门课的时候，我特意把"子女与父母的关系"这一内容加入课程，请大家讨论。通常，美国学生总是抢着发言，教师常常不得不打断他们的滔滔不绝的发言才能使课可以继续讲下去。但在那堂课上，没有学生主动张口。在我的催迫之下，才有几个学生发表了一点意见，但似乎都对强调子女对父母的职责不以为然。一个学生问："如果父母一向不善待子女，那么子女还要善待父母吗？"另一个学生说："如果子女长大了不喜欢父母，那么父母自己应当负责任，因为他们没有把这样的价值灌输给子女。"第三个学生说："父母照顾幼小的子女是天经地义的，因为子女幼时不能自立，但子女赡养年迈父母则没有理由，因为父母在成年时应当安排计划好自己的退休计划与晚年生活，而不应当把负担加于子女。"我对那堂课印象很深。美国学生们对这一问题的冷漠固然反映了中西哲学与文化的一种差别，而他们的看法也让人从另一角度去看待儒学传统。儒家说，"天下无有不是的父母"，可在美国学生眼里却不是这样。

有了以上的背景，我想我们中国学者阅读亚里士多德的《尼各马可伦理学》，应当重视他对家庭关系的讨论。家庭伦理是儒学的核心。亚里士多德没有像孔夫子一样，认为"孝悌也者，其为仁之本"（《论语·学而》），可他对家庭伦理的论述仍值得重视。上一节讲到，平等者之间的友爱也要求平等。朋友间的地位要大致相等，所付出的与所得到的快乐与好处也要大致平衡。可在不平等者的友爱中，这种平等就很难得到。这些友爱彼此间也不相同，因为所形成的原因不同。在同一类友爱中，一方想要得到的东西与另一方亦不同。位高者想得到荣誉，位低者更感兴趣于实惠。大致来说，这些关系的友爱如要持久，重要的不是平等，而是让每一方得到该得到的对待，做该做的事。当然，这不是说不平等成员间的友爱是一个正义问题。正义所指的"应得"是基于每个人的优点与贡献，而友爱中的"应得"则更与情感相关。

亚里士多德把家庭成员间的友爱和政治社会统治者与被统治者间的友爱相对应。每类政治社会，只要有一些共同目的，便能产生友爱。人出于本性是社会的或政治的动物，而政治社会也是自然的产物。社会成员分享社会公益的程度即是他们之间友爱的程度。亚里士多德把政体分成六类，三类是正的，三类是变态的。正的三类是君主制、贵族制、共和制（或资产制）；相对应的三类变态政体是僭主制、寡头制与民主制。这种划分可追溯至柏拉图的《理想国》（545）与《政治家篇》（291-292）。不过，亚里士多德叫做"资产制"的，在柏拉图那里叫做"荣誉制"。这是因为这一政体既可以与荣誉相关，也可以与资产相联。统治者与被统治者间的友爱主要是发生在三类正的政体中，在三类变态的政体中则很少有，因为他们没有太多的共同目标。在三类正的政体中，君主制中的友爱在于君主对臣民的恩惠与善举。君主关心并促进臣民的福祉。贵族制中的友爱建立在公民间按德性分配资源上，而资产制中的友爱则是公民间的平等，他们共享权力，轮流治理。

这六类政体在家庭中都能找到对应的关系。在父母与子女之间，如父母照顾子女的福祉，他们间的关系可以比拟于君主制；如果父母把子女当奴隶一样对待，则相当于僭主制。在夫妻之间，如果丈夫按妻子的优点长处分配她做事，则他们的关系对应于贵族制；如果丈夫完全主宰妻子，则是寡头制。在兄弟姐妹之间，如果大家年龄相当，地位平等，故其关系相当于资产制。最后，如果家里没有家长，或者有家长但家长没有权威，则该家庭类似于民主制（1161a6-8）。大家可以看到，亚里士多德对家庭关系的分析比较现实，他不像孔夫子一样一味把家庭作为道德的基础，只强调温情的方面。

兄弟姐妹间的友爱类似于资产制，这种友爱源自他们有共同的父母，同样的出生源泉。共同的祖先是他们间的纽带，他们血脉相通，其实是同一事物在不同主体中。他们之间的年龄差距不应过大，不然的话，友爱会变得难以产生。他们一起长大，一起受教育，故其友爱程度比较深厚。

夫妻间的友爱类似于贵族制。在讨论这一关系时，亚里士多德的预设前提是男性高于女性。根据他的形而上学，形式高于质料。而根据其生物学理论，在人类生育中，父亲提供形式，而母亲提供质料。夫妻间的友爱是自然的。友爱的产生，最初是由于性的需要，之后得以继续，部分是由于家庭中劳动分工的互相便利，男女有不同功能，可以互补长短，部分是由于子女构成共同的纽带，无子女的夫妻比较容易解体。故这种友爱既是快乐的，又是有用的。如果双方都是有德之人的话，则每一方都会欣赏对方的品德，使得他们之间也产生德性友爱（1162a25-26）。

在所有的家庭关系中，父母与子女的友爱是首要的、基本的（1161b17）。这种友爱类似于君主制中君主对臣民的友爱。不过，父母为子女所提供的远不止是福祉，而是生命。而生命无疑是一个人所能得到的最大的善。父母对子女的情感纽带是由于他们把子女看做自身的一部分，是另一个自己，只不过是分离了而已。子女对父母的情感出自他们把父母看做出生之源，抚养他们成人，并为他们提供教育。按照亚里士多德的观点，父母爱子女要胜于子女爱父母。父母对这份友爱的认知要深刻得多。他们有强烈的拥有感，而子女的这种拥有感则相对较弱。父母对子女的友爱所延续的时间也要长。他们在子女受孕时就开始爱，从一出生时就对子女倍感亲密，而子女只有到长大懂事后才对父母感到亲密。母爱被看做是纯爱的典型（1159a29）。母亲不会寻求子女的爱，只要看到子女健康成长就会很满足。即使子女出于无知，没有给母亲应用的回报，她亦无怨无悔。

那么，按照亚里士多德对父母与子女关系的理解，他会如何回答英格里希的问题，即"成年子女亏欠父母什么？"亚里士多德的回答很明确，即子女应当回报。他欠着父母生他养他的债，而且，这份债，不论他怎么做，做多少，都偿还不清。但这意味着子女应当把一切好处都给予父母吗？他的回答是，不必要。我们不应把一切祭品都献给宙斯，也不应当把一切好处都给予父母。只要子女尽到最大的努力就可以了。但是，当父母需要帮助、呼吁支持时，子女应当放下自己的事，首先帮助与支持父母。当子女与父母皆被绑架，需要钱财赎回自由时，应当先让父母获得救赎（1165a1—2）。反之，殴打父母要比殴打别人更为可恶。子女亦应当给父母一份荣誉，当然不是各种荣誉，而是他们应得的那种。如果父母对子女不善，甚至虐待子女，那子女长大了怎么办？令人遗憾，亚里士多德没有回答这一问题。不过，他明确指出，子女不是在什么事情上都要听从父母。相比于孔夫子所说的"事父母几谏，见志不从，又敬不违"（《论语·里仁》），亚里士多德的观点似乎更为合理。

三、朋友作为另一个自我

在第九卷第 4 章中，亚里士多德回到了德性友爱。在第八卷开头所划分的三类友爱中，德性友爱是最完美的，是真正的友爱。在德性友爱中，一个朋友为对方本身而祝福对方，帮助对方。而这对方本身被理解为是他的品格，他的德性。现在，亚里士多德要进一步说明德性友爱的根本性质，并将其与幸福相联系。

A 与 B 是德性友爱朋友。他们的友爱是由于相互钦慕对方的德性。可是，德性不是私有的，不是个别的，而是从社会传统风俗中形成的，是一个社会中公认的受尊敬的品质。这就是说，A 的德性与 B 的德性在内容上是相同的。这样，我们可以作如下推理：如果爱对方自身即爱对方的德性，而对方的德性也就是我自己的德性，由于德性即自我，所以我的德性即我自身。结果，因对方的德性而友爱对方其实是一种自爱，对自身的爱。所以，亚里士多德断定，友爱可以通过自爱来理解。人最爱的是自己，对朋友的爱出自对自身的爱。

这一论断可以有两种意思：一是指 A 从 B 发展而来，二是指 A 可以由 B 来解释。亚里士多德这里的用法似乎两者皆有。这样一来，我与我朋友的生活联系即是我对我自己生活的联系。这才是友爱的源泉。一切德性友爱的特征都可以通过一个德性之人对自身的联系来理解。第一，人们为了朋友自身而真诚地希望朋友幸福，这是因为人们都在为自己渴望并寻求自己认为是最好的东西。第二，人们都希望他们的朋友健康活着，这是因为人们认为自身的存在是美好的，希望继续健康地活下去。第三，朋友喜欢聚在一起，是因为人们喜欢与自己对话，即享受自己的记忆与期盼。第四，朋友间兴趣相同，好恶一样，同喜同悲。这是因为一个好的人在喜怒哀乐上喜欢保持一贯。总之，友爱的诸特征反映了有德性的人对自身的爱。"朋友是另一个自我。"（allosautos，1166a32）于是，友爱乃是自爱的延伸。对他人之爱是建立在对自身之爱的基础上的。

这种自爱存在于一个好人与他自己之间，而不存在于一个坏人与他自己之间。只有好人之间才具有相同的德性，只有好人才能真正地爱自己。希望朋友好时，他是在希望自身好。高级形式上的友爱类似于一个人对自身的爱。而坏人不能爱他人，也不能真正地爱自己，不具有真正的"自爱"（1166b26-29）。说坏人不能真正地爱自己，是因为"他们与自身不一致"（1166b7）。品格坏的人，跟自己过不去，内心充满了冲突，因为其灵魂各部分处于分裂，甚至是撕裂的状态。他们独处时会想起以前做过的许多坏事。坏人还经常后悔，忏悔，不觉得自身有什么可爱之处，故欠缺真正的自爱。在文学作品中我们经常可以看到，坏人不管自己多恶，常常不希望子女像他们自己。说好人能够真正地爱自己，是因为品格好的人内心和谐。在这里，亚里士多德遵循柏拉图在《理想国》中的说法，认为一个人内心和谐，即是其理性部分控制住了其他部分，而且，每个人主要是其理性部分（1166a13）。当一个人的理性处于控制地位，他的行为受理性指导时，他是在为自己而行为。

亚里士多德这里的讨论有两点值得我们特别注意。第一，我们讲过亚里士多德一直有意识地避开柏拉图的灵魂三分论，而只肯把灵魂分成理性与非理性两部分。可是柏拉图的三分论似乎始终萦绕在他的脑际。他在讨论意志薄弱时想摆脱又不能够。在这里他又一次使用柏拉图的理论。可这一使用为他自己的理论造成了某些不一致。根据他的德性论，坏人并不经验到内心冲突，他追求错的目标，并且是有意识地去追求。在讨论意志薄弱时，他也区分了坏人与意志薄弱者。意志薄弱者经验到内心冲突，会后悔自己的行为，而坏人是不后悔自己的行为的。从灵魂问题我们可以窥见亚里士多德与柏拉图的剪不断、理还乱的理论联系。

第二个要注意的地方是亚里士多德在这里把一个人等同于理性（1166a13-22）。在第八卷前半部分中，他已经把一个人自身等同于德性。德性被说成是人的本质属性。那么，人的认同究竟是德性还是理性？我想，首先，这里所说的理性是实践理性，严格地说，是实践智慧。只有实践智慧才与德性紧密相联以至于不可分离。其次，这种个人认同是伦理学意义上的，而不是形而上学意义上的。一个人改变了其品格，仍然是人，但是其伦理人格却已经不同。我们在讨论思辨时，还会回到个人认同问题上来。

朋友即另一个自我，友爱即自爱。亚里士多德这一理论明确回答了第八卷开头提出的一个问题，即两个人成为朋友究竟是因为彼此间的相同还是相异？真正的朋友是因为被对方身上与自己相同的品质所吸引。而性格迥异的人成为朋友多半是因为对方的偶然性，如对方能带来快乐或者带来好处。"另一个自我"（1166a32）这一表述在第八、第九两卷中只提了一次，但它显然在亚里士多德的整个友爱论中起了核心的作用。我对朋友的态度乃是我对我自己的态度，我希望他所得到的东西也正是我自己想要得到的，所以我对他的祝愿当然是真诚的。

按一般的理解，这一观点有困难。因为即使我与朋友都是有德性的人，我们仍会有利益冲突。但亚里士多德这里所指的友爱只是在促进彼此的德性方面，而德性不是排他性的、竞争性的善，并不是当A变得更有德性时，B的德性便会因此而变得少。"朋友是另一个自我"这一观点与《大伦理学》中的观点是一致的。在《大伦理学》中，亚里士多德说：

> 当我们希望看清自己的脸孔时，我们去照看镜子。同样道理，当我们希望了解自己时，我们可以通过观照我们的朋友而获得这一的知识。因为朋友，如我们所断定的，是第二个自我，如果自我认识是快乐的，而如果没有他人作为朋友，便不会有自我认识，那么自我充足的人也会需要友爱，以便认识自己。（1213a20-26）

受这段话的启发，我把自己比较孔子与亚里士多德德性伦理学的书以《德性之镜》为题。德性朋友使得一个人能更好地认识自己，对自己获得客观的认识。这是因为他知道朋友的德性与他自己的在根本上是一样的。

　　在论证为什么德性友爱是完美的友爱时，亚里士多德有三个原因：一是爱朋友自身，二是因为德性是长久的，三是因为德性朋友既是有用的，又是快乐的。朋友是面镜子，朋友可以照射我自己，是投射的自我。这里有两层意思：一是通过认识、反思朋友身上的品质、德性，能反思、理解我自己身上的品质、德性，从而丰富、发展自己的伦理品行。二是看他人要比看自己来得更清楚。亚里士多德的意思似乎是，一个人很有可能对自己的错误视而不见，或者对自己不能做客观的评价，但观察别人会比较清晰与公正。这样一面镜子是自我认识所必需的，而自我认识又是人类幸福生活的一个主要成分。由于朋友是另一个自我，观察朋友的活动会带来巨大的快乐。幸福是德性的活动，朋友的德性与我的德性相一致，所以，观察朋友的德性活动就如同观察我自己的德性活动。观察品德高尚的朋友的行为，对于同样品德高尚的人来说，是快乐的。这样，一个人就希望有朋友，希望朋友在身边，一起活动，共同分享。友爱提高快乐，并且通过对德性的鼓励与促进而提高快乐，这是朋友对幸福生活的另一个重大贡献。在 1156b16－17 中，亚里士多德说，好人彼此间感到快乐，"他们每个人都由于自己的行为而快乐，也对相似的行为感到快乐，而所有的好人的行为都是相同的或相似的"。

　　有一种观点认为，自足是幸福的标准。如果一个人幸福，那么他已经自足。照此看来，幸福不需要朋友。一个自足的人不需要任何其他东西，一个完美的生活不再需要友爱，就如同神是自足的，故神没有友爱。可在亚里士多德看来，这样一种观点是对"自足"标准的误解。在第九卷第 9 章中他指出：一个久缺朋友的人不可能是真正自足的。朋友正是通过其镜子的作用为一个人提供了他自己所不能提供的东西。一个人正是通过朋友这面镜子而认识自己。朋友意味着自我理解，自我认识。朋友不是一个已经很幸福的人用来改进生活的手段，而是幸福的一个不可或缺的构成部分。所以，任何一个寻求幸福的人必须寻求友爱。

　　爱朋友是自爱，是爱自己。友爱基于对自我的爱，是自爱的延伸。可"自爱"一词在日常用法中意为"自私"，是满足自己的私欲，所以是一个不光彩的贬义名称。如果是这样，把有德性的人的友爱与"自爱"相联，似乎不太合适。

为解释这里的疑难，亚里士多德区分了两类形式的自爱（1168b17-23）。坏的形式的自爱是自私。这种形式对"自我"有一种错误的观点，力图去获取多多益善的钱财、荣誉及肉体的快乐。这种自爱就是把此类东西当作最高的善去追求，如此自爱的人沉溺于他们的欲望之中，为非理性部分主宰。这种自爱是卑下的，理应受到指责。与此相对立的是好的自爱。这种自爱具有正确的自我观，并认定人在本质上是理性的动物。这样的人确实是在力图满足自己，不过，他要满足的是自身的理性灵魂，是人身上最有权威性的部分。"钟爱并尽力满足自身的主宰部分的人才真正是一个自爱者。"（1168b32）理性是我们每个人的所是，是最让我们成为人的东西。由于指导行为的是实践理性，亚里士多德这里指的自爱只适用于具有实践智慧的人。实践智慧寻求高尚的目标，所以爱自己理性部分的人即是要为自己获得最高尚的事物。实践智慧是与伦理德性结合在一起的。追求实践智慧的人应当是有德之人，这样的人在朋友身上得到的是对自身德性的进一步完善。

亚里士多德的幸福论是关于主体如何推进其幸福的。主体自己的幸福才是人生的目标。于是在传统的解读中，亚里士多德的伦理学一向被认为是利己主义的。这一指控是否站得住脚，近来成为学者们争论不已的一个话题。我自己的看法如下。第一，"利己主义"在近代伦理学里常指不顾他人利益而满足自己欲望的主张。利己主义与利他主义也常被认为是在私欲与道德之间的紧张。可我们已经看到，亚里士多德区分了两种类型的自爱。他谴责低下的满足生理快感的利己主义，但是以高尚形式的利己主义（亦即满足一个人理性部分的追求）为其伦理学工程的核心。所以，关于利己主义与利他主义的问题在亚里士多德伦理学中是一个在高尚利己主义与他人的善之间的问题，以及追求满足一个人的理性自我与满足社会道德要求之间的问题。

第二，亚里士多德关于朋友是另一个自我的理论模糊了利己主义和利他主义之间的区别。在德性友爱里，人们具有对他人的善的真正关切；但这种"他向关注"又是一个人自我关注的表现，着眼于理性主体自身的德性。利他主义并不独立于人的自我幸福之外被考虑。对他人的善的真正关切是一个人自我幸福的内在部分。一方面，德性以社会价值观的方式被界定，它因此是他向关切的内在部分；另一方面，德性的功能又是去推进自我发展和自我实现。

为他人而牺牲自己的生命是利他主义的极端形式。可亚里士多德却以自爱来解释自我牺牲。在这里，利己主义和利他主义的模糊表现得尤为明显。他说：

> 理智（努斯）总是为它自身选取最好的东西，而公道的人总是听从理智。当然，公道的人常常为朋友的或他的祖国的利益而做事情，为着这些他在必要时甚至不惜牺牲自己的生命。他可以放弃钱财、荣誉和人们奋力获得的所有东西，而只为自己保留高尚。因为首先，他宁取一个短暂而强烈的快乐而不取一个持久但温吞的享受，宁取一年高尚的生活而不取多年平庸的生存，宁取一次伟大而高尚的实践而不取许多琐碎的活动。那些为他人舍弃其生命的人也许就是这样做的。他们为自身选取的是伟大而高尚的东西。（1169a16-26）

对亚里士多德而言，这一为他人而牺牲自己生命的举动，其首要目的是为了保留自己的高尚性。在自我牺牲中，行为者献出了生命，可获得了对他而言更为重要的东西，获得了更大的善。这是一种自爱，但绝不是通常意义上的自私。

第十讲 思辨与幸福

回顾一下，亚里士多德在《尼各马可伦理学》第一卷第 5 章中曾提到三种幸福生活：快乐生活、政治生活以及思辨生活。在那里，他说对于思辨生活，他要在以后再讲。他一直到第十卷才回到这一话题。不过，虽然他把思辨生活搁在一边直到最后，思辨生活却得到了最高的奖励。在第十卷第 7～8 章 1178a6-10 中，他说：

> 体现理论理性（努斯）的生活对于人是最好、最愉悦的，因为理论理性是最属于人之为人（的属性）。所以说，这种生活也是最幸福的。另一方面，体现其他德性的生活只是第二好的。

换言之，思辨的生活是第一幸福的。而依据伦理德性与实践智慧得到的生活是第二幸福的。

亚里士多德在《尼各马可伦理学》最后一卷提出的这一结论与他前九卷中的观点似乎不相同。大多数读者或许都没有预料到这一发展。在前九卷中，亚里士多德说幸福是一个综合性的概念，其中包含有很多成分，比如理智德性、品格德性和外在的善。但是在这里他却突然将幸福等同于思辨的生活。这种不一致在学者们中引发了沸沸扬扬的争论：亚里士多德的《尼各马可伦理学》是一部统一的书吗？第十卷与前九卷能一致吗？如果不一致，哪一种幸福观是他的成熟的观点？在他的伦理学中，真正的幸福生活到底是什么？思辨是最幸福的生活这一论点本身是否合理？如此等等。

我们今天讨论的内容主要集中在《尼各马可伦理学》第十卷第 6～8 章，力图阐明思辨生活的内容、性质与意义。第十卷第 1～5 章研究快乐问题，第 9 章探讨从伦理学到政治学的过渡，与思辨关系不大，我们以前对它们也有所提及。我们今天要讨论的这三章虽然在文本的篇幅上并不长，但却是十分困难的一部分。本讲分 7 节：一、综合论与理智论；二、幸福生活与幸福活动；三、思辨活动的特征；四、思辨活动与思辨生活；五、第一幸福与第二幸福；六、思辨与神；七、思辨的生活与道德。

一、综合论与理智论

什么是思辨？我们在这一讲中会对它逐步了解。这里先讲其字根的意义。这个词的古希腊文是 theoria（动词是 theorein），本来是"看"的意思。英文中的翻译要么是 contemplation，要么是 study。"看"这个词在古希腊哲学中十分重要，有很多术语和这个词有关。比如，大家都知道柏拉图的"理念"（idea，应译为"形相"）和亚里士多德的"形式"（eidos，form）出自同一字根 idein，也是"看"的意思。人们看东西首先是用肉体之眼去观看，而肉体之眼所能看到的是事物的外形。但用灵魂之眼看（即思想），所看到的就是事物内在的结构，这就是事物的 idea 或 form，也就是后来说的本质的东西。theoria 也与此类似。它最初是旁观者的意思，如在奥林匹克运动会上去做观众观看比赛。由此意引申，成为为用灵魂之眼去观看，亦即理智的审查、研究、学习。于是这个词在英文中转变成了 contemplation。有的学者认为 contemplation 有些像佛教中的冥思，有神秘的成分在里面，而且过于静止，于是不喜欢这个译词，就转而使用 study 去翻译 theoria 这个词。

在亚里士多德伦理学中，思辨不只是一般意义上的理论研究，而是有着特定的含义。首先，它是理论理性的活动，不是实践理性的活动。其次，它不是理论理性随随便便的活动，而是体现了理论理性的德性（即理论智慧，sophia，wisdom）的活动。按照《尼各马可伦理学》第六卷的内容，理论智慧包括了直觉（intuitive intellect，nous）和推理知识（deductive knowledge，epistēmē）。在第六卷里，理论智慧是理性的最高德性。在第十卷里，亚里士多德也把思辨活动（contemplative activity）叫做"智慧的活动"（the activity expressing wisdom，he kata tēn sophian，1177a24）。

在第十卷第6～8章中，思辨处于首要幸福的地位。而在《尼各马可伦理学》一书的中间几卷，幸福一直与实践智慧与伦理德性相关。亚里士多德关于幸福的最终观点到底是什么？这一不一致引发了亚里士多德学术研究领域长期存在的"涵盖论"（或综合论，inclusivism）和理智论（intellectualism）的争论。在综合论者看来，幸福对亚里士多德而言是一个各种人类德性的复合体。亚里士多德的幸福包含很多成分，是一个复合体，其中包含各种道德的与理智的德性与外在善，而最重要的成分是德性。

而在理智论者看来，亚里士多德的幸福并不是一个综合性的概念。幸福在亚里士多德那里是一个单一但却最完善的德性活动，即思辨活动。思辨生活是最高的幸福。其他的幸福都要比思辨生活所带来的幸福在档次上低一些，并且是服务于思辨这个最高幸福的。按照理智论者的理解，理智主义可进一步分为"严格理智主义"以及"温和理智主义"。按照前一种观点，幸福只以思辨作为组成部分。按照后一种观点，幸福牵涉到多种多样的目标与利益，而思辨则是其中的主要活动。温和理智主义自身又有许多版本，各自提出了不同的道德与理智活动的关联方式。

有的学者主张，亚里士多德在《尼各马可伦理学》第一卷持有涵盖主义（综合论）立场，而在《尼各马可伦理学》第十卷持有理智主义的立场。据此观点，《尼各马可伦理学》一书包含了一种内在的不一致，不协调性。但是也有的学者认为，《尼各马可伦理学》从第一卷开始就是理智论的。此外，也有人认为，亚里士多德的这两种观点在他的伦理学中是并存的，他自己没在这二者之间进行区分。另外，M. 纳斯鲍姆在《善的脆弱性》中和 J. 安纳斯

（Annas）在《幸福的道德》中都认为，第十卷第6~8章并不属于《尼各马可伦理学》本来的计划，应该被删除。但是许多人却不赞同她们的观点。J. 库柏（Cooper）在1975年出版的《亚里士多德的理性和人类善》中说，亚里士多德从始至终都是理智论者。这本书用理智论解读亚里士多德伦理学做得是如此出色，以至于成为了理智论的经典。但是他在1989年写了《再思亚里士多德的理性和人类善》一文，却推翻了自己在1975年的观点，认为亚里士多德并不是理智论者，应该采取综合论的方法去解读亚里士多德的伦理学。

综合论和理智论的争论，从20世纪60年代就开始了。大量笔墨已被付诸这一问题，但还是很难看到什么一致意见。不用说，对亚里士多德的幸福的不同理解，会导致对整个亚里士多德伦理学的不同解读。很多人对于这个问题究竟能否被解决，持相当悲观沮丧的态度。安东尼·肯尼在1992年出版了《亚里士多德论完美生活》。他在这部书的前言中说，所有解读《尼各马可伦理学》的人都有三个目标：第一，能够分别地将第一卷和第十卷解释清楚；第二，能让第一卷和第十卷融合起来；第三，按照现代伦理学的标准，对第十卷的解读能够让人们接受。肯尼说，至今几乎没有人能够达到这些目标。

下面我将谈谈我对这个问题的理解。我的看法是，我们应当在亚里士多德伦理学中区分幸福生活与幸福活动，并在思辨理论中区分思辨的活动（contemplative activity）与思辨的生活（contemplative life）。在很大程度上，综合论与理智论的论争之所以会发生，正是由于双方都没能在幸福生活与幸福活动之间，在思辨的活动与思辨的生活之间进行区分。它们通常设定幸福的意思在于"活得好"，即幸福生活，并继而开始争论它到底是一个各种善的复合，还是与思辨有关。但我们将会看到，对思辨的活动与思辨的生活的区分将带来对第十卷第6~8章的远为自然、远为清楚的解读。下面我将从文本出发对此进行说明。

二、幸福生活与幸福活动

在第十卷第6章的开头，亚里士多德说道："在谈过德性、友爱和快乐之后，我们接下来要扼要地谈谈幸福。"（1176a30－32）不知道你读了这句话是否觉得奇怪。他从《尼各马可伦理学》第一卷开始不是一直在讨论幸福问题吗？他之所以要讨论德性、友谊和快乐，不就是因为这些都是幸福的要素吗？当他讨论德性、友谊和快乐的时候就已经在讨论幸福了，那么他在这里为什么说讨论完德性、友谊和快乐之后，要开始讨论幸福呢？

我们注意到，就在这一宣称之后，亚里士多德引入了"状态"和"活动"的区别，并把幸福与活动相联：

> 幸福不是一种状态，而德性才是一种状态。如果幸福是一种状态的话，某些人就可能也会拥有它但是却终生都在睡觉，过着植物般的生活，或者即使发生什么重大灾害对他也没有什么影响了。如果我们不赞同这种情形的话，我们应将幸福看做一种活动而不是一种状态。

拥有德性和德性活动是不同的。对一个德性主体取得幸福来说，德性需要被加以运用才能成为幸福成分。原因有二。第一，有德性而不体现，就等于是一个活人始终在睡觉。这样，有德性无德性也就体现不出什么不同来。第二，拥有德性的人仍会缺乏外在善，会遭受重大灾难。我们在第三讲说过，外在善会对幸福有重要作用。由于这些原因，亚里士多德认为，德性或品质（hexis）是一种静止状态，但幸福"不是一种 hexis"（1176a33）。德性虽是亚里士多德伦理学的核心议题，但我们必须注意到，它不是其伦理学寻求的终极目的。最终目的是幸福，德性的修养是为了幸福。

将第六章开头的话与"状态"和"活动"的区别相联，我们就得到一个线索。当亚里士多德说他从现在要开始讨论幸福时，他指的是从现在开始讨论幸福作为活动。

让我们再回到亚里士多德功能论证的结论（即幸福是灵魂的体现德性的活动），以便把问题看得更清楚些。按照功能论证的结论，他应该：

（1）先讨论灵魂；

（2）然后讨论灵魂的德性；

（3）再讨论灵魂的有德性的活动。

亚里士多德的确讨论了灵魂，将灵魂分为理性灵魂和非理性灵魂。非理性灵魂又可以划分为消化性的灵魂和欲望性的灵魂，其中只有欲望性的灵魂具有伦理意义。理性灵魂部分分为理论理性和实践理性。理论理性、实践理性和非理性灵魂中的欲望部分具有伦理意义。亚里士多德的确在这几方面花费了大量的笔墨。在做了这些讨论之后，他在《尼各马可伦理学》中用大量篇幅讨论德性问题，第一卷至第五卷讨论伦理品格德性，第六卷讨论理智德性。而友谊和自制又都是和伦理品格德性相关的。

可是，我们会发现，在第十卷前，亚里士多德并没有讨论灵魂的活动（activity）问题。我想，这就是为什么他在第十卷第 6 章的开头说："在谈过德性、友爱和快乐之后，我们接下来要扼要地谈谈幸福。"他要说的是，他还没有讨论作为一种活动的幸福。虽然《尼各马可伦理学》以前的众多篇章已经考察了灵魂不同部分的德性，但尚未考察活动，而从第十卷第 6 章起，他要做的就是讨论这个问题。

这一解读方式，为第十卷第 6~8 章是《尼各马可伦理学》的内在部分提供了一种理由。一些评论者认为第十卷第 6~8 章肯定是一篇独立的文章，而且是可有可无的、随后所插入的，因为该文本引入了一个与《尼各马可伦理学》其他部分解释不相一致的幸福概念。对此观点的标准反驳是引用《尼各马可伦理学》第一卷第 5 章（1095b17—19）的内容，在那里，亚里士多德把思辨列为幸福生活的三种候选之一，并承诺要在后面的部分中对之加以讨论。这种辩护是正确的，但它依赖于一个单一的文献证据，看起来不够强有力。本书提供的上述结构则能清楚表明，如果没有第十卷第 6~8 章，亚里士多德的幸福理论就是不完整的。德性和活动之间的区分在第一卷就已被指出过，所以对活动的讨论早在那时就已被考虑到了。因此，第十卷第 6~8 章不是亚里士多德理论对幸福的一次新的指向；相反，它是作为对最初设想计划的一个完成。

关于这个问题必须多说几句。我们在一开始讨论幸福概念时区分了主观幸福与客观幸福。人们通常认为，幸福是一种主观感受。可《尼各马可伦理学》中的幸福是客观的，是指人的兴旺。在这里我们又引入了关于幸福的另一重大区分，即幸福是一种活动，也是一种生活。

我们通常都会认为幸福是一种生活。亚里士多德同意这一点并认为幸福是由德性及外在善构成的。他也说幸福是一种活动。关于幸福是一种活动的观点贯穿《尼各马可伦理学》全书。比如在 1099a30 中，亚里士多德说："我们说幸福就是那些活动，或者是其中最好的活动。"在 1100b9-10 中，他说："体现德性的活动主宰幸福；相反的活动主宰其反面。"在 1177a13 中，我们读到："如果幸福在于体现德性的活动，我们就可以说它体现最好的德性，即我们的最好部分的德性。"

因此，幸福在亚里士多德伦理学中是一词多义。除了主观幸福与客观幸福，还有幸福生活与幸福活动之分。一方面，幸福指的是活得好，是作为一种生活的幸福。这种幸福概念是一种综合的概念，包括德性，德性的活动和外在的善。另一方面，亚里士多德也将造成幸福生活的德性活动也说成幸福。德性活动做到好的状态也是幸福。要理解这一点，必须记住古希腊文中的幸福概念是一种客观的含义，而非是指人的主观性感受。幸福是一种客观标准，一种兴旺。所以，如果灵魂的活动自身可以达到一种兴旺发达的状态，达到比较出色甚至说完美的状态，那么也就是一种幸福。

亚里士多德的难解之处在于，他既用幸福指称人兴旺发达的生活整体，却同时又用它来指称做得好的德性活动。他一方面将人的整个幸福生活称为幸福，讨论人如何才能过上幸福的生活。可是在讨论过程中，他也将幸福最主要的构成成分称为幸福。亚里士多德的初始目标是去研究作为能最好生活之物的幸福。他通过诉诸人的功能来处理这一问题。随后，他也把"幸福"这一术语用到理性灵魂的活动上去。结果是，良好进行的理性活动，一方面是对一种幸福人类生活而言的生成成分，另一方面，这种活动自身就是幸福。

将同一个概念在两个层面上使用是亚里士多德经常做的。比如他在《形而上学》中对"本是"（本体，实体）概念的讨论。"本是"本来指的是个体物。他又说"本是"可以分为形式、质料和二者的组合物。在它们之中，形式才是真正的"本是"。因此，在《形而上学》中，一个个体是"本是"，而在其中使一个个体成为这个个体自身的东西也被他称为"本是"。这种手法与他对幸福概念的使用是一致的。

重复一下，亚里士多德在《尼各马可伦理学》中有两种幸福的概念，这并不是说可以用其中一种取代另外一种，或者他自己将问题搞混了，而是他习惯于这样用，将人的整个生活称为幸福，同时也把构成这种生活的最主要成分称为幸福。亚里士多德确实在两种用法的立场之间有所游移，在具体使用时并没有说得很清楚，甚至有的句子和段落模糊了两者，这就给后世的注释家留下了无穷的麻烦。因此，当我们再面对亚里士多德的幸福概念时，我们要区分他说的是哪种含义上的幸福。这两种幸福的概念当然是密切联系着的，因为幸福活动是幸福生活的决定性成分。尽管如此，它们还是牵涉到不同的理论问题与概念分析，需要加以区分，而且这种区分对理解《尼各马可伦理学》极其重要。

从幸福生活与幸福活动的区分来评判综合论和理智论的分歧与争论，我的理解是，它们各自抓到了这两种含义中的一种，而忽略了另外一种。综合论者抓到了作为一种生活的幸福，而忽视了作为活动的幸福。而理智论者则抓到了作为一种活动的幸福，而忽视了作为生活的幸福。综合论在指幸福是一种生活方面是对的。《尼各马可伦理学》中也的确有好多段落都在说明这个问题。但是理智论在指幸福是灵魂的有德性的活动方面也是对的。《尼各马可伦理学》中也的确有很多段落清楚地说明了这个问题。

不同的理解也涉及翻译问题。我们在第二章曾提及幸福的一个主要标准是 teleion。这个词在古希腊语中有三种含义：（1）"完满的"（complete），意思是"具有所有各部分"；（2）"最好的"（perfect），意思是"在它所属的种类里面是最好的"；以及（3）"最终的"（final），意思是"最终或最高目的的实现"。英译中对如何翻译该术语颇有争议。大致说来，持综合论的人选用 complete（完满），持理智论的人选 final（最终），还有的人要保持含糊，主张用 perfect（最好）。我的看法是，它在用于幸福生活时，应译为 complete（完满），在用于幸福活动时应译为 final（最终）。

在亚里士多德的伦理学中，活动有两种含义，生活也有两种含义。活动包括（1）实践智慧的活动与（2）思辨（即理论智慧的活动）。生活包括（1）

体现实践智慧的生活以及（2）思辨的生活。我们必须注意到，虽然亚里士多德在第十卷中讨论活动，但他的焦点是思辨活动，以及体现思辨活动的生活。他很少讨论实践智慧的活动和具有实践智慧的生活。虽然在第十卷中他也提到了这两点，但它们是作为讨论思辨活动和思辨的生活的陪衬而被引入的。

三、思辨活动的特征

按照《尼各马可伦理学》第一卷第 7 章的功能论证，幸福是灵魂表现德性的活动。在第十卷第 7 章开头 1177a13 处，亚里士多德说："如果幸福是体现德性的活动，那么它就应该体现最高的德性，即我们身上的最好部分的德性。"很明显，这一论点是回应第一卷的功能论证并接着后者讲的。

那么，什么是最好的东西呢？亚里士多德说最好的东西是 nous。我们经常将 nous 音译成"努斯"。不过 nous 这是一个很复杂的概念；它在《尼各马可伦理学》中就有好多种含义。我们在阅读的时候一定要注意将其各种含义区分开来。我们曾经在讨论第六卷的时候说亚里士多德区分了五种理智状态：nous，epistēmē（科学），sophia（理论智慧），phronēsis（实践智慧），technē（技艺）。作为五种理智状态之一的 nous 是把握理论证明大前提的方式，我通常称它为理论直觉。同时，实践智慧在实践推论的终点也会产生一种 nous，我们可以将它称为实践直觉。但是在第十卷中的 nous 既不是理论直觉，也不是实践直觉，而是理性。理性又分为理论理性和实践理性。第十卷中的 nous 等同于理论理性或属于人的理论理性部分。实践理性的德性是实践智慧。理论理性的德性是理论智慧。思辨是理论理性体现其德性的活动。所以，思辨是理论智慧的活动。为明了起见，我在这一讲中把 nous 直接译为"理论理性"。

从实践智慧与理论智慧的区分来看，思辨活动在最基本的意义上就是科学研究的活动。除了物理学中的研究之外，它也包括对第一哲学的研究活动。这些研究和实践科学的差别就在于其目的不是为了实用，而完全是为了求知，是为了祛除自己心中的蒙昧状态，让自己的心灵处于透彻明了的澄明状态中。亚里士多德在《形而上学》开篇就说人在本性上是求知的，而那里说的求知，求的就是这种意义上的知识。因为，对这种知识的追求完全是为了知而知，而不是为了某种实用性的目的。思辨活动就是在寻求这种知识的活动中所体现出的最佳状态。实际上也就是理论理性的发挥达到了最佳状态。其实，亚里士多德对思辨的这种表达并不神秘，其所表达的精神是西方文化中推崇科学、推崇对客观真理的追求、推崇真知的精神。

亚里士多德在《论灵魂》里对理论理性（nous）的讨论对于丰富我们理解该观念有所裨益。在那本书里，理论理性被定义为"灵魂用来认识和思维的部分"（《论灵魂》，429a10）。它"除了接受能力外，并无其他本性"（429a21）。如果理论理性有其自身本性，则就将影响到与其自身本性不同的被思之物。所以，理论理性是一种纯粹的潜能。作为潜能，它需要被实现。理论理性的活动是一个在其中理论理性被可思维对象所影响的过程。在这一过程中，理论理性接受了对象的可理解形式并与其对象的形式特征等同。

要理解这种"接受"与"等同"，可以用感官知觉把握对象的情况作比喻。在后者那里，每种感受都"撇开感觉对象的质料而接受其形式。正如蜡块接受戒指的印迹而撇开铁或金，把握的是金或铜的印迹，而不是金或铜本身"（《论灵魂》，424a18-21）。这给了我们理解思辨重要性的一个重要线索。理论理性是我们身上最神圣的因素。但在它思考之前，除了是一种接受可思维形式的能力之外，它什么都不是。它是不活动的，也不与可思维对象接触，因为"它就仿佛是个睡着了的人一样"（《形而上学》，1074b17-18）。在反复强调拥有德性与德性活动的区分之后，我们对亚里士多德的德性不被运用就像处于一种熟睡状态的观点已经很熟悉了。这里的"睡觉"比喻旨在说明，一个人如果没有运用理论理性，那他也就不能实现其人的功能的最有价值部分。

我们身上最好的东西是理论理性，而它的德性（即最高德性）是智慧（sophia）。由此得出，"正是理智的体现它自身德性的活动构成了完善的幸福"。"这一活动就是思辨。"

那么，为什么思辨活动是最高的幸福呢？在第十卷第 7 章中亚里士多德至少提出了五个论证。

第一，"思辨活动是最高的，因为理论理性是我们之中最神圣的成分，而且它的对象是知识的最高对象。"（1177a19）人身上最神圣的成分是追求知识的理论知识，而不是让人去算计经营在社会中活得很成功的实践理性。亚里士多德对人性的理解比较复杂。他不仅说理性是人身上最神圣的部分，而且更进一步说理论理性是人身上最神圣的部分。如果人身上只有实践理性，那么这个人并不能说达到很神圣的程度。而如果一个人一辈子都没有研究过理论科学和哲学，亚里士多德就会认为这个人并没有将自己身上很神圣的部分发挥出来。这个人就一辈子也没有真正体验过人的生活。在相当程度上，亚里士多德说动物也是可以有实践理性的。但是人之为人的独特之处在于人具有理论理性，这是动物所不具备的。

理论理性的对象是最高的知识对象。亚里士多德强调知识对象问题，也是有特殊用意的。因为只有最高的知识对象才具有普遍必然性。而像伦理对象始终是相对易变的，因此伦理知识无法具有普遍必然性，而只能有相对的、大致上的确切性。他在《尼各马可伦理学》第六卷中区分理论理性和实践理性时曾经举过一个例子，实践理性要理解的是人及有关人的事务，而理论理性要研究的是永恒不变的真理，比如宇宙的构成和结构等问题。那些东西在神圣性上要远远高于人。因此理论理性所得到的知识要比实践理性所得到的知识更高级、更神圣。

第二，"思辨活动是最能够持续的活动。相对于其他活动而言，我们更能够长时间地持续性地从事思辨活动。"（1177a21-3）很多活动远比读书思考研究写作更为刺激热闹。可是，它们做多了会烦的。上网玩游戏久了总会有浪费时间的罪恶感，参加派对多了会觉得空虚，做体育健身久了会累，政治玩久了会厌倦，等等。只有思辨活动是可以被当作终生的事业来选择的。读书思考研究写作似乎始终不会让人厌烦，而且一旦沉浸于其中，会越来越津津有味，乐此不疲。可能有人会说，并不是所有的人都喜欢思辨生活。很有些人屁股是尖的，读书时间长一些都忍不住，怎么可能长时间地从事思辨活动呢？这便与下一个理由有关。

第三，"我们认为快乐必定与幸福相结合。大家公认体现智慧的活动是最快乐的体现德性的活动。无疑，哲学显得是具有极其纯粹，极其稳定的快乐的。"（1177a24）与上一理由相联，学术思辨活动不但是持续的，而且是最快乐的。思辨活动是能让人最快乐的活动。亚里士多德坚信在哲学中可以得到很纯粹、很稳定的乐趣快乐。不过上面提到有不少人不可能长时间地从事思辨活动，也无法领会到其中的快乐。对于这些人，亚里士多德的理由有王婆卖瓜，自吹自擂之嫌。但这是一种误解。

我们在第二讲讨论幸福与快乐时说过，有很多事情本身很快乐，但是有些人却可能无法体会到其中的快乐。比如京剧本身是很令人享受的。但是也有很多人觉得京剧枯燥，沉闷，根本没有兴趣。哲学也是如此。亚里士多德的这种观点对于那些无法从哲学中领会到快乐的人来说，可能无法接受。但对我们这些学哲学的人却是很好理解的。无论如何，亚里士多德自己就这么认为，而且他很肯定这点。他自己必然是在哲学思辨活动中得到了莫大的乐趣。

第四，"思辨比所有其他的事情都要自足。所有的有德性的人都必须要生活，即需要生活的必需物品。当生活必需品被平等地给予所有的人的时候，正义的人却需要其他人作为他的伙伴，以及作为他的正义行为的接受者。有节制的人，勇敢的人以及其他类型的人莫不如此。但是思辨的人，即使只是他自身也可以思考真理。他越是有智慧，便越能这样做。虽然也许在他有同事时会做得更好，但他依然是最自足的。"（1177a27－33）思辨活动是最自足的。乍听起来，这很难让人理解。就拿我们自己来说吧。做哲学的人往往都很贫穷，尤其是青年教师和博士生。要想让自己的研究活动和生活能够持续下去，要么就出去兼职，从而挤占自己的学术研究时间，要么就改行放弃哲学研究。怎么能说哲学生活是自足的呢？让我们来听听亚里士多德自己的解释。

> 一个在思辨真理的人，至少就他这种思辨活动而言，不需要这样的东西（即外在的或社会的善）。它们实际上甚至无可避免地会妨碍他的思

辨。然而作为一个人并且与许多人一起生活，他必须选择德性的行为，也因此需要那些外在的东西来过人的生活。(1178b2-7)

这段话引出了"就他这种活动而言"的思辨者与"作为一个人"的思辨者之间的区分。这是我在下一节要讲的"思辨活动"与"思辨生活"之间的分别。在此处重要的是，亚里士多德说明了，真正做学问进行思辨的人，其实自己的需要很少，对外在善的要求不多，比较淡泊和超脱。思辨活动依然是思辨者的理智，因此对外在的资源依赖比较少。但是从事其他伦理德性活动的人就不是这样了。比如政治家们就需要很多资源的支持。要体现慷慨德性的人，就必须要有钱财之类的外在善可以让他有机会去体现自己的德性。"自足"是在这一意义上说的。

第五，"只有思辨活动是因为它自己而被追求。除了思辨外它不再有其他。而在实践活动中我们还多少从行为外获得某些东西。思辨活动的确是因为其自身而被追求的。"(1177b1-2)幸福是终极目的，不为他物而追求。思辨活动正是这样的。在这里，亚里士多德说思辨活动是唯一自身值得欲求的活动，只有它才是由于其自身被选择的，而实践活动是为了一个更进一步的目的，不是因自身之故被选择的。这里的思想是强调对知识的无目的、无功利性的追求，这点与中国古人所说的"书中自有黄金屋，书中自有颜如玉"相左。大家在这里读哲学学位，你们觉得这一论证可信吗？能不能问问你们为什么到这一行中来？是因为哲学自身使你们作出选择的，还是因为所报的志愿未能去成被分到哲学系的？如果是分来的，那么你们现在有没有因哲学自身而喜欢上她？如果一个人读书的目的是"黄金屋"和"颜如玉"，而非知识自身，那就不易理解亚里士多德关于思辨是第一幸福的观点。

不过亚里士多德的这一立场很难与他在其他地方的观点相一致。他在其他地方说，道德德性行为被追求，是因为它们自身是高贵的（kalon, 1144a1-2），而不为了任何更进一步的原因。甚至在第十卷第6章中，他也继续主张所有德性活动都因自身之故而值得欲求。"除自身之外别无他求的实现活动"（1176b6-7）。学者们对如何解释这一矛盾，一向有争议。

　　亚里士多德自己对于此点做过解释，但不是太令人信服。他说真正的幸福只有在闲暇之中才能获得。因为思辨是要在闲暇之中才能获得，而伦理德性的实现活动则无法拥有这种闲暇。伦理德性的活动最容易得到体现的领域是在政治活动和军事活动之中。但是这两种活动都不被亚里士多德认为是可以证明自己是最高幸福的，相反所有的这些活动都是要为人们的最高幸福即思辨做准备的。

　　亚里士多德在思辨活动是最高的幸福方面，列举了以上五个论证。在此基础上，他在1177b18中对思辨作了总结。他说，虽然政治活动也很好，很伟大，但是它们却欲求某些进一步的目的，并且因为自身之外的某些东西才值得选择。思辨活动则在卓越上更进一步。思辨活动的目标在其自身之中，拥有属于自己的合适快乐。自足、闲暇、无忧等所有的一切人类的好处都是这种活动的特征。因此完美的幸福就是这种活动。

四、思辨活动与思辨生活

　　在论证了思辨是最完美的幸福后，亚里士多德声称："但这样一种生活（ho toioutos bios）对人而言要求过高；因为一个人不是以他的人的属性，而是以他自身中的神性的东西过这种生活的。"（1177b26-28）这就是说，思辨是一种最高的幸福，但是这样的生活对于人来说却太高了。如果想过一种思辨生活的话，不是因为作为一个人才可以过上这种生活，而是因为人身上的神圣性的因素。思辨生活作为整个生活来说是超越人的，是人所达不到的。

　　亚里士多德的这段话引起了人们的争论。因为他在《尼各马可伦理学》开篇中说要追求的是人的幸福。但是到了第十卷却说，思辨作为最高的幸福是高于人的生活的，是一种人类不能过的生活。很多解释者反对亚里士多德。按照他们的解读，思辨的生活是不实际的，不足以被看做是人类的代表性的表现活动。它不是一个真正的人类目标，而它对人类的兴旺而言也不具重要性。

但这恐怕不是亚里士多德自己的看法。要想理解亚里士多德的观点，就要区分思辨的活动与思辨的生活。亚里士多德在这里其实说的是思辨的活动，不是思辨生活。思辨的活动是最高的幸福，但它不可能是人生的全部内容。如果思辨活动占据了思辨生活的全部内容的话，这种生活当然就是最幸福的生活。可人的思辨生活除了思辨活动之外还有其他的成分和内容在其中。

归纳起来讲，思辨活动和思辨生活之间的重大差别如下。

首先，思辨生活是人作为肉体与灵魂的混合物的生活，而思辨活动仅仅涵盖灵魂的理论理性部分。"一个人过思辨生活不是因为他是一个人，而是因为他有神圣因素在自身中。"思辨活动只是人生一个因素的生活，而思辨生活却是人作为整个人的生活。人的生活中包括人的肉体、灵魂等全部领域。

第二，对于思辨者来说必须和其他的人生活在一起，过思辨生活也需要做体现德性的事情。而对于思辨活动却不需要。进一步，思辨生活必须将外在善包括进自己的生活，而思辨活动自身并不需要外在善，其自身就是自足的。"一个思辨真理的人，至少就他这种思辨活动而言，不需要这样的东西（即外在的或社会的善）。它们实际上甚至无可避免地会妨碍他的思辨。然而作为一个人并且与许多人一起生活，他必须选择德性的行为，也因此需要那些外在的东西来过人的生活。"（1178b2-7）思辨活动本身不需要道德活动所需要的外在善，诸如金钱、名誉、权利之类的东西。思辨活动自身与外在善关系不大。如果外在善越多，诱惑反而越多，从而就不仅不会有助于思辨活动的实行，反而会阻碍思辨活动的实现或正确运行。而作思辨的人则不一样。有七情六欲的人食人间烟火，所以与外在善有很大关系。作为一个人来说，不管他多么天才，学问多么伟大，他必须生活在社会中，与其他人生活在一起，不得不去做体现德性的活动。而伦理道德德性的实现需要外在善作为条件。所以，幸福也需要外在的兴旺，因为我们是人。我们的本性并不足以让我们一周7天、一天24小时都作思辨。我们需要一个健康的身体，需要吃饭喝水拉屎撒尿及其他服务。

虽然思辨生活不同于思辨活动，在1178a3中，亚里士多德也强调真正的思辨生活必须将思辨活动作为自己的本质特征。"理论理性这个部分似乎就是人自身。因为它是人身上主宰的、好的部分。所以，如果一个人不去过他自身的生活，而是去过别的某种生活，就是很荒唐的事……理论理性最属于人之为人。"每一个人最根本的特征就是他的理论理性。因为理论理性是人身上最关键的东西，相当于人的自我认同。如果一个人的生活不体现自己的本质、不体现自我认同而体现别的东西，那一定很荒唐。如果人的自我等同于人的自我认同的话，那么体现理论理性的活动一定是人最本质的活动。人的自我决定于他的理论理性。通过选择过一种实现理论理性的生活，一个人就选择了过属于他自己的生活。

　　自我与理论理性等同对于说明思辨生活的重要性很有效。可这一论点也引起了一个问题。我们应该记得，在亚里士多德对友爱德性的讨论中，自我被更清晰地等同于德性品格。人们因为善的品格或德性而爱彼此，"因对方自身之故而爱对方"转变为"因对方善的品格或拥有的道德德性而爱对方"。在这种意义上，亚里士多德称一个德性朋友为"另一个自身"（1166a32）或"第二自我"（《大伦理学》，1213a20－26）。一个朋友基本上与我的品格相似，因此，他或她是一个第二自我。现在在《尼各马可伦理学》第十卷第7章中，亚里士多德又把自我与理论理性等同。这明显与他在友爱论中的观点不一致。解说者为了解决这种不一致性提出了各种建议，但仍未达成共同见解。在我看来，这一不一致是亚里士多德自己的，是其实践理性与理论理性间矛盾的一种表现。人性与理论理性等同应被视为价值的而非生物性的意义。亚里士多德在一个人与赋予他特点的德性活动之间做了区分。虽然思辨生活肯定要包括实践活动和外在善，然而，是思辨活动为这样一种生活赋予了特点。因此，理论理性比任何事物都更决定了一个思辨者的身份。

五、第一幸福与第二幸福

　　在理论理性和自我之间建立了一种特殊关系后，亚里士多德接下来说："所以这种生活（即思辨生活）是最幸福的。体现其他德性的生活是第二幸福的。"(1178a8-10)这句话横跨第 7～8 章,可见这两章的区分是随意的。除了思辨外,其他德性是伦理德性及与此紧密相联的实践智慧。故体现其他德性的生活即体现道德伦理德性的生活。实践理性和品格德性是不可分割的。实践智慧的出发点与原则必须和品格德性相切合。同时品格德性的准确性又必须合乎于实践智慧。

亚里士多德在这里为我们提供了有关幸福的一个等级序列。思辨生活是第一幸福的,而伦理道德生活的幸福是第二位的。就是这个结论引起了综合论和理智论之间的无休止的争论。

让我们首先搞清楚,对这两种生活进行比较,究竟是在什么含义上的比较? 究竟这两种生活各自到底包含什么样的内容呢? 亚里士多德比较的是纯粹的两种生活吗,即第一种生活是完全的没有伦理德性的生活和第二种生活即完全没有思辨活动的生活吗? 还是在比较两种混合了两种成分的生活,只不过其中的一种成分强一些而另一种成分弱一些?

"生活"这个词的希腊词是 bios,重音在 i 上。如果重音放在 o 上的话,这个词的含义就是弓。希腊早期哲学家赫拉克利特有一句十分著名的话:"弓的名字是生,但是它的作用是死。"要理解这句话,就得明白"弓"与"生"的希腊字都是 bios,只是重音不同。赫拉克利特在玩文字游戏。而"生活"(bios)这个词既可以指人的生活的全部,也可以指人的生活的某一个方面。比如,当我们说一个人活得不错的时候,一般是在第一种含义上使用的。而当我们说一个人的政治生活、文化生活、性生活等如何时,是在第二种含义上使用的。那么,亚里士多德比较的是两种全部的生活,还是生活的两个不同方面呢?

一般人都认为亚里士多德在比较两种完整的生活。无论是综合论的持有者还是理智论的持有者都持这种看法,于是就会产生"究竟这两种生活各自到底包含什么样的内容"这样的问题。但在我看来,在这里"生活"(bios)是指生活的某一个方面。亚里士多德在比较两种幸福的生活时,比较的不是两种完整的生活,而比较的是生活的两个侧面。用更精确的话说,他比较的是思辨活动与体现伦理德性的活动。在他看来,思辨活动要远远比伦理德性的活动高级。思辨活动是第一幸福的，而体现伦理德性与实践智慧的活动是第二幸福的。

亚里士多德的这种说法虽然很奇怪，不为我们所熟悉，但恰恰是这种我们不熟悉的东西给我们带来了新知识。可是这种说法的依据何在呢？我想，如果我们仔细研究一下他对两种生活的描绘就可以看出其中的奥妙。首先，他讲思辨是最完满的幸福，而思辨生活又是高于人的生活的。这话看似矛盾，其实不是。如果我们把"思辨是最完满的幸福"中的思辨理解为人的思辨活动，矛盾就没有了。对于人来说，思辨生活不可能只有思辨活动这一项内容。不用吃喝拉撒而光思辨的生活肯定不是正常人能过的。其次，亚里士多德有时也把理论理性（努斯）与人的组合相对立（1177b29，1178a20-21）。这成了一个含混的根源。因为"人的组合"应包括灵魂与肉体，而灵魂又包括理性、情欲、感知等，理性包括实践理性以及理论理性。可如果"人的组合"也包括理论理性的话，把它们相对立便没有道理。故当亚里士多德把理论理性（nous）与人的组合相对立时，"人的组合"是狭义上的，只包括非理性部分与实践智慧的联合，而排除了理论理性。它不是指人的整个生活。最后，与体现理论理性活动的思辨做比较的是"体现其他种类德性的生活"。我们已说过，"其他种类德性"所指的是实践智慧和伦理德性。仔细研读这一对比我们便会发现，"体现其他种类德性的生活"并没有包括理论理性。可是理论理性是属于所有人的。因此，在被比较的两种"生活"（bios）里，一种拒绝道德德性和实践智慧，另一种则没有把思辨包括在内。"体现努斯的生活"（ho kata ton noun bios）应该是那"不是以他的人之为人，而是以他自身中的神性的东西"而过的生活（1177b27）。亚里士多德此处不是在谈论有关一个思辨者所过的生活，而是在谈他的努斯的运用。相应地，"体现其他种类德性的生活"必定是体现伦理德性的活动，而非一个人的全体生活。

总结一下，亚里士多德比较的并不是两种完整的生活，而是两种人类理性的体现德性的活动，一方面是人的理论理性的活动，另一方面是人的实践理性的活动。当然，思辨活动和实践活动分别是人可以过的思辨生活和实践生活的主要内容。在这样一种派生意义上，活动的层级也可以被说成是两类生活的层级。但亚里士多德此处的分析乃是有关思辨活动的，而第十卷第6～8章的中心论点却在于表明思辨活动是最好的人类活动。

可是他为什么能说思辨活动是最大的幸福，而伦理德性及实践智慧活动是第二等的幸福呢？他给我们提供了合适的理由吗？我们已经看到他在第十卷第7章中列举了一系列的论证说思辨活动是最大的幸福。其中第一个理由说，理论理性是"我们身上最好的部分"（1177a21）。"努斯的对象是最好的知识对象"（1177a22）。在第8章中说了体现伦理德性的生活是第二位的幸福后，他又说，伦理道德活动要么和人的身体有关，要么和人的情感与欲望相关。在我看来，更为决定性的理由在《尼各马可伦理学》第六卷中讨论实践智慧与理论智慧的差别时已经提出了。亚里士多德一直强调理论推理比实践推理更高，理论智慧比实践智慧更高。理论理性（努斯）不是实践理性，而这使实践理性不能是最好的知识对象。理论理性考虑的是"其始因不变的那些事物"（1139a7），即那些"在自然之中最高等的对象"（tōn timiōtatōn，1141a20）。相反，实践理性的对象是变动不居的人类事务，可"人不是这个世界上最高等的存在物"（1141a21）。对亚里士多德而言，诸如宇宙组成部分这样的事物有着远比人类事务要多的神圣本质（1141b1-2）。永恒不变的对象产生永恒的必然的真理，而从人类事务那里我们只能取得大部分的真。从变动不居的人类事务中永远也无法得到确定性的知识。理论智慧被说成是最准确的知识类型（ēakiribetatē，1141a17），"最好的知识"的状态（spoudaiotatēn，1141a20）。他甚至明确声称实践智慧"低于（理论）智慧"（1143b33）。

由此看来，在两种幸福的等级背后隐藏的是不变对象对可变对象的优越性，是必然真理对偶然真理的优越性，是亚里士多德对追求必然知识与不变事物的根深蒂固的热情。我们通常会说西方人热衷于理性，但是我们却往往并不知晓这种热衷表现于什么地方。而亚里士多德在这里对理论理性和思辨活动的推崇其实就是一个重要表现。

六、思辨与神

为了进一步说明为什么思辨是第一幸福，亚里士多德在《尼各马可伦理学》第十卷第 8 章中引入对神的讨论。用他自己的话说，这是"以另外的一种方式"表明完美的幸福是思辨活动（1178b9）。对神的讨论成为区分思辨活动与思辨生活的一个佐证。神学成为思辨理论的一个部分。

人的思辨活动和思辨生活不能完全重合。因为人有肉体，有情感和欲望的羁绊，因此不可能一天 24 小时总是进行思辨活动。但是神却可以。因为神没有肉体，没有情感和欲望的羁绊。希腊传统观点认为，神自身是最幸福的。但神的生活内容是什么呢？"我们应当把什么样的活动归属于神们？"希腊宗教是多神论。可亚里士多德讲神，有时是单数，有时是复数，似乎不太认真计较。

古希腊传统神话中的奥林匹斯诸神好事坏事都做。《圣经》中的上帝创造世界，创造人类，进入人的历史，与其子民一起受难，并力图拯救人类。在这方面，亚里士多德的神就不同了。他的神不创造世界与人类，也不关心人的幸福。他的神与伦理德性无关，不做德性行为。实际上，神不具有任何道德德性或恶（1178b16-17）。亚里士多德自己问道，神做公正的行为吗？可这很荒唐，因为神既不和人签契约，也没有欠债还钱之类的事。神做勇敢的行为吗？这也很荒唐。难道神也会感到恐惧，或者不惜冒生命危险？与此类似，说神很慷慨，或者说神很节制都说不通。"当我们一一考察这些事，一切关于行为的事都显得很琐碎，与神们的身份不配。"（1178b8-19）所以神是没有伦理德性的，是超越道德语言的。

可神是活的，是在活动的。既然它们不做伦理活动，更不制造东西，那它们一定是在做思辨活动。对亚里士多德而言，神的生活由完全的思辨活动构成，其生活就是思辨活动。"神的活动，那在福祉上超越其他一切的活动，必定是思辨。而在人类活动中，那最相近于神的活动的活动必定最具有幸福

的特征。"(1178b21-22)

要注意的一点是，亚里士多德并不是说神在思辨，而是说神是思辨活动本身。在神这里，思辨生活与思辨活动是同一的。神是大写的思辨。

《尼各马可伦理学》第十卷第8章对神的讨论可与《形而上学》第十二卷第6~7章、第9~10章联系起来读。在《形而上学》里，亚里士多德也说神就是思辨。神是完美的，不去思考不完美的事情。神要么思考自己，要么思考别的东西。神不可能思考别的东西，因为如果有这样的东西存在的话，就说明它要比神还高尚、完满。但是不会有比神还高尚的东西，因此神只能思考它自己，所以神只能是思想的思想。神既是思的主体，又是思的对象。这里的论点颇为晦涩。我想我们可以将亚里士多德的思辨神看做整个宇宙的理性结构及其自我呈现。

除此之外，在《形而上学》中，亚里士多德还说神是不动的推动者，第一推动者，以及"天界和自然本原"所依赖的原理（《形而上学》，1072b14）。那么，神是不动的推动者与神是思辨活动，二者之间是什么关系，怎么样才能沟通起来呢？

这需要理解神为什么是不动的动者。按亚里士多德的说法，神不以任何强力去推动事物。它作为不动的动者不是因为它做了什么，而在于神是"欲求对象和思考的对象"（《形而上学》，1072a25）。"欲求的首要对象和思考的首要对象是同样的事物"（《形而上学》，1072a28）。由于每个事物都欲求和思考神，世界就构成了一个等级秩序。

可为什么每个事物都欲求和思考神？亚里士多德对这一困难而复杂的问题没有给出详细阐释的答案。如果我们把他在其他一些地方说的话拼凑在一起，图景大概会是这样。亚里士多德的自然哲学主张每一自然事物的动因在其内部，尤其是内在的形式。可如果每一个事物动起来都是由于其内部的运动原则，那么神的作用在什么地方呢？答案是，神是个体事物之间运动的连续性和持久性的原因。

亚里士多德的第一推动者的功能在于为宇宙的延续活动现象提供一种理性说明。每一种事物的运动都是靠其内部的自然能解释的。每一个体自然物的生长也是被其本性决定的。但是事物之间的传承却不是这种自然能说明的。每一物种的延续运动在第一推动者的意义下才能被解释。自然形式可以解释猪的运动，但是却无法解释猪之所以要繁殖的原因。现在不少人不想要小孩，怕麻烦辛苦。可动物植物却无怨无悔、勤勤恳恳地繁殖着。而且动物和植物繁殖完后代之后并不像我们人类这样有很强的拥有感，也不要它们养老什么的。它们往往是过了特定的时间之后就彼此分道扬镳了，甚至老死不相往来。庄子说，相濡以沫，不如相忘于江湖，动物和植物倒是真正做到了这点。那它们为什么要繁殖？

亚里士多德有一个基本前提是，所有的自然物都有追求永恒的欲求，无论是有意识的还是无意识的。每种自然物都有一个内在的朝着不朽或永生的内在趋向。一个行星做圆周运动，因为圆周运动是唯一一种连续的和持续的运动（《论生成和消灭》，337a2）。圆周旋转方式的运动最容易持久，最接近永恒。相似地，事物也有一个通过模仿圆周运动以保持自身不被毁灭的趋向（《形而上学》，1050b28-30），并相互转换它们的品质与力量（《论生成和消灭》，337a1-4）。动物和植物有着繁衍的天然欲望，通过繁殖传宗接代，是因为繁衍是延续生命的方式。"以此尽量地分享永恒和神圣，这就是所有生物所追求的目标"（《论灵魂》，415a31-32）。每个个体都会死亡，但有了自己的后裔就意味着一种生命的延续。通过繁衍后代来追求永生"最接近永恒的存在"（《论生成和消灭》，336b34-35）。人也具有同样的特点。男女结合成家庭，第一功能就是传宗接代。作为自然之一部分的人必定会有寻求永生或不朽的自然欲望。为了实现此欲望，像其他动物一样，他会留下与自己相同的后代（《政治学》，1252a27-30）。

可这与神又有什么关系呢？这是因为在亚里士多德看来，神是永恒性的象征，是永生或不朽的化身。追求永恒就是在欲求神，就是在为神所推动。永恒似乎有着不同的形式，而亚里士多德的神是不朽或永生的所有形式之化身。简而言之，第一推动者是永恒运动的原因，因为世界上的所有事物都有一种普遍驱动力，即寻求不朽的动力。每种事物都以不同的方式追求不朽，因为它只能在其本性允许的范围内那样去做。然而，宇宙的所有存在都分享着一种共同的目的，以及由第一推动者为最高体现的不朽的善（《形而上学》，1075a19）。

现在我们可以讲不动的推动者与思辨活动的关系了。人繁衍后代是为了生命的延续。这是人作为宇宙的一部分与动植物相同的一方面。但亚里士多德相信，人从其他动物中脱颖而出，是因为人除繁衍肉体后代外，还具有一种更高尚和更高级的不朽之路。这一更高级的方式是思辨。"应当努力追求不朽的东西，过一种与我们身上最好的部分相适合的生活。"（1177b33-34）

亚里士多德把思辨活动作为神的特征（1178b17-23），并宣称人类活动的最好形式是思辨。这就在人类和宇宙之间建立了一种特殊联系。思辨把人性与神圣存在或宇宙整体系统联系在一起。在所有寻求不朽的现存活动形式里，思辨活动是最好的。虽然"自然使所有存在物都分有神性"（1153b32），人类是能够进行思辨的唯一物种。

在思辨中，我们处于如同神所处的那种状态，尽管神一直处于那种状态，而人类只能持续一段有限的时间（《形而上学》，1072b24）。人类渴望那种类似于神的存在，这是自然的，我们应该尽量让我们朝神靠拢。思辨延展到什么地方，幸福就延展到什么地方。思辨得越多，人就会越兴旺发达。人只有在思辨之中才能获得永恒。按照亚里士多德的理解，世界是永恒的，世界的理性结构也是永恒的。人在寻求永恒真理的过程中得到了永恒。神是永恒活动的象征，思辨活动是永恒活动的表现。人通过思辨获得永恒的过程是最神圣的活动，所以当人能够追求永恒的时候，就能将自己与自然界永恒的理智结构融合为一。在思辨活动中，人和神得到了融合，在这个过程中二者得到了统一。正是在这一意义上，我们才说亚里士多德的神是人的灵魂的理论理性活动的大写。由此，我们就可以理解亚里士多德为什么如此地抬高思辨活动的地位了。他真的是希望人在寻求永恒真理的过程中得到永恒。我们经常讲中国哲学追求天人合一。相应地，在亚里士多德哲学中，思辨是神与人之间的统一。最高的人之善与最高的神之善共享着相同的内容。运用思辨的活动把人推入一种与神共在的状态之中。

显然，亚里士多德把人的生命放到一个更大的背景中去看待。他克服了超越性神明与世界之间的二元对立。他的伦理学不仅在一个社会群体中，而且也在宇宙自然中去试图理解生命的意义。一个人是自然的一部分，一个优秀的人同样是有序宇宙的一个优秀成员。最高的善不是一种人性的完全化的实践生活，而是把人的位置放在宇宙的结构中去。

七、思辨的生活与道德

　　亚里士多德的思辨理论不仅与《尼各马可伦理学》前面各卷曾经说过的理论有如何进行调和的问题，而且它自身还引起道德上的质疑。根据幸福的等级，道德活动是第二幸福，而思辨活动是第一幸福。这是否意味着，如果其他事情妨碍了我的思辨活动，那么为了思辨活动的需要，为了实现人的第一幸福，我可以去做不好的甚至坏的事情？如果消灭其他事情有利于我的思辨活动，那么就可以消灭其他事情吗？由于亚里士多德声称人们应该尽量按照理论智慧去生活（1177b31-34），我们是否能得出结论说，思辨活动能够以道德为代价而追求？

　　很多解释者认为可以得出这样的结论，并据此指控亚里士多德的思辨者没有人性。亚里士多德最后的最高的人生理想者听起来居然是一个不怎么道德的人！安东尼·肯尼在他的《亚里士多德论完美生活》中评论说："解释者们拒斥这一理智论立场的主要原因是，他们没能找到可靠的哲学立场。作为亚里士多德的仰慕者，他们也不愿意承认亚氏的成熟伦理学作品会有这样一个奇怪的学说。尤其是，他们发现《尼各马可伦理学》第十卷的思辨主角是个怪异和令人生厌的人。"思辨理论可能导致了不道德的后果。这对于该理论当然是最严重的指责。认为亚里士多德"思辨是第一幸福"这一结论合理的读者也必须做一认真的说明。

　　那么，思辨的生活到底是否道德呢？人们可以说，思辨活动是最高的幸福，不能以善恶论处。因为善和恶是道德范围内的事情，是第二幸福的东西，不能应用于思辨。可是，一个做思辨活动的人，必须身处城邦社会之中，是社会的或政治的动物，这样的人在城邦中又该怎样生存呢？这也就等于是在质询一个思辨者生活里道德的角色的问题。

我的看法是，亚里士多德的观点实际上并不模糊。只是他的观点对我们比较陌生，大家不太容易马上接受。我们在上面区分了思辨活动与思辨生活。道德政治活动与思辨活动本身关系不大，反而会成为其阻碍，但对思辨生活则是必需的。重复一遍下面的论述：

> 德性的实践需要许多外在的东西，而且越高尚、越完美的实践需要的外在的东西就越多。但是一个在沉思的人，就他的这种思辨活动而言，则不需要外在的东西。而且，这些东西反倒会妨碍他的思辨。然而作为一个人并且与许多人一起生活，他也要选择德性的行为，也需要那些外在的东西来过人的生活。（1178a34—b7）

德性行为会成为思辨活动的"妨碍"（1178b4—5）的原因如下。对任何思辨生活而言，时间和精力都是有限度的。但实践活动与思辨活动不同。结果是，思辨者花越多的时间和精力参与到实践活动中，他可用于追求思辨活动的时间精力也就越少。尽管如此，一个有生命的思辨者是一个人。他的生物性条件和作为一个社会动物的本性使得只关注思辨活动成为对他不现实的事。他有身体，有情感和欲望。人总是想超脱身体、情感和欲望对人的限制。可人虽有超越的冲动，却始终无法超越自己的有限性，因此就必须遵守道德的限制和束缚。所以，思辨者需要参与到各种各样的道德活动中去。实践智慧和品格德性对于思辨者作为一个人类的幸福乃是必需的组成物。以其他事务为代价去追求作为思辨活动的幸福，会严重损害思辨者的整体生活之幸福。

于是我们看到，一方面，亚里士多德的思辨者不是一个道德圣人。实际上，由于一个思辨者以思辨活动为特点，道德并非其生活的中心部分。另一方面，由于伦理实践活动对他"过一种人的生活"是必需的，他也不是一个会做任何可怕之事以推进其思辨活动的人。那样做从实际层面来看是不明智的，也会最终累及他的思辨活动。换言之，亚里士多德笔下的思辨者对道德的态度是这样的：伦理道德自身对他的思辨活动不是好的，但它在人的存在的背景下是必需的。它是生活幸福的组成部分。作为一个有生命的思辨者，不能没有道德。这里可以看到人生的无奈。

　　这一态度提醒了我们柏拉图的哲学王的态度。当学业有成观照到"形相"或"理念"的哲学家被要求回到社会做统治者时，他"不是为了高善（kalon），而是考虑到必要（anagkaion）"（《理想国》，540b5）。在《理想国》中，代表一般人观点的格劳孔一开始就指出人之所以做道德活动并不是出于自愿的，而是由于不做道德的事情的后果太严重。人之所以选择做道德活动，并不是因为道德活动自身是好的，而是不得不做。柏拉图在《理想国》中要反驳这种观点，要证明善或道德自身的可选择性。

　　可柏拉图并没有给出一个直截了当的答案。哲学家是被当作正义的代表来培养的。当哲学家从洞穴之中走出，观看到形相或理念世界之后，知道了什么是善，什么是好。但是这时的哲学家却恰恰不想也不愿意回到洞穴之中去了，虽然那是道德要求的。《理想国》因此展示出了一个悖论。因为只有当统治者成为哲学家的时候，他才能成为哲人王。但是当王成为哲学家过上思辨生活后，他就不会愿意去当统治者重新回到洞穴之中去了。最后哲学家面对强力也没办法，不得不回到洞穴之中。但是对于柏拉图来说，从事哲学是要练习死亡，让灵魂与肉体分离。当哲学家好不容易做到可以将灵魂和肉体分开的时候，却又不得不被抓回洞穴之中，让灵魂与肉体再次结合。这也表达了人生的无奈。

　　在这里，哲学家的生活相当于亚里士多德的第一幸福，而统治者的生活相当于他所说的第二幸福。所以亚里士多德的伦理学最终也回归到了《理想国》的中心问题。两人都想说明我们的人生在追求政治的生活和追求哲学的生活方面是对立的。只是亚里士多德表达这个问题的方式与柏拉图不同。柏拉图展示出了一个悖论，而亚里士多德则建立了一个等级。他说，人身上当然有神圣的部分，如果做人要做得很出色的话，就一定要体现这些神圣的部分的德性。但是人之为人还同时拥有许多欲望和情感的部分，而人又是必须生活在社会之中，因此不得不做体现道德德性的活动。这毕竟是无可奈何的事情。亚里士多德和柏拉图的伦理学其实从事的是一项事业，只不过亚里士多德的表述方式要比柏拉图更温和一些。这两位在思辨上取得重大成就的哲学家也都表达了自己的生活理想，想将自己的生活理想说清楚。他们都是在践履自己的哲学。他们的哲学和他们的生活方式是统一的。这和我们今日的情况形成了鲜明的对照。

如果你仔细想一想，这种无奈在我们的日常生活中是经常能体验到的。我们平常常说的"事业与家庭的矛盾"、"自我与社会的冲突"、"理想与现实的不和谐"、"人在江湖身不由己"等，其实就是亚里士多德的幸福等级或柏拉图的哲学王悖论的现实版本。

亚里士多德也具体提供了一些建议，说明作为一个思辨者究竟该如何处理思辨活动与他的道德生活之间的关系。在《尼各马可伦理学》第六卷第13章1145a6-10中亚里士多德说，思辨者主要应让实践活动服务于他的思辨目标：

> 实践智慧并不优越于智慧或理性的那个较高部分。这就像医学不优越于健康一样。医学不主导健康，而是研究如何恢复健康。所以，它为健康，而不是向健康，发出命令。此外，我们还可以补充，说实践智慧优越于智慧就像说政治学优越于众神。因为，政治学在城邦的所有事务上都发布命令。

医学不是健康的一部分，并不控制健康，但它指出健康如何能获得和维持的方向。相似地，实践智慧自身不是理论智慧的一部分，并不控制理论智慧和理论理性，但它能被用于促进后者。实践智慧可以为了思辨而发布命令，但却不能去命令思辨自身。一般性的生活同时具有两者，应使其实践活动为理论思辨提供有利条件。换句话说，一个明智的思辨者应该在一个层级系统内组织幸福的各个部分，把思辨活动放置在该层级的最顶端，并让实践智慧为思辨活动的产生创造条件。

然而，实践活动的功用有其限度。它只有在实践伦理活动与思辨活动之间不存在严重冲突时才能有效用于后者。不幸的是，此冲突的可能性确实存在。如果这种情况发生的话，一个思辨者该如何处理这样一种冲突？

亚里士多德明确陈述了他的观点，那就是选择思辨活动。这有两段文本为依据。第一段是《尼各马可伦理学》第十卷第7章1178a1-8，他说："理论理性（努斯）也似乎就是人自身。因为它是人身上主宰的、好的部分。所以，如果一个人不去过他自身的生活，而是去过别的某种生活，就是很荒唐的事……理论理性最属于人之为人。"理论理性是思辨者真实的自我。作为一个高尚的自爱者，思辨者应选择过理论理性的生活，因为这是他自己的生活。思辨显然是最有价值的活动。

第二段是1177b31-34，亚里士多德宣称："不要理会有人说，人就要想人的事，有死的存在就要想有死的存在的事。应当努力追求不朽的东西，过一种与我们身上最好的部分相适合的生活。"思辨理性是人身上很小的一部分，可是它在自身的价值和力量上却超越了一切的力量。因此一旦思辨活动和道德生活冲突的时候，在亚里士多德看来不能妥协，应该毫不犹豫地选择思辨活动，一定要尽最大的可能去做能体现自己理论理性的活动。因为只有那样才能最接近不朽。这一立场与亚里士多德的理论智慧高于实践智慧的观点是一致的。

近代人会认为道德是生活中最重要的成分。但是亚里士多德给我们的图景却是，生命中最重要的部分是人追求理论知识的欲望和本性。这是人生活中最主要的部分。只有这部分得到充分实现，人才会获得真正的生活和真正的幸福，从而实现人的本性。而道德生活所能得到的幸福不过是第二层次的幸福。运用实践智慧所能获得的幸福并没有能够深入到人生命中最本质、最深层、最原始的层面。

我们关于亚里士多德伦理学就讲到这里。希望大家能够从中得到生活的启迪与动力。虽然我们不得不在这个人间世上生存，但不要让心中最神圣的理性部分蒙尘，而要使其闪耀，将自己的生命和精力更多地放在追求永恒的真理之上，从而能够获得为亚里士多德所推崇的第一幸福。

谢谢大家。

进一步阅读书目

《尼各马可伦理学》在最近数十年一直是密集研究的对象。精致的解释性论著不断涌现。这一书目主要是我在布法罗纽约州立大学哲学系开设"尼各马可伦理学"课程时发给学生的阅读书目单。它不求全面，只是包含了在我看来对理解这部经典最有帮助、最值得推荐的一些著作与论文，是研究的一个起点。现在我把它附在这里，希望它对有兴趣对该经典做进一步研究的读者有所帮助。

一、关于亚里士多德的总的哲学

Ackrill, J. L. *Aristotle*: *The Philosopher*, Oxford, 1981

Barnes, J. ed. *The Cambridge Companion to Aristotle*, Cambridge, 1995

Barnes, J. *The Complete Works of Aristotle*, the Revised Oxford Translation, 2 vols. Princeton, 1984

Irwin, T. H. *Aristotle's First Principles*, Oxford, 1988

Jeager, W. *Aristotle*: *Fundamentals of the History of His Development*, Oxford, 1948 (first published in German, 1923)

Lear, J. *Aristotle*: *The Desire to Understand*, Cambridge, 1988

Owen，G. E. L. *Logic*，*Science and Dialectic*，Duckworth，1986

二、关于《尼各马可伦理学》全书
Bostock，D. *Aristotle's Ethics*，Oxford，2000

Broadie，S. *Ethics with Aristotle*，Oxford，1991

Broadie and C. Rowe（trans. and com）. *Aristotle：Nicomachean Ethics*，Oxford，2000

Crisp，R. trans. *Aristotle：Nicomachean Ethics*，Cambridge，2000

Irwin，T. H.（trans. with notes）*Aristotle：The Nicomachean Ethics*，Hackett，2nd ed，1999

Hardie，W. F. R. *Aristotle's Ethical Theory*，Oxford，2nd ed，1980

Kenny，A. *The Aristotelian Ethics*，Oxford，1978

Kraut，R. *The Blackwell Guide to Aristotle's Nicomachean Ethics*，Blackwell，2006

Sherman，N. *Aristotle's Ethics*，*Critical Essays*，Rowman & Littlefield，1999

Reeve，C. D. C. *Practices of Reason*，Oxford，1992

Rorty，A. O. ed. *Essays on Aristotle's Ethics*，Berkeley：University of California Press，1980

三、关于《尼各马可伦理学》各卷的重要论文
第一卷

Ackrill，J. L. "Aristotle on *Eudaimonia*," *Essays on Aristotle's Ethics*，ed. A. O. Rorty. 1980，15−33

Irwin，T. H. "Permanent Happiness：Aristotle and Solon," *Oxford Studies of Ancient Philosophy* 3（1985）：89−124

Kraut，R. "Two Conceptions of Happiness," *Philosophical Review*，88（1979）：167−197

Cooper, J. M. "Aristotle on the Goods of Fortune," in Cooper, *Reason and Emotion*, Princeton, 1999, 292-311

第二卷

Burnyeat, M. "Aristotle on Learning to Be Good." In *Essays on Aristotle's Ethics*, ed. A. O. Rorty, 1980, 69-92

Kosman, L. A. "Being Properly Affected," in *Essays on Aristotle's Ethics*. ed. A. O. Rorty, 1980, 103-116

Nussbaum, C. "Non-relative Virtues: An Aristotelian Approach," *Midwest Studies in Philosophy*, 13 (1988): 32-53

第三卷第 1~5 章

Irwin, T. H. "Reason and Responsibility in Aristotle," in *Essays on Aristotle's Ethics*, ed. A. O. Rorty, 117-156

Kenny, A. "Moral Responsibility: Aristotle and After," in *Ethics: Companions to Ancient Thought*, ed. S. Everson, vol. 4, Cambridge, 1998, 221-240

第三卷第 6 章至第四卷

Curzer, H. "Aristotle's Much Maligned *Megalopsychos*," *Australasian Journal of Philosophy*, 69 (1991): 131-151

Pears, D. "Courage as a Mean," in *Essays on Aristotle's Ethics*, ed. A. O. Rorty, 1980, 171-187

Young, C. "Aristotle on Temperance," in *Aristotle's Ethics*, eds. J. P. Anton and A. Preus Albany, SUNY Press, 1991, 107-125

第五卷

Curzer, H. "Aristotle's Account of Justice," *Aperion* 22 (1989): 191-205

Williams, B. "Justice as a Virtue," in *Essays on Aristotle's Ethics*, ed. A. O. Rorty, 1980, 189-200

第六卷

McDowell, J. "Virtue and Reason," in *Aristotle's Ethics: Critical Es-

says，ed. N Sherman，1999，121—144

Sorabiji，Richard. "Aristotle on the Role of Intellect in Virtue," in *Essays on Aristotle's Ethics*，ed. A. O. Rorty，201—220.

Wiggins，David. "Deliberation and Practical Reason," in *Essays on Aristotle's Ethics*，ed. A. O. Rorty，1980，221—240

Woods，M. "Intuition and Perception in Aristotle's Ethics," *Oxford Studies in Ancient Philosophy*，4 (1986)：145—166

第七卷

Davidson，D. "How is Weakness of Will Possible?" in Davidson，*Essays on Actions and Events*，Oxford，1980

Irwin，T. H. "Some Rational Aspects of Incontinence," *Southern Journal of Philosophy* 27 (1987) suppl，49—88

Mele，A. "Aristotle on Akrasia and Knowledge," *Modern Schoolman*，58 (1981)：137—159

第八卷至第九卷

Cooper，J. "Aristotle on the Forms of Friendship," in Cooper，*Reason and Emotion Princeton*，1998，312—335

Whiting，J. "Impersonal Friends," in *The Monist*，74 (1991)：3—29

第十卷

Cooper，J. M. "Contemplation and Happiness：A Reconsideration," in Cooper，*Reason and Emotion*，Princeton，1999，212—236

Keyt，D. "Intellectualism in Aristotle," *Paideia* (1978)：138—157

Yu，J. "Aristotle on *Eudaimonia*：After Plato's *Republic*," *History of Philosophy Quarterly* 18 (2002)：115—138

四、关于德性伦理学

Anscombe，G. E. M. "Modern Moral Philosophy," originally published in *Philosophy*，33 (1958)，reprinted in *Virtue Ethics*，eds. R. Crisp and

M. Slote，1997，26-44

Annas，J. *The Morality of Happiness*，Oxford，1993

Doris，J. *Lack of Character：Personality and Moral Behavior*，Cambridge，2002

Crisp，R. and M. Slote，eds. *Virtue Ethics*，Oxford，1997

Foot，P. *Virtues and Vices*，Blackwell，1978

Hursthouse，R. *On Virtue Ethics*，Oxford，1999

Louden，R. B. *Morality and Moral Theory*，Oxford，1992

MacIntyre，A. *After Virtue*. Notre Dame，2nd edition，1984

Nussbaum，M. C. *The Fragility of Goodness*. Cambridge，1986

Swanton，C. *Virtue Ethics：A Pluralistic View*，Oxford，2003

Williams，B. *Ethics and the Limits of Philosophy*，Harvard，1985

图书在版编目（CIP）数据

亚里士多德伦理学/余纪元著. —北京：中国人民大学出版社，2011
（人文大讲堂）
ISBN 978-7-300-13569-4

Ⅰ.①亚… Ⅱ.①余… Ⅲ.①亚里士多德（前384～前322)-伦理学-研究 Ⅳ.①B502.233
②B82-095.45

中国版本图书馆 CIP 数据核字（2011）第 057191 号

人文大讲堂
亚里士多德伦理学
余纪元　著
Yalishiduode Lunlixue

出版发行	中国人民大学出版社		
社　　址	北京中关村大街 31 号	邮政编码	100080
电　　话	010 - 62511242（总编室）	010 - 62511770（质管部）	
	010 - 82501766（邮购部）	010 - 62514148（门市部）	
	010 - 62515195（发行公司）	010 - 62515275（盗版举报）	
网　　址	http://www.crup.com.cn		
	http://www.ttrnet.com（人大教研网）		
经　　销	新华书店		
印　　刷	天津中印联印务有限公司		
规　　格	170 mm×210 mm　16 开本	版　次	2011 年 5 月第 1 版
印　　张	15.25 插页 6	印　次	2019 年 12 月第 3 次印刷
字　　数	220 000	定　价	45.00 元